Un jour, j'écrirai une chanson pour Johnny

Boris Lanneau

Un jour, j'écrirai une chanson pour Johnny

Récit

XO ÉDITIONS

ISBN : 978-2-37448-207-1

Pour tous les fans

« Si je n'étais pas chanteur, je serais au smic. »

Johnny Hallyday

Prologue

Hôtel-casino Barrière, Lille
Samedi 10 octobre 2015
3 h 57

— S'il doit se passer quelque chose, c'est lui qui viendra vers vous…

Ça a pris deux secondes au chef de la sécu pour le dire, deux secondes pendant lesquelles il a réussi à fixer tout le monde, un par un, droit dans les yeux.

Il y a eu un court silence et puis, je le jure, ce n'est pas qu'une impression, son regard s'est arrêté sur moi, comme s'il me suspectait de quelque chose.

— Et pas l'inverse.

Je n'ai pas baissé les yeux.

On est trente, quarante à tout casser, réunis sur le parvis de l'hôtel. Lille, le « Grand Nord », il fait froid. Le concert est terminé. Toute la nuit, on a fumé clope sur clope pour se réchauffer, jusqu'à ce qu'un fourgon noir débarque. Bagnole de gangsters, mais c'est la sécu qui en est descendue, sept balèzes en costume gris et chemise bleue, le pas décidé et les épaules en avant. En quelques gestes, ils ont fait de nous deux rangées ; d'un claquement de doigts, une haie d'honneur. Ça, c'était il y a une poignée de secondes ou dans une autre vie, je ne sais pas, le temps s'est arrêté. Pour le moment, le chef fait les cent pas dans l'allée centrale, calme comme un coach, les autres gars du staff jouent les barrières de sécurité devant chaque file : deux au début, deux au milieu, deux à la fin, piliers sur le pavé, colosses, comme des colonnes. Nous, on ne dit rien, on attend. Les fans, bien sûr, avec ou sans la tenue que l'on connaît, et des « chasseurs » aussi, collectionneurs de selfies avec les stars. C'est drôle mais, maintenant que l'on est tous à peu près bien ordonnés, j'ai la bizarre sensation qu'il y a plus de chasseurs que de fans. Peut-être parce que l'époque nous a greffé un téléphone portable à la main. Pourtant, que l'on soit un fan qui n'a que ses yeux et donnerait tout pour un regard, ou que l'on soit un chasseur qui n'a que ses flashs et donnerait tout pour un selfie, là, tout de suite, on a tous le palpitant qui tape tel un rappel.

Je suis le dernier de la rangée, tout près des portes vitrées automatiques, si proche de l'entrée, côté gauche, que l'on pourrait me prendre pour le groom. Silencieux. Immobile. Grand calme au-dedans, comme avant le match que l'on ne jouera qu'une seule fois dans sa vie. On ne sait pas pourquoi, cela ne s'explique pas, mais c'est un de ces jours où l'on sent qu'il va se passer quelque chose. À l'instar de tout le monde ici, je regarde vers la route, là où les pavés sont dans le noir. Le moteur du fourgon de la sécu tourne encore. Tous, on attend les phares qui vont nous faire briller les yeux.

Je suis à côté de Mika, que j'ai rencontré quand je suis arrivé, en début d'après-midi. Il était déjà là, dans son fauteuil roulant, avec une cigarette et son téléphone. Mika, c'est un chasseur pas comme les autres. Il s'en fiche, de la compète et de ramener le selfie en trophée, ce n'est pas son truc. C'est juste que ça le fait sortir, ça lui fait voir du monde ; et ce soir, il est venu chercher l'ultime cliché qui manque à sa collection.

Notre rencontre, elle s'est faite ainsi :

— Vous êtes là pour la même chose que moi ? je lui ai dit.

— Ça dépend. Vous êtes venu pour quoi ? il m'a répondu.

Long silence de western, et puis j'ai fait :

— Pour la même chose que vous.

On a tiré sur nos clopes et on s'est souri avec quelque chose d'allumé dans le regard.

Depuis plus de douze heures, on attend ensemble. C'était hier, c'était la veille, il faisait encore jour.

Je suis épaule contre épaule avec le mec de la sécu collé à l'entrée. Sa veste contre mon cuir, on se pousse, quelques plis, rien de bien méchant, mais ça fait des courants d'air dans les portes automatiques, qui s'ouvrent, se ferment, s'ouvrent, se ferment, et ne savent plus où elles en sont. En plus, derrière, ça s'agite aussi : tout le monde veut repartir avec sa photo ou son autographe, un souvenir qui changera sa vie sans que ça se voie. Blousons, anoraks, bonnets, écharpes, nos corps sont serrés les uns contre les autres, mais le courant chaud, il vient de loin, de très, très loin, il vient de sous la peau. Ici, maintenant, à ce moment de la nuit et de l'existence, nous avons tous un point commun. Tous, on a rappliqué ici pour qu'un jour, et même jusqu'à la fin de nos jours, on puisse se dire, les soirs de solitude quand le sommeil n'est pas là : j'y étais. Une seule raison nous a fait tenir jusqu'au bout, renvoyant le froid se faire réchauffer la couenne et la routine se faire voir ailleurs : être au monde, être là, et puis, quoi ? Rêver encore. Une seconde, une seule seconde, la seconde éternelle, celle où sa silhouette passera devant nous et son ombre caressera nos peaux. Juste ça. Le voir arriver de loin, sa démarche de champion qui a pris des coups mais s'est toujours relevé. Qu'il s'avance encore, qu'il vienne plus près, une fois, deux fois, trois fois, crier son nom, qu'il se retourne, qu'il s'arrête, et croiser son regard. Ce n'est pas que l'on joue sa vie, seule la chance va décider ; ou, si jamais il passe par là, le destin. Car chaque personne ici est venue chercher quelque chose de rare, de précieux, un trésor, qui pourra lui faire dire à jamais : ça valait la peine de faire un tour sur terre, bordel ! Beaucoup vont rentrer bredouilles à la maison, c'est sûr, mais au moins, il nous restera le souvenir d'une silhouette, une ombre qui brillait.

Le mec de la sécu. Il mate, fouille le fond de mes yeux, se demande ce que je cache dans mon sac en cuir. Ça souffle entre les portes automatiques. Ouvert. Fermé. Ouvert. Fermé. Ça pousse encore, sa veste contre mon blouson. Peut-être que je suis un peu trop au bord, déjà un pied dans l'entrée, à un pas du velours, peut-être, mais je ne recule pas. J'ai zéro stress, une sacrée concentration, une bête de confiance, plusieurs années de mauvais boxeur qui me font tenir debout. De toute façon, il ne peut rien m'arriver, je le sais depuis longtemps, et là, je le sens encore plus fort : rien ne tremble en moi, comme quand tu serres la femme que tu aimes. Je ne bouge pas, entre le cendrier et l'enseigne, j'écrase ma clope sous les étoiles de l'hôtel.

La foule retient son souffle.

Notre haie d'honneur est toute tordue, mais on reste sages, comme si on avait rendez-vous. Chaque lumière à l'horizon vaut de l'or, même si c'est celle du camion-poubelle. Soudain, un moteur plus fort que les autres déchire le silence, des phares plus blonds brûlent la nuit. La sécu se raidit, les yeux prêts à dégommer. Nous ne sommes plus qu'un seul visage, nous n'avons plus qu'un seul corps, cramponné au téléphone, à l'appareil photo, à son marqueur, à son stylo, tous sur la pointe des pieds. Pour la plupart d'entre nous, c'est la première fois au premier rang. Les chasseurs ont enlevé leurs gants pour ne pas se rater au moment d'appuyer sur le bouton. Des fans brandissent leur bout de papier dans l'espoir qu'on les voie de loin. Je ne sens plus l'épaule du vigile, sa veste contre mon cuir. Je crois que les portes automatiques de l'entrée sont restées bloquées. Il y a un long silence d'église. Visages blancs comme les feux d'une voiture à l'arrêt, regards aussi grands que des vitres teintées. Je plonge doucement la main dans mon sac à dos et je sors le recueil de textes. Alors que se lâchent déjà des cris et que commencent à crépiter les flashs, je lis une dernière fois la phrase inscrite sur la première page : « Et si le 50e album de Johnny était écrit par un fan ? »

Première partie

1.

J'avais le front contre la vitre.

C'était un matin de bonne heure, en février 2015, dans le train Nîmes-Poitiers. Je venais de passer trois jours à me laisser vivre chez mamie Gigi, le café dans la cuisine, les infos dans le fauteuil, la chambre rose dans le garage avec le gros édredon. Avant de remonter à Lille, j'allais voir mon père à Saint-Savin, dans le Poitou. Le train était arrivé en gare de Nîmes avec du retard, nous avions attendu longtemps sur le quai. Beaucoup de gens avaient sorti leur téléphone, et moi, je les regardais, comment ils s'occupaient.

Une fois installé, j'ai dû, comme d'habitude, poser mon carnet, mon stylo sur la tablette. J'avais la banquette pour moi tout seul, je crois que je ne me disais rien, je pensais à mamie Gigi qui tenait sacrément le coup, toujours bien coiffée et de belles fleurs sur sa robe, toujours à s'affairer à droite et à gauche, s'asseyant enfin pour raconter des histoires de l'Algérie. On avait bien rigolé la veille au soir, devant une émission de variétés, en faisant des « lalala » sur les refrains, et puis, on s'était dit bonne nuit dans le couloir.

Dans le compartiment, les voyageurs avaient des casques, des téléphones et des ordinateurs portables. Le train traversait un immense ciel bleu et des plaines vertes à perte de vue. Je restais là sans rien faire, les yeux au loin, à attendre la prochaine gare. « Et le temps passe comme ça », elle dit tout le temps, mamie Gigi. Le TGV s'est arrêté à Avignon. Comme chaque fois, je me suis dit que je n'étais jamais allé au festival et qu'il faudrait quand même que j'y fasse un tour. En même temps, c'est juste parce que j'en entends parler quand vient l'été. Le théâtre, je m'en fous un peu. Mais il y a tellement de choses qu'on laisse passer en oubliant d'en faire de bons souvenirs.

Des passagers sont descendus, leurs grosses valises à roulettes qui butent contre les sièges, d'autres sont montés avec, eux aussi, des bagages qui prennent de la place. Cet arrêt dure plus longtemps que les autres, un quart d'heure à peu près ; on peut sortir prendre l'air ou fumer une clope, regarder dehors ce qui se passe ou imaginer qui pourrait bien venir s'asseoir, côté couloir, au moment de la fermeture automatique des portes. J'espérais, je l'avoue, une femme qui tournerait les pages de son livre tout en croisant les jambes.

Personne n'est venu.

Le train est reparti doucement, et sur les quais alentour, il y avait des gens seuls avec leurs sacs, comme dans toutes les gares. Nous avons quitté Avignon. Ses murs gris avec des graffs, ses toitures, ses balcons et ses fleurs. Quand le train a retrouvé sa grande vitesse, celle que l'on sent à peine et qui ne fait pas de bruit, quand la ville a été loin derrière et qu'une autre attendait, le bleu et le vert du dehors sont revenus. J'ai pris mon stylo, mon carnet, plus grand que ceux qui logent d'habitude dans ma poche. C'est mon père qui me l'avait donné, un beau carnet avec des monuments sur la couverture et, à l'intérieur, des pages fermes et douces comme des feuilles de buvard. Je me revois m'affalant un peu plus dans le fauteuil, un genou sur la tablette refermée, carnet sur la cuisse et stylo à la main. C'est une position que l'on prend plutôt pour trouver le sommeil, en se disant que l'on va au moins essayer. Oui, je m'en souviens. C'est ce que je me suis dit en tournant les feuilles jusqu'à une nouvelle page. Rien d'autre. J'ai pensé à Johnny, et puis j'ai commencé à écrire. J'étais parti pour rêver.

*

* *

Je ne sais pas chanter, je ne sais pas jouer de la guitare, je commence souvent des paroles de chansons que je ne termine jamais. Autrement dit, je suis un débutant qui veut écrire pour le plus grand. Par contre, je fais couler l'encre autant que je peux : il y a eu du rap, du slam, aujourd'hui des romans, des nouvelles, des lettres, des poèmes, des portraits, et je tiens un journal. Ce n'est pas rien, mais ce n'est pas la même chose que de trouver des bonnes rimes sur un bon riff pour quatre-vingt mille personnes dans un stade. J'ai une guitare, pourtant, que j'ai achetée en solde et qui est restée dix ans dans sa housse. Manque de confiance et d'envie, comme un poisson tourne en rond dans son bocal, ne sachant pas que la mer existe. Mais j'ai toujours de quoi « griffer » sur moi. Jamais je n'ai cessé d'écrire depuis mes premières rédactions de primaire dans le cahier bleu. Ma chambre est tapissée de notes et de Post-it. J'ai des boîtes à chaussures emplies de carnets de toutes les tailles. J'écris assis, debout, couché, en marchant, en courant, dans ma tête, sur mes lèvres, à la lumière d'une petite lampe ou sous un réverbère, dans le métro, le bus, le train, j'écris partout, tout le temps, habité, envoûté, j'ai des taches d'encre sur tous mes jeans et je suis triste quand je perds un stylo.

Je sais que Johnny aime les textes. Il le dit souvent en interview, et ça se sent, ça se voit, que tout le traverse. Le type est à fleur de peau, le poing bien serré et une larme jamais loin. Un homme qui se tait, qui écoute, qui regarde, qui ressent. Sur les plateaux télé, il a le visage un peu rentré, les épaules à l'étroit, des airs d'enfant dans son coin qui ne sort de son monde que si on l'appelle. Comme nous, quand on est assis à une grande table, une trop grande table, lors d'un repas de famille, entouré de cousins que l'on ne voit jamais. Devant nos serviettes pliées dans l'assiette et nos verres encore vides, on se répète, pour se rassurer, que tout va bien se passer. Mais, en réalité, on voudrait être ailleurs. Johnny, il est comme nous. La même inquiétude devant les questions qui obligent à parler de soi, alors que l'on n'a rien de nouveau à dire et qu'au final, on répond toujours la même chose. Des fois, on préfère débarrasser les assiettes en demandant s'il n'y a pas besoin d'un coup de main en cuisine, et on en vient à avoir peur de la place en bout de table. Johnny, il a passé sa vie à chercher les mots pour raconter son histoire.

Souvent, on va se rater, se trouver nul, à parler du temps qu'il fait ou des problèmes de voiture, au moment de se dire au revoir. Les mains sur le volant et le regard sur la route, on se répétera que l'on aurait pu mieux s'y prendre. Embrasser vraiment son père et le serrer dans ses bras. Mais il faudra faire avec ce que l'on est. Toutes ces choses que l'on ne pourra pas dire, qui resteront coincées, nos mains trop sagement jointes et nos yeux mal à l'aise, les mots que l'on cherche et que l'on ne trouvera jamais. C'est pour cela que tout le monde aime Johnny. Parce qu'il est comme nous, il est pareil, il y a des mots qu'il n'a jamais trouvés.

★

★ ★

Bien sûr, ça tournait dans ma tête depuis longtemps. Comme un secret que l'on se murmure à soi tous les jours. Écrire pour Johnny, c'est mon plus grand rêve, il n'y a rien au-dessus. Mais je ne voulais pas que cela reste un rêve que tu fais toute ta vie sans qu'il se réalise jamais, comme marquer le but de la victoire en finale. Je devais essayer, même s'il fallait aussi voir les choses en face : je partais des chemins de terre de mon village et j'avais tout un océan à traverser. Alors, malgré le peu d'espoir, juste pour le geste, j'allais le faire à fond, pour n'avoir aucun regret.

C'est ce que je me disais. Mais je n'y allais pas. J'attendais, mais je ne savais pas quoi. Pas d'être prêt, non, ça, je n'ai jamais rien fait pour ; je voulais juste pouvoir choisir le moment. J'ai toujours été comme ça, à toujours faire « qu'est-ce que je veux ». C'est de famille.

Ma mère, qui n'écoute que son cœur et ses cartes de tarot, est capable de déplacer des montagnes pour des gens dans le besoin, tout comme de décrocher *la* petite robe en solde perdue sur un cintre. Femme libre qui ne se laisse pas faire. À dix-huit ans, alors qu'elle conduit la 2 CV de sa grand-mère, un flic l'arrête pour excès de vitesse. Après une longue discussion, il lui dit finalement : « Ça ira pour cette fois. » Mais au moment de redémarrer, elle lui lance par la fenêtre ouverte, en montrant l'autre côté de la route : « Maintenant, vous pouvez vous mettre en face, parce que je vais repasser tout à l'heure. » Sous vos applaudissements.

Mon père, c'est pareil : cœur sur la main et poing en l'air, communiste rouge de chez rouge, révolté jusqu'au sang, capable de faire la peau à la plus petite comme à la plus grande des injustices. Lors d'une réunion publique devant l'équipe municipale pour la présentation du projet de construction d'une nouvelle gendarmerie, il prend la parole et déclare à l'assemblée : « Est-ce que l'on n'a pas plus besoin d'une maison de jeunes que d'une maison de flics ? » Sous vos applaudissements.

Coûte que coûte, aussi fou que cela puisse paraître, je n'avais pas le choix, il fallait bien que je le tente, ce rêve. Ne serait-ce que pour dire, comme McMurphy dans *Vol au-dessus d'un nid de coucou*, quand il s'efforce en vain d'arracher le lavabo pour le balancer par la fenêtre et libérer tous les fous de l'asile : « Au moins, j'ai essayé. » Dans un train à grande vitesse, avec le carnet de mon père et les cartes de tarot de ma mère, rêveur de grand chemin. Et puis, franchement, avec les parents que j'ai, ça ne pouvait pas se passer autrement.

2.

— Et alors, toi, Johnny, tu l'aimes bien ?

À chaque repas du dimanche à Saint-Savin, mon père a cette phrase qu'il balance au moment du fromage.

— Et toi aussi, Stéphanie ?

Stéphanie, c'est ma grande sœur. Longs cheveux noirs détachés et un regard qui a envie de tout voir.

— Forcément, papa, comment veux-tu faire autrement ?

C'est vrai, elle a raison. Depuis que l'on est tout petits, il est là. Quarante-cinq et trente-trois tours sur le meuble de la salle à manger, les premiers disques que notre père s'est achetés en mettant trois, quatre sous de côté. Quand on lui offre quelque chose, c'est toujours du Johnny. Un disque ou un livre, avec un mot que l'on ajoute.

— Ah oui ? Ah, ben, je savais pas.

Il fait l'étonné, croise les bras comme couteau et fourchette dans l'assiette, mais son regard s'ouvre, s'évade, s'en va au loin, grandes plaines où tout est possible.

La famille. Pour rien au monde on n'échangerait notre chaise autour de la table de la cuisine, avec le plat qu'il faut finir, la bouteille qui se vide, le temps qui s'arrête dès que l'on est ensemble. On dirait que Johnny est avec nous, que l'on va lui dire de ne pas s'en aller, qu'il peut rester manger ce soir, « regarde, on a des restes et il y a de la place pour dormir ».

Et heureusement, sinon mon père et moi, on ne se parlerait pas beaucoup. C'est comme ça, entre un père et son fils, des fois.

— Et toi, Olympe, pareil ? demande papa.

Olympe, c'est ma petite nièce, la fille de ma frangine. Même pas dix ans, et de la vie à jouer des matchs de foot de trois heures trente. Au moment du dessert, elle court toujours autour de la table.

— « Quand on n'a pluuus viiingt aaans ! »

C'est sa chanson préférée. Je crois qu'elle la connaît par cœur, même avec une serviette de table sur la tête. Il faut dire que le sujet « Johnny » est lancé depuis le début du repas. Bon, on a parlé aussi d'autre chose, mais quand il s'agit de mettre de la musique, c'est lui qu'on balance en premier. L'occasion pour mon père d'embêter la petite :

— Olympe ! Mets le CD !

— Mais il est déjà mis !

— Ben monte le son, alors !

Olympe tourne le bouton avec une petite moue pour signifier : « Je suis encore la bonniche. »

C'est un double album, une anthologie, avec en plus le concert au Parc des Princes. Sur la jaquette, Johnny, chemise en jean, le loup dans les yeux. *Que je t'aime.*

— Ah ! s'exclame papa. Olympe, mets plus fort !

— Encore ?

— Oui !

— Olympe ceci, Olympe cela ! Pff…

Et elle s'en va monter le son en tapant du pied.

— Oh ! fait mon père, pour rire.

— Quoi ?

— Ben dépêche-toi !

Il dit tout le temps ça, mon père. « Ben dépêche-toi ! » Il le dit pour tout. Quand on est à table, quand on va quelque part, quand on attend. « Ben dépêche-toi ! » Comme si, dans sa tête, il y avait toujours quelque chose à faire.

— Oh, c'est bien parce que c'est Johnny ! répond la petite.

— Allez ! lance mon père en s'amusant.

— Quoi, « allez » ?

— Et toi ! Mets donc tes pantoufles !

— Et Johnny ! Tu crois qu'il met des pantoufles ?

Tout le monde rigole.

On écoute les premières notes de l'orgue, les roulements de batterie et les cuivres, assis sur nos chaises comme au premier rang, on reprend une phrase que l'on aime plus qu'une autre.

— « Et que ton oreiller ressemble aux champs de blé... », s'enthousiasme papa.

Il fait beau. Le soleil d'hiver passe à travers la vitre, se glisse jusque sur la vaisselle dans l'évier. Bien sûr, on est un peu gênés par les phrases les plus « déshabillées », parce que l'on reste des enfants à table avec leur père ; mais il suffit d'un refrain que cent pour cent des Français pourraient chanter à genoux, en pleine rue, à minuit, sous la pluie, pour que l'on relève les yeux.

— Qui c'est qui l'a écrite, celle-là ? demande mon père.

Je lui réponds aussitôt :

— Gilles Thibault !

— Gilles Thibault... Et il en a écrit d'autres ?

— Ah, oui ! Des grandes chansons, plein ! *Cheveux longs, idées courtes*, *Ma gueule*, *Requiem pour un fou*... Euh, je sais plus lesquelles encore... Enfin, vraiment, ce Gilles, il avait les mots pour Johnny !

Et mon père entre dans la danse :

— Hé ! *Que je t'aime* ! Été 68 ! Non, 69 ! Ça passait trois fois dans les bals ! Trois fois !

Il s'exclame, avec un « trois » dans les doigts qui a des airs de V de la victoire.

— Et tout le monde dansait…

Toujours un œil dans le rétro, papa, grand nostalgique, avec sa machine à remonter le temps : le juke-box.

— C 24 !

Il mime les touches qui s'enfoncent avec son doigt, comme s'il composait le code.

— *Brrr…*

Il fait le bruit du disque qui bouge et qui tourne.

— Vingt centimes, ça coûtait… *Souvenirs, souvenirs*, et toc, c'était parti, ça twistait, les filles d'Aubade en jupe… et nous, on mettait les bérets dans les buts du baby-foot…

Quand il repense à tout ça, papa a le sourire aux lèvres, mais aussi le cœur serré, même si ça ne se voit pas. Son visage se demande des choses… Qu'est-ce qu'il reste… qu'est-ce qu'il restera ? Il recule sa chaise, joint ses mains, et ses yeux s'en vont ailleurs, dehors.

— Mais alors, d'où ça vous vient, Johnny ? demande-t-il en nous resservant du vin.

Encore une fois, il le sait déjà, mais il pose la question quand même, pour le plaisir, pour la joie, pour voir venir la seconde qui fait du bien.

— Ben, ça vient de toi, tu le sais, répond Stéphanie.

— De moi ?

Mon père est surpris, ou plutôt, fait semblant de l'être. Il se plaque contre le dossier de sa chaise, comme s'il était dos au mur.

— Ben oui, de toi.

— Bah, moi, j'aimais Johnny quand j'étais jeune, mais après, bon…

Petites grimaces qui accompagnent le détachement, bouche pincée et paupières bombées.

— Arrête, tu le sais bien ! je lui dis.

— Ah bon ?

— Papa ! On a grandi avec lui, lance Stéphanie.

— Ben je savais pas…

Si, il le sait. Mais quand on se retrouve, c'est comme un rituel, on sort des petites bobines de film que l'on ne se lassera jamais de faire tourner. Ce sont les minutes de l'entre-deux, quand le repas bascule vers le dessert, avant la dernière bouteille et le bruit du bouchon qui fait un peu mal parce qu'il sonne comme le clap de fin. On a tous besoin de bons souvenirs. La vie, ça ne vaut pas le coup si l'on n'a que des choses à faire.

— C'est vrai que moi…

Papa se redresse, pose ses mains sur la table.

— Non, bon, je l'ai déjà dit…

Il s'adosse de nouveau à sa chaise et range ses mains, se tait. Puis, il se penche encore et fait de la place sur la table, repousse son assiette.

— C'est vrai que nous, on n'avait que Johnny.

Il boit une gorgée et regarde ce qu'il reste de vin. Ça me rappelle quand on cherchait notre âge au fond du verre à la cantine.

— De toute façon, on n'avait rien…

Il pose le verre, tape dans ses mains, *paf*, comme s'il fallait débarrasser les assiettes.

— C'est simple ! On n'avait rien ! On était tous pauvres ! Non, mais c'est vrai, on était tous pauvres, tous pareils…

Il rit parce que, quand la tristesse rapplique, il vaut mieux lui montrer les dents en se marrant.

— Pas d'eau chaude ! Rien ! On n'avait rien !

Papa se prend la tête entre les mains, comme s'il découvrait la maison de son enfance. Puis il regarde son champ par la fenêtre, le champ de ses parents, où il a construit sa maison, sans plus rien dire.

C'est souvent là que ma sœur arrive à la rescousse, qu'elle souffle ce qu'il faut de vie sur la fin du repas. Elle est forte, ma sœur, les miettes de pain sur la table, elle t'en fait une pièce montée.

— Piou !

— Quoi ? répond Olympe, qui s'occupe avec des feutres et une feuille.

— Tu peux ramener le boîtier du CD, s'il te plaît ?

— Pff… Olympe, fais ci ; pff, Olympe, fais ça !

— Oh ! s'écrie mon père.

— Quoi ?

— Ben dépêche-toi !

Elle rigole comme ci, elle rigole comme ça, et rapporte le boîtier cartonné. Belle pochette bleue tombée du ciel.

— Vous parlez encore de Johnny ! déclare Olympe.

On éclate de rire.

— Et toi ! lui lance mon père, regard de défi et poing en l'air.

— Quoi, qu'est-ce que t'as, toi, mon p'tit pote, là…, qu'elle lui balance avec un coup de serviette sur la tête.

— Quoi, ma gueule ! Qu'est-ce qu'elle a, ma gueule !

— Et toi, ma p'tite gueule, là…

— Tiens, va la mettre, celle-là !

— Pff…

Encore avec sa démarche de « donne-moi une guitare que je casse tout », Olympe va mettre *Ma gueule* pour faire plaisir à son grand-père. D'elle-même, elle tourne le bouton du volume, et revient dans la cuisine pour chanter et dire des gros mots sur le refrain.

Les titres s'enchaînent et on ne touche à rien. Ni au fromage encore sur la table, ni au gigot que l'on n'a pas remis dans le four, et surtout pas à ces dimanches qui feraient croire que la vie, c'est des vacances. Dehors, il y a du vent et du soleil.

— Je me souviens, le samedi soir... j'écoutais... l'oreille collée au poste... dans le lit, sous les draps... je ne sais plus ce que c'était, l'émission, « Dans le vent », je crois, ou... je ne sais plus...

Il nous l'a déjà raconté, papa, mais c'est tellement important pour lui, et c'est tellement important pour nous, ses enfants, car si c'est son histoire, c'est aussi la nôtre.

— Ça durait une heure... Les Chaussettes noires... Les Chats sauvages... Mais moi, j'attendais Johnny.

Il cherche des yeux quelque chose de cette époque, dans le champ où les arbres espèrent la fin de l'hiver, sur le calendrier au mur, avec ses photos en noir et blanc.

— On n'avait pas la télé. Les matchs de foot, on allait les voir chez le chef de gare. Il était gentil, remarque...

On aimerait que ça lui passe, pas les souvenirs, mais la tristesse, qu'il pense à autre chose, des fois. Mais ça ne passe pas.

— Bon... qui c'est qui appelle l'autre en premier ? il me demande.

Pour une fois, on se regarde en même temps. Nos yeux ensemble, vraiment.

— Quand ça ?

— Si un jour ça lui arrive.
— Impossible.
— Ah, ah !
— Il est encore là pour longtemps.
— Ah, ça peut lui arriver…

Mon père sourit, mais ses yeux brillent, comme lorsque l'on se cogne le nez et que ça pique. Le jour où Johnny s'en ira, c'est la jeunesse de nos parents qui partira avec lui, le juke-box, le baby-foot, les bals. Ce sera la fin d'une histoire de plus de cinquante ans, où l'on croyait le bel âge éternel. Ce jour-là, nos parents ressentiront un peu plus que de la peine, ils auront mal au dos ou au genou, et commencera une drôle de fatigue qui finira par rester. Doucement, ils ne diront plus grand-chose, mais se mettront à classer les photos qu'ils gardaient dans des boîtes. Peut-être même qu'il leur arrivera de pleurer sans se faire voir. C'est là que j'ai dit, un jour de février 2015, en regardant mon père qui commençait à voir sa vie défiler :

— Un jour, j'écrirai une chanson pour Johnny.
— Ben dépêche-toi.

3.

Je n'ai pas Facebook, ni Twitter, ni Instagram, je n'ai pas de site ou de blog perso, je ne consulte mes mails que quand ça me chante. Mon téléphone portable est toujours éteint, je ne connais personne dans le show-business, je ne suis pas du tout dans la place, aucun 06, zéro arobase. Je ne prends jamais le contact d'un musicien dans un bar, à la sortie d'une salle de concert, sur un trottoir en fumant une clope ; je suis du genre à vivre dans mon coin pendant que le monde tourne. Ni VIP ni grillé, un mec qui ne fait que passer. On pourrait penser que c'est un point faible, quand on veut écrire pour Johnny Hallyday, mais moi, je considère ça plutôt comme un point fort : ce rêve, je vais le tenter à ma manière, à l'ancienne, comme un gars qui monte sur scène à la fin d'un concert de rap et pète le mic en freestyle. Je vais le tenter avec ce que je suis, un type lambda incapable d'être *bankable* parce que ça ne l'intéresse pas : je vis la nuit, la lumière me fait mal aux yeux et je n'ai pas de lunettes noires. Je vais le tenter avec de l'encre et du papier : écrire des chansons et les envoyer par la poste. J'ai trouvé l'adresse de la boîte de management de Johnny, à Paris ; pas compliqué, il suffit d'un timbre rouge. Le courrier, c'est de la magie ; le courriel, c'est de la machine. Point de vue de solitaire qui aime le silence, le mystère, les bouteilles à la mer. Internet me retient prisonnier. Se connecter tout le temps, le nez dans le guidon, tous les jours, la tête dedans. Le téléphone, pareil. Répondeur. SMS. Même en voyage, tous ces fils et tous ces câbles qu'il faut emporter, toutes ces chaînes. J'ai besoin d'être dehors, de ne pas rester vissé à ma chaise, carnet dans la poche, stylo à la main. De l'aventure.

L'encre, mon monde, j'y suis, j'y reste, et je ne veux pas en sortir. Chaque fois que je reviens là où se joue la bonne intégration sociale, je sens un œil dans mon dos qui contrôle si j'ai réussi ma vie. Vos papiers, s'il vous plaît. Beau CV et belle fiche de paye. Autrement dit, quel est ton pion dans le grand jeu de société. Je sais que, en tant qu'artiste, mon travail sera pris au sérieux seulement lorsque j'aurai transformé les mots en chiffres, lorsque j'aurai ramené le succès. Mais moi, le succès, ça me parle autant qu'une pub pour un crédit immobilier. J'écris tel un berger en haut de la montagne, un marin qui prend la mer, un gangster en cavale. J'écris pour être libre. Évidemment, lorsque je dis que le prestige peut aller se faire voir ailleurs, certains, certaines de mon entourage ne comprennent pas très bien, étant donné que l'on passe une bonne partie de nos jours à lui courir après. On y voit une posture, un trompe-l'œil pour dissimuler que, en vérité, c'est lui, le prestige, qui ne veut pas de moi. De ce fait, beaucoup de regards censés avoir confiance en moi, me connaissant depuis si longtemps, sont traversés par une drôle de lumière sombre lorsque je les croise : la caméra de surveillance. Partant de là, et étant persuadé que Johnny ne chantera jamais une de mes chansons – je le redis, je le fais pour le geste –, j'ai choisi de ne pas crier mon rêve sur tous les toits. Quarante ans ou presque, ce n'est pas un âge pour réaliser ce que l'on a de plus cher sous la peau. On se lance à vingt ans, avec, malheureusement déjà, l'ombre de l'épée de Damoclès dans la fossette de celles et ceux qui regardent faire ; il faut bien que jeunesse se passe.

J'ai des amis, oui, je le promets ; beaucoup sont déjà morts, mais ils font à jamais partie du gang. Rimbaud, NTM, Bukowski. Ceux qui restent près de moi sont imaginaires, des personnages qui me suivent partout, se baladent sur papier volant, sortis de mes carnets et des rues où j'adore me perdre. Les autres, si, bien sûr, ils sont là, je les aime, mais je passe pour celui qui est resté dans la lune. La plupart de mes amis ont les pieds sur terre et savent très bien où ils vont. Issus de milieux simples et modestes, leurs parents ont travaillé dur pour atteindre la classe moyenne, et les enfants suivent le même chemin. Tous ont des vies bien en place, je veux dire bien rangées, dont ils sont certainement contents et qu'ils ne changeraient pour rien au monde. Je ne pense aucun mal de cela, au contraire, je le vois comme un socle, des repères ; et le bonheur est si fragile qu'il vaut mieux avoir des fondations solides. Alors pourquoi pas une femme et des enfants, une maison et chacun sa voiture. En plus, je suis un gosse du divorce et du manque qui m'entoure, je sais combien la famille est un refuge, de la chaleur. Lorsque je vais chez mes amis, j'aime bien voir dans les cadres aux murs les photos des enfants qui grandissent. Mais si toi, tu ne rentres pas dans cette case, forcément, c'est louche. On te regarde de travers.

4.

Comme souvent, après être allé voir mon père, je me suis arrêté chez Lulu avant de remonter à Lille. Ce n'est jamais facile de se voir, je suis dans le Nord, lui dans le Poitou ; et puis, il est en couple, il a trois gamins et toujours quelque chose à faire, une haie à tailler, des rideaux à installer, un truc. Aujourd'hui, ce sont les trous des termites à reboucher dans les poutres de la maison qu'il met en location. Je viens quand même et je lui dis : « Je vais t'aider, moi. » Peu importe ce que tu fais quand tu es avec ton ami, ce qui compte, c'est d'être ensemble ; et avec Lulu, ça tient de la grande évasion. Que l'on voie le soleil se lever après une nuit blanche ou que l'on ponce une porte pour la repeindre, on se raconte les mêmes souvenirs qui nous font tant marrer, dans un seul et unique but : repousser le moment de la dernière bière. Mais là, j'arrive avec du nouveau : Johnny. Je vais écrire une chanson pour Johnny. Eh ouais. Je n'attends ni bravos ni tralalas, rien ne compte plus que partager la joie et la surprise, un moment d'éclats de rire dont on reparlera en se foutant de ma gueule. Moi, je suis heureux quand les gens sont heureux.

Lulu, tu le vois, tu es bien. Déjà, il a gardé les yeux de l'enfance, qui attendent la cloche qui sonne, des yeux doux et gentils. C'est un chien fou, mon Lulu : tu lui jettes une balle et il court la langue au vent pour aller la chercher. Alors, couper la haie ou installer des rideaux avec lui sera toujours un grand moment. D'abord, on sait avant de commencer que l'on va tout foirer : la haie ne sera pas droite et je vais lui mettre des grands coups de branche, le rideau va se casser la gueule et je vais lui mettre des grands coups de tringle. Mais surtout, Lulu, ça l'emmerde, tous ces trucs à faire, et moi, pareil ; nous mettons donc un point d'honneur à les exécuter dans les règles de l'art, et à transformer ainsi les choses les plus chiantes de la vie en plus grand bêtisier du monde. Ce que tu ne ferais pas avec un voisin. Ou un collègue. Ou ton beau-père. Ou ta femme. Céline, ça fait vingt ans qu'elle est avec Lulu. Moi, ça fait vingt-cinq. Et j'ai peut-être vu sa bite plus de fois qu'elle. Je rigole.

Donc, on rebouche les trous des termites dans les poutres. De minuscules trous qui te pourrissent tout. Lulu, plus grand que moi, m'a laissé le petit escabeau que l'on a toujours du mal à replier. Lui est en équilibre sur un petit tabouret. La maison dont on s'occupe touche la sienne, un mur mitoyen, une haie et un muret les séparent. Là, c'est changement de locataires, alors il y a quelques travaux d'entretien. Nous sommes fin février, mais on est tous les deux en tee-shirt et en short ; la nuit dernière encore sous le crâne, du soleil, on est heureux comme des cons. Ça va, ce n'est pas un boulot compliqué, suffit de bien viser et d'appuyer sur la détente du pistolet de pâte à bois. Le plus difficile, peut-être, c'est de trouver une connerie à faire pour transformer ces mesquins travaux en un grand n'importe quoi qui vaille le coup.

— Et sinon, toi, tu *pitoufearticufaliones* ?

J'aime bien dire une bêtise à Lulu, en articulant à peine. Comme ça, il tourne vers moi ses yeux gentils et il me dit :

— Quoi… *qu'est-ce qu'y a…*

Juré, il a vraiment une tête qui donne envie de décapsuler une bière. C'est un tendre, le Lulu, incapable de penser, de dire ou de faire du mal. Quand il te dit son « Quoi… *qu'est-ce qui y a…* », il ne met même pas de point d'interrogation ; normal, il débarque, genre « elle est où la balle », sorti de son monde où il n'y a rien à faire à part fumer des clopes, boire des coups et lire des bouquins de Zola.

— Je disais : sinon, toi, tu *kouradijuminécaturas* ?

— Arrête, t'es con.

La deuxième fois, il comprend toujours. Quand il est au volant et moi sur le siège passager, il m'arrive de l'asticoter exprès, en le regardant conduire :

— T'es un gentil, toi, hein.

— Quoi… *qu'est-ce qu'y a…*

— Je dis : t'es un gentil, toi, hein.

Souvent, j'ajoute une claque dans la nuque, qui s'attarde en accolade.

— Quoi… pourquoi tu dis ça…

Je ne lui réponds pas, mais j'adore quand il tourne sa tête vers moi et que je vois ses yeux qui restent là, à attendre que l'on relance la balle.

Je descends de l'escabeau, tourne autour de Lulu ; je cherche, je tourne, je cherche un truc, je trouve, *bim !* un coup de pied dans son tabouret.

— Arrête !

— J'ai rien fait.

Je tourne, je cherche, je cherche, je tourne, encore un coup : *bim !*

— Arrête, je te dis !

— C'est pas moi !

— Arrête, t'es con.

Quand je suis avec Lulu, je redeviens un sale gosse ; il révèle chez moi le côté poil à gratter, bombe à eau, « viens, on sonne aux portes ». Mais c'est sa faute, aussi, je n'y peux rien si, au fond de ses yeux, il y a encore de l'insouciance, quelque chose qui te dit : « Oui, on y va ! » Même si aujourd'hui on n'irait pas très loin : jusqu'au Leclerc faire des courses pour ce soir. Remarque, je remplirais son chariot de soutiens-gorge et de strings juste avant de passer à la caisse, et on se marrerait encore une fois.

— Hé, Lulu !

— Quoi…

Silence.

— *Qu'est-ce qu'y a…*

Un gentil, un vrai. Qui te raconte ses petites lâchetés. Comme le jour où, après les avoir fait couper, il a abandonné des planches dans un rayon du magasin de bricolage, parce qu'il n'avait pas vérifié le prix et qu'elles étaient trop chères. Il te le dit comme ça, comme on prend des nouvelles, normal, la pluie et le beau temps, il se fout du regard des autres. Une autre fois, il était venu me chercher à la gare et il m'a sorti : « Je ne mets plus de déodorant, mon odeur, c'est mon odeur. » Même pas peur, il ne peut rien lui arriver. Parce que, attention, c'est qu'il a un passé, le Lulu ; il en a, des dossiers de « bite sur table » et de « je te montre mon cul à l'arrière du car », des « tellement bourré que je n'arrive plus à articuler, et que je me couche avec mon pote parce que trop vilain pour aller rejoindre ma copine ». Mais juré, le chien fou est toujours retourné à la niche après être allé chercher la balle. Et d'ailleurs… Un soir de boîte, l'été sur l'île d'Oléron, on n'a même pas vingt ans. Je danse avec une fille plus collée qu'un sparadrap sur la peau, encore à la verticale, mais plus pour longtemps. Là, mon Lulu entre sur la piste, m'attrape par la nuque et me dit calmement : « Écoute-moi bien. T'as une gonzesse et t'es mon pote. Ta gonzesse, moi, je l'aime bien, et toi aussi, je t'aime bien ; alors maintenant, tu dis au revoir à cette fille, tu viens avec moi, on rentre. » J'ai rien dit, même pas au revoir, je l'ai suivi, on est rentrés.

Ça fait *clac* chaque fois que l'on appuie sur la détente. Les trous sont minuscules, ils se voient à peine si tu ne t'approches pas tout près. Je ne comprends pas trop à quoi ça sert, ce que l'on fait ; enfin, si, on rebouche les trous parce que si on laisse les termites faire leur place dans les poutres, ça pourrit tout.

— Et sinon, tu écris toujours ?

Souvent, il commence comme ça, Lulu, quand il s'agit de parler d'écriture.

— Bah oui, j'écris toujours !

Comme si j'allais m'arrêter du jour au lendemain. Bon, c'est vrai que je suis discret là-dessus, et puis, lui, il n'a pas trop suivi ce que je faisais. Mon premier bouquin, par exemple, il ne l'a pas lu ; mais pour une raison que j'aime bien : il a peur de ne pas aimer et, comme je suis son ami, ça l'embêterait. Une fois, il y a longtemps, j'avais joué dans une pièce de théâtre. Lulu s'était forcé à venir me voir et, tout au long du spectacle, il n'avait pas tenu en place sur son siège, parce qu'il avait eu peur que je me plante.

— Et sinon, tu as des projets en ce moment ?

Lulu, mon chien fou, qui me parle de « projets », du haut de son tabouret !

— Des projets ? Bah, euh… Tu sais, moi, ce mot, je ne le connais pas trop…

— Ben, ch'ais pas, l'écriture, tout ça…

— Ah, la vie, tu veux dire ?

— Ouais…

C'est la première fois qu'il me pose cette question, Lulu. Des projets…

— Je veux dire, ça va, ça marche, tu arrives à en vivre ?

Lulu qui me parle de chiffres ! Lui, le passionné de bouquins, qui aime tourner les pages, qu'on lui raconte des histoires, et qui a lu tout *Les Rougon-Macquart* ! Quand je rentrais dans sa chambre à l'internat, il était toujours allongé sur son lit dans son vieux caleçon pourri avec un livre, et moi, je lui taxais tout son cake qui était planqué dans son placard. Alors, « tu arrives à en vivre »…

— Bah, ouais… avec les ateliers d'écriture, tout ça…

On dirait qu'il vient de me demander : « Tu fais quoi dans la vie ? » On dirait que l'on est en train de faire connaissance. Après, bon, comme on dit à un pêcheur : « Alors, ça mord ? », on dit à un artiste : « Alors, ça marche ? »

— J'ai un pote, tu vois… enfin, je ne le connais pas trop, sa copine, c'est une amie de Céline… Il a sa maison, ses enfants, il est prof, eh ben, il s'est mis au graff… On est allés chez eux prendre l'apéro, il m'a montré les photos de ses graffs… Nan, mais je trouve ça sympa, je comprends…

Je me souviens, il y a quelque temps, on avait parlé, assis dehors sur des chaises en plastique, on attendait que la viande soit cuite sur le barbecue. Lulu me posait des questions parce que je venais de quitter ma nana de l'époque. Je lui expliquais que j'aimais ma solitude, que la vie à deux était dure à envisager pour moi, qu'écrire était la seule chose qui comptait... Lulu m'écoutait sans me regarder. Il tirait sur sa clope et soufflait la fumée. Quand il y avait des silences, il disait : « C'est bizarre... Je comprends pas. » Et puis, la viande avait été cuite et tout le monde s'était mis à table. Après, on avait fait un foot avec les enfants. Mais j'avais eu, pour la première fois, l'impression que mon ami de toujours ne me connaissait pas. Lulu ne sait pas pourquoi j'écris. Il pense sans doute qu'il s'agit d'un passe-temps, un loisir, une activité comme ça.

— Et tu touches combien sur un bouquin ?

— Ch'ais pas, Lulu, et puis on s'en fout...

— Bah pourquoi ?

— Hé, mon copain ! Hier soir, quand tu étais bourré et que tu faisais le con à moitié à poil, tu t'en foutais de savoir combien je touchais sur un bouquin, non ? Eh ben, je vais te dire, t'avais bien raison ! Bon, alors...

Doucement, je descends les marches de mon escabeau.

— Tu sais, on va tous mourir, hein...

— Quoi...

— Ben, on ne sait pas...

— *Qu'est-ce qu'y a...*

— Il se peut que ce soit toi qui partes avant tout le monde...

Et *bim !* coup de pied dans son tabouret, avant de remonter sur mon escabeau.

— Arrête !
— J'ai rien fait !
— Arrête, t'es con…
— Lulu…
— Je ne sais pas, moi, je m'intéresse…

Oui, c'est vrai. Ce doit être des discussions entre couples d'amis. Mais moi, je ne connais pas, je n'ai jamais fait ça, quand on s'invite à dîner le samedi soir et que l'on parle des choses de tous les jours, la maison, les enfants, les prochaines vacances. Je suis resté à la cloche qui sonne, avec des matchs de foot jusqu'à la tombée de la nuit. J'ai besoin que l'amitié soit préservée de toutes ces règles, peu importe ce que tu incarnes sur les cases de La Bonne Paye : l'essentiel, c'est ce que tu es, dans le crâne et dans le cœur.

J'ai une drôle de sensation. Je ne retrouve pas chez Lulu son regard doux et gentil. Il a l'œil sombre dans les poutres et les petits trous, l'œil « caméra de surveillance ». Même sa voix n'est pas pareille, calme et posée, elle arme et elle tire. Questions courtes et silences qui en disent long. Comme le *clac* du pistolet. Je me sens à l'étroit, l'impression de me recroqueviller sur le petit escabeau, les épaules pas plus larges que les marches sur lesquelles je suis en équilibre. J'aimerais tellement que revienne le joyeux bordel d'avant, mais il faut reboucher les minuscules trous pour que ça ne pourrisse pas.

Johnny. Je lui dis ou je ne lui dis pas ? Là, avec nos pauvres tee-shirts et nos pauvres shorts, peut-être est-ce le moment. Lulu me sortirait que je suis complètement fou, mais que j'ai bien raison, parce que l'on ne vit qu'une fois. Debout sur son tabouret, il imiterait Johnny en train de chanter, et peut-être même qu'il finirait à genoux sur le carrelage. En même temps, c'est un sobre, le Lulu. L'enflamme, elle vient seulement dans la nuit, quand sa femme est couchée.

— Bon alors, tes projets ?

— Zéro projet. Que des rêves.

★

★ ★

— Et sinon, toi, tu l'as déjà trompée, Diane ?

Clac.

Diane, c'est ma nana.

Lulu me dit ça, pistolet à la main.

— Hein ? Pourquoi tu me demandes ça ?

— Ben, je sais pas, comme ça.

— Pourquoi tu veux savoir ça ?

— Je sais pas, comme ça.

Clac.

— Ben non, je l'ai jamais trompée. Vilain.

Bizarre comme question, je me sens la tête coincée entre les poutres. Au fur et à mesure que les trous se rebouchent, on déplace le tabouret et l'escabeau, on avance, on avance, comme on étend son linge. Et Lulu continue son délire :

— Et tu as déjà été avec deux gonzesses en même temps ?

— Pourquoi, ça t'excite ?

— Arrête…

— Ben pourquoi tu veux savoir ça ?

— Je sais pas, comme ça.

Clac.

— Bon, j'avoue, j'ai fait une fois cette connerie, mais juste quelques jours… Et puis, c'était il y a longtemps, longtemps…

Je perds un peu le sourire, parce que mauvais souvenir, et puis, je ne vois plus les yeux de mon chien fou. On est chacun sur son tabouret, son escabeau, avec des poutres qui commencent à pourrir entre nous.

— Et tu as déjà baisé deux filles en moins de vingt-quatre heures ?

— C'est quoi, cette question, Lulu ?

— Nan, mais est-ce que tu as couché avec deux filles dans la même journée ?

— Je comprends pas.

— Nan, mais pour savoir.

Clac.

C'est drôle, quand Lulu me pose ces questions, il ne me regarde pas, il est dans ses « *clac* » et je ne vois plus ses yeux joueurs. Je ne vois qu'un grand gars sur son tabouret, face à ses petits trous de termites. Il est où, mon Lulu ? La fatigue, peut-être. Bientôt, en plus de sa maison et de celle en location, une troisième baraque va voir le jour ; alors, il y a l'architecte, la banque, les artisans, plus tout le reste, le boulot, les gamins, la caisse qui déconne, la semaine qui défile, le week-end qui passe trop vite… ça fait beaucoup pour un seul bonhomme. Mais mon Lulu ne joue plus, mon chien fou, la truffe toujours mouillée, increvable grand con qui, à trois heures du matin, un 1er janvier, dans un appartement où il ne connaît pas la moitié du monde, gueule, affalé sur un pouf qui ne fait pas le poids : « C'est quand, la partouze ? » Chez Lulu, ça ne triche jamais, c'est entier, comme un deuxième et même un troisième whisky, c'est chaleureux, comme un paquet de clopes où tu te sers, c'est honnête, comme un chien fou qui va chercher la balle.

On continue un peu, et puis on s'arrête.

On est assis dehors, sur le muret, on fume. On a le soleil sur la figure et dans les yeux. On ne se dit rien, il n'y a pas besoin, tout est normal, comme un peu avant midi. Lulu se lève, met son pied sur le muret pour tirer sur la languette de sa chaussure, et il me lance :

— Je crois que Diane, elle existe surtout dans ta tête.

Je ne réponds rien. Je regarde le sol, la vieille pelouse grise, les cailloux dans la terre ; je baisse les yeux parce que je sens un grand coup au cœur. Je me dis que je n'ai pas dû comprendre, que je me fais des idées, que je n'ai pas bien entendu ; mais j'ai mal, putain, j'ai mal, autant que s'il m'avait frappé. Je n'ose pas relever les yeux, j'ai peur de son regard… qu'est-ce que je vais trouver à la place de ses yeux gentils ?

Et puis, parce qu'il le faut bien, je relève la tête. Lulu ne regarde pas dans ma direction, mais droit devant lui.

— Ah ça, oui ! Je pense tellement à elle qu'elle est toujours dans ma tête !

Je dis ça parce que je ne veux pas croire à ce qu'il vient de me sortir, sec et froid comme un mois de février, alors que l'on est en short et en tee-shirt. Je me force à sourire, j'ai même un éclat de rire exagéré, qui s'entend bien, qui résonne, pour faire taire ce qui a été prononcé avant.

On marche côte à côte. Les yeux de Lulu ne sont plus là, tout près, gentils, « quoi, *qu'est-ce qu'y a* » ; ils sont loin, ses yeux. Ses épaules et son torse, larges et puissants, qui m'écrasent. Toujours aucun regard, je ne vois plus qu'une ombre. On vient de reboucher les trous des termites de la maison que Lulu met en location. De minuscules trous qui te pourrissent les poutres. « Je crois que Diane, elle existe surtout dans ta tête. » Lulu me sort ça, normal, le pistolet de pâte à bois à la main, vingt-cinq ans d'amitié, une clope.

Et puis, alors qu'on s'apprête à descendre les trois, quatre marches qui mènent chez lui :

— Tu sais, Céline, elle croit que tu es un menteur. Ton histoire, là… avec la fille de Marseille.

Lulu fait référence à une vieille histoire de jeunesse, une rencontre à la gare de Marseille.

Je repense à mon arrivée, la veille, en fin d'après-midi ; on buvait dans la cuisine notre première bière, celle des retrouvailles. Céline est rentrée et a engueulé Lulu parce qu'il n'avait pas accroché le socle du petit aspirateur au mur. Lulu a râlé, et puis il s'est levé et il a fait ce qu'on lui demandait. Et il n'a jamais fini sa bière.

5.

— Allô, c'est M. Connard ?

Je lui parle comme ça parce qu'il n'appelle jamais. Si ce n'est toi, c'est donc ton frère, et Franck est le jumeau de Lulu. La même tête gentille, mais en plus sérieuse.

— Non, M. Renaud ! Renaud et pas Renard, comme vous venez de le dire !

— Ah, pardon. Monsieur comment, déjà ?

Alors que Lulu ne sait jamais quoi faire de ses yeux qui clignotent, Franck a toujours le regard pleins phares. Il voit loin. Déjà, au lycée, il avait de l'allure. Sans être fils de bonne famille, il faisait gaffe à ce que ses vêtements soient bien assortis : petit pull noir, jean noir, Converse noires. Quand on traînait encore nos sacs à dos en première, lui, il avait déjà une petite sacoche sous le bras. Aujourd'hui, quand il vient me chercher à la gare, c'est en Alfa Romeo. Ça me plaît d'avoir un copain qui roule en Alfa. Il ne le fait pas pour la frime ou le fric, mais simplement parce qu'il aime les belles choses, l'élégance et l'excellence. Lorsque tu vas chez Franck, il te propose un whisky japonais en apéro et il a déjà mis le jarret au four.

Je lui demande :

— Bon, et toi, tu fais quoi, à part dire des conneries ?

— On charbonne, on charbonne…

Son boulot, c'est conseiller principal d'éducation dans un collège. Il travaille en veste de costard. Pas pour l'uniforme ni l'autorité, mais par respect pour les élèves.

Un jour, ou plutôt tard, un soir, alors que l'on fumait le cigare sur sa terrasse et que l'on parlait de la vie, il m'a dit qu'il était devenu CPE pour venger son père. Je l'avais regardé avec de grands yeux, et il m'avait expliqué. Son père, à Franck, il vient d'une famille pauvre, avec un papa trop vite disparu et une maman qui se retrouve toute seule. Quand il était enfant, il n'a reçu l'aide de personne dans sa scolarité et n'a pu compter que sur lui-même, son travail et son courage pour s'extirper de son milieu social : il est devenu instit. Trente ans plus tard, Franck est CPE pour venger son père : soutenir les élèves qui ont du mal parce que eux non plus n'ont personne à la maison pour les aider ; comprendre ceux qui mettent le bazar en classe parce que ça se passe mal en dehors de l'école. Les considérer, leur donner une chance, les aimer, presque. Venger son père. J'avais aimé cette phrase, et aujourd'hui, je n'arrête pas de la lui rappeler. Bon, c'est vrai, on causait de misère sur la terrasse tout en tirant sur nos gros cigares, mais quand même. Je me suis senti tellement proche de lui, ce soir-là. J'étais fier d'être son ami.

Lulu et Franck, ils sont identiques : deux costauds d'un mètre quatre-vingt-cinq et le cœur tout aussi grand. Mais si Lulu est un chien fou, Franck est un saint-bernard. Je l'aime, mon copain. Même s'il ne veut pas me laisser conduire son Alfa.

Comme avec son frangin, on ne se voit pas beaucoup à cause de la distance ; mais chaque fois que l'on se parle au téléphone, c'est comme si on était côte à côte sur la terrasse. C'est un gars, Franck, qui se pose plein de questions, il s'interroge, curieux de tout, avec des tas de références de bouquins que personne n'a jamais lus. Encore une fois, pas pour faire le beau, mais juste parce que ça lui plaît de comprendre.

— Tu sais que j'ai ces discussions qu'avec toi.

J'avoue, ça me fait plaisir quand il me dit ça.

— Pareil pour moi.

Et puis bon, on parle aussi de femmes et de cul.

— Tu vois, je lisais un truc sur le couple...

Franck, même au téléphone, il est le gars en bout de table que tu écoutes. Mais là où il est fort, c'est qu'il termine toujours ses tirades par un : « Bon, où est *L'Équipe*, faut que j'aille aux chiottes ! » Et c'est comme s'il était resté avec nous.

Des fois, il essaye de savoir ce que je fais dans le noir avec ma nana, et comme je ne réponds pas, on parle de politique. Là, il me sort des trucs :

— C'est comme le terrorisme... On nous dit qu'il y a un problème avec l'islam, l'immigration, la laïcité... Mais non ! Ce sont juste des crétins qui se font chier...

— Et qui pètent un plomb !

— Mais oui ! La société est de plus en plus violente, comme les crimes.

Toujours la lumière qui fait du gris, de la nuance. Franck, il essaye de tout comprendre. Comme il vise le meilleur de la voiture avec son Alfa, il tire les choses vers le haut jusque sous son crâne. Trouver l'explication la plus juste :

— Comme je dis à mon fils : *life is a bitch !*

— … ?

— La vie, c'est la plage !

Et on se marre.

— Et toi, l'écriture ?

— On charbonne, on charbonne.

— T'as pas le choix, hein.

— Ben non, mon copain, pas le choix.

— C'est comme ça, c'est en toi, faut que tu y ailles, tous les jours.

J'adore mon copain parce que, en plus d'être un grand con, il est très intelligent. Pendant que la bonne intégration sociale me demande combien j'ai vendu de livres, combien je touche sur un livre – les yeux qui contrôlent, suspicieux, et qui calculent –, Franck, lui, sans que j'aie à m'expliquer, à me justifier, il sait déjà qui je suis et pourquoi j'écris.

— Tu fais un taf de chien pour rien.

Je reste sans voix. C'est un des plus beaux compliments que l'on m'ait faits. Il sait sans que je lui dise combien c'est dur, combien c'est long, quel boulot c'est d'écrire un roman, mot par mot, ligne par ligne, chapitre par chapitre. Tout ça pour quoi ? Pour rien. Parce que l'on n'a pas le choix.

— Tu vois, toi, si un jour tu as du succès et que tu deviens riche, tu seras comme Houellebecq : t'en auras rien à foutre.

Je l'aime, mon Franck. Je ne dis rien, je l'écoute. Non pas parce que l'on parle de moi et qu'il a les mots, mais parce que j'admire son intelligence. Il s'intéresse tellement aux gens, à ce que sont ses semblables, il les connaît avant même qu'ils aient parlé. De l'esprit et du cœur. Il a tout, mon copain.

Avant que l'on raccroche, je lui lance :

— Bon, et appelle plus souvent, hein !

— Ouais, je sais, je sais…

— Hé ! J'espère aussi que tu sais qu'on va tous mourir, hein…

— Oui, je sais, je sais…

Il a tout pour que je lui confie mes rêves d'écriture pour Johnny. Mais pas au téléphone. Chez lui, avec une clope et un whisky japonais ; ou bien pleins phares sur la route, en Alfa, avec la liberté et l'amitié sur la banquette arrière. Et c'est moi qui conduis !

6.

Hôtel-casino Barrière, Lille
Jeudi 8 octobre 2015, veille du concert
18 h 36

Cigarillo à la bouche et baguette chinoise dans les cheveux, elle est comme d'hab, douce et dangereuse. Nous marchons d'un même pas, enlacés sur le parvis de l'hôtel, et, à travers les gouttes de pluie, nos ombres s'allongent et s'enroulent sur le pavé. Parfois, nos visages se tournent en même temps, se sourient, et nos yeux se disent des choses qui n'ont pas besoin de mots, comme des gosses déjà contents de la bêtise qu'ils vont faire. J'ai sa hanche contre moi, j'ai son épaule contre moi, j'ai toute une femme avec moi, il ne peut rien m'arriver. Diane, c'est ma nana, ma folle alliée.

On a rendez-vous avec Johnny. Il ne le sait pas, mais nous, on le sait. Pour deux jours, il prend ses quartiers ici, concerts demain et après-demain, et ça nous amuse de nous dire qu'il sera là dès ce soir. C'est grâce à Diane que l'on a eu vent de l'hôtel où il descendait. Elle a fait marcher ses relations, tout un réseau qui fréquente les lieux de pouvoir.

Diane est peintre, et qui achète les toiles ? Celles et ceux qui ne regardent pas le prix. Ainsi, elle a su très vite dans quels draps de soie Johnny allait jeter son cuir. J'ai dans mon sac du Mali le recueil de textes, et je compte bien le lui remettre en main propre. Si ce n'est pas ce soir, ce sera demain, mais il faut que je sache comment fonctionne la maison – hôtesses et maîtres d'hôtel, escaliers et ascenseurs, où est le bar. Avec le clin d'œil de la lune, nous sommes comme des gangsters en repérage avant un braquage, et ça nous fait bien rire.

On y est, sous l'enseigne et ses étoiles. À quelques pas, le hall nous attend. On sait tous les deux que l'on va vivre un grand moment, alors, sans rien se dire et parce que nos corps le réclament, on s'arrête devant les portes vitrées automatiques. Je regarde son visage, ses lèvres, une mèche… une mèche oubliée sur le bord de ses lèvres. Elle a vu que j'ai vu et, d'un souffle, *fff*, elle l'envoie valser, sourire en coin, les yeux au ciel. J'adore quand elle fait ça, et elle sait que j'adore. Doucement, nous fermons nos paupières, et sa bouche chaude m'emplit, comme au premier jour, des battements qui me manquaient.

S'ouvrent les portes vitrées de l'hôtel.

Le hall brille de toutes parts. Tellement d'ampoules, de reflets et d'éclats, on dirait le rayon luminaires du supermarché, tout au fond à droite. Le style est moderne, design, cosy, sièges de couleur sous un grand lustre et une toile contemporaine sur un mur blanc. À gauche, la réception. À droite, le grand escalier. Sous les marches, l'ascenseur. Tout au fond, une large entrée ouverte sur le bar. OK. On avance, le pas lent et amoureux, le regard au loin, mais sans se prendre pour le coucher de soleil. N'empêche, on est chez nous.

— Bonsoir madame, bonsoir monsieur. Soyez les bienvenus.

Le type de la réception a un sourire parfait, comme son nœud de cravate. Tout va bien, il a l'air de nous prendre pour des habitués. Quand deux personnes s'aiment, ça se voit et le monde entier roule avec elles. Il doit y avoir quelque chose, une étincelle, un courant chaud qui donne envie de s'approcher, un air léger qui se dégage et que l'on aimerait respirer. J'ai été garçon de café, et je sais qu'il y a un plaisir particulier à servir les clients dont les yeux se font déjà tchin-tchin. L'impression de contribuer à plus d'amour encore.

Il n'y a pas beaucoup de monde dans le hall. À la réception, un client qui vient d'arriver donne son nom, valise à coque à ses pieds. Sous l'escalier, un couple attend l'ascenseur, sacs de voyage cadenassés. L'homme et la femme nous matent, parce qu'ils n'ont rien d'autre à faire. Question d'habitude. Souvent, avec Diane, des gens nous dévisagent, car notre histoire n'est pas dans la norme. Diane a quelques années de plus que moi, et pour certains bien-pensants, ça ne passe pas. Le cœur et l'esprit si bien rangés qu'ils ne savent même plus où ils les ont mis. Je sais déjà que l'homme près de l'ascenseur va battre des cils et finir par baisser les yeux, sa femme va plisser les paupières et faire une grimace. Nous, on s'en fout, on avance, main dans la main et l'autre dans la poche, tellement confiants que l'on sourit aux caméras de surveillance qui, de toute façon, sont contentes de nous voir. Les vraies caméras de surveillance, elles sont dans l'œil d'à côté, celui qui reste collé à son écran et prend peur dès que le monde n'est pas à son image. Devant l'immense tableau exposé, neutre et coloré comme un fond d'ordinateur, nous faisons une pause et tournons le dos à tout ça en pouffant de rire. Personne ne sait pourquoi on est là. *Bonnie and Clyde.*

La configuration pour demain est simple : si Johnny passe par le même chemin que nous – le parvis, les portes vitrées, le hall –, il prendra direct l'ascenseur ou l'escalier pour rejoindre sa chambre ou, selon l'heure, il fera peut-être un arrêt au bar, tout au fond, là-bas, avec des bouteilles qui brillent tellement qu'on les voit de loin. On dirait qu'il n'y a personne au comptoir. Je remarque aussi qu'il n'y a aucun vigile – aucun vigile visible, je veux dire, car l'immense paquebot où l'on se trouve n'est pas qu'un hôtel, mais aussi un casino, une salle de spectacle, un restaurant, avec sous-sols et parkings, et il y a certainement toute une équipe de colosses à oreillette un peu partout qui peuvent intervenir dans le hall d'un claquement de doigts. Je suis sûr qu'ils ne sont pas loin, c'est juste que les sacs Vuitton ne sont pas contrôlés quand ils passent les portes d'un cinq étoiles.

Et si Johnny était là ?

Il se peut que, pour préserver son intimité, par mesure de sécurité, son arrivée se soit faite dans le plus grand secret, par une petite issue de secours, avec juste un garde du corps. Peut-être que le personnel fait comme si de rien n'était alors que, quelque part à l'étage, Johnny se sert un deuxième whisky. Qui sait ? J'observe le type de la réception, son sourire est toujours bien mis, rien de spécial, d'anormal, impeccable dans son boulot avec le client qui donne son nom, photocopie de carte d'identité et machine à carte bleue. Une demoiselle carré court et costume tailleur le rejoint. Elle s'adresse à nous, qui sommes l'un contre l'autre au milieu du hall comme dans la salle de bal :

— Bonsoir madame, bonsoir monsieur.

Son regard s'arrête sur nous et son sourire, spontané, naturel, ne sort pas de l'école hôtelière. Notre couple l'intrigue, mais elle a plaisir à nous voir ensemble. Autant je démasque les voyeurs et leurs yeux d'escargot, autant je sais voir les copains, les copines, les « bien-voyants » bienveillants, les partenaires presque supporters. Carré court, costume tailleur, mais le cœur et l'esprit libres, la demoiselle de la réception.

Diane, elle s'est faite toute seule, sans un homme qui garde les clefs dans la poche et décide du moment où c'est l'heure d'y aller. D'ailleurs, c'est elle qui conduit, escarpin sur l'accélérateur, tellement sexy que, même sous le volant, on croirait voir ses jambes se croiser. Parfois, l'échancrure de sa jupe s'ouvre lorsqu'elle appuie sur l'embrayage, et elle remet le pan de tissu en me regardant. C'est qu'elle en fait, de la route. Pour livrer des toiles ou soutenir sa famille, pour aller voir la mer en hiver ou déposer des fleurs sur une tombe. Ici, dans le hall de l'hôtel, elle est comme à la maison, se joue des codes et des conventions, tignasse décoiffée sous le lustre et fard à paupières à éteindre la lune. Partout, elle est chez elle, Diane. Elle achète ses épices et ses fruits secs le matin au marché, trinque le soir au champagne avec chefs d'entreprise et députés. Entre les deux, elle peint des corps nus, de la chair amoureuse qu'elle vend à des gens qui l'admirent autant que ses toiles. Artiste qui donne tout et femme d'affaires qui s'en fout. Rock'n'roll attitude.

★

★ ★

Whisky, bien sûr.

Chacun sur son siège, cuissardes et boots se racontent des choses sous la table basse. Il n'y a que nous dans le bar.

— Un Talisker, annonce Diane.

— Très bien, madame. Et pour monsieur ?

— Un Lagavulin, s'il vous plaît.

Accueillant, le serveur. Tout en retenue, comme l'exige le standing de l'établissement, mais il a dans le regard l'étincelle d'un gamin qui allume des pétards.

Je souffle à Diane :

— Si ça se trouve, Johnny va descendre et s'installer au bar…

— Je le vois bien s'accouder au comptoir comme si de rien n'était…, elle me murmure à l'oreille.

Le serveur revient, plateau à la main, deux verres, petite assiette d'olives, serviettes, attentionné jusque dans le geste. Je l'imagine en pause fumant sa clope dehors et faisant la causerie avec quelqu'un qui passe.

— Merci.

— Messieurs-dames, je vous souhaite de passer un bon moment.

Dans son costume bleu marine aux plis parfaits, sa mince silhouette retourne derrière le comptoir, où se trouve un autre serveur, plus jeune, qui réapprovisionne les frigos. Ils échangent quelques mots, rigolent même, et chacun se remet au travail.

Je demande à Diane :

— Comment il s'appelle ?

Elle tourne son visage vers le bar.

— Patrick.

Je l'observe derrière l'écran de sa caisse.

— Oui ! Patrick.

C'est notre jeu. Deviner les prénoms des gens et imaginer leur vie, mais toujours gentiment, juste pour voir le monde en s'amusant. Quand on joue, Diane a ses yeux de petite fille, celle qui faisait du patin à roulettes dans la grande salle de la maison de famille. Des yeux qui ne s'arrêtent jamais de briller.

— Un prénom qui faisait cool, avant, commente Diane.

— Oui, c'est vrai.

— Mais qui fait toujours son petit effet.

Patrick est un chic type, c'est certain. Même quand il pianote des commandes sur l'écran de caisse, il sourit. Je suis sûr qu'il s'est appliqué pour nous servir, n'oubliant pas de sécher la dernière goutte pour qu'elle ne coule pas bêtement sur le verre. Il fait tout bien pour que l'on se souvienne de ce soir où l'on est venus chez lui. Diane se penche et approche sa main de son verre :

— *A la vita, a l'amore !*

Elle dit toujours ça. J'adore l'entendre, avec le *r* qui roule sous sa langue, comme si elle l'embrassait. Elle ajoute :

— Et à Johnny !

Tchin-tchin.

Une gorgée. Ses lèvres se mordent sous l'effet de l'alcool fort. Elle a jeté tout à l'heure son manteau sur le dossier du fauteuil et me laisse voir maintenant son dernier bouton ouvert. Il y a toujours un coin de liberté, avec Diane.

Je sais depuis longtemps qu'elle vit ce rêve d'écrire pour Johnny comme si c'était le sien. Dès le début, elle y a cru. Seule une femme peut vibrer aussi intensément de tout son être pour quelque chose qui concerne celui qu'elle aime. Je la regarde enlever la baguette de ses cheveux et la coincer entre ses dents, plonger ses mains dans sa crinière, si brune qu'elle en est braise. Et puis, elle glisse la baguette, comme si de rien n'était. Chignon mal fait, mais fleur sauvage. Tour de magie. Exactement la même nonchalance qu'il y a quelques jours, quand, à genoux sur le plancher, elle a pris toutes les feuilles des chansons et les a étalées devant elle pour trouver l'ordre idéal avant d'agrafer le recueil. Ça lui a pris cinq minutes, c'était parfait, je n'ai touché à rien. Elle a le coup d'œil, elle a l'instinct, elle sent venir. Ça y est, elle a vu que j'ai vu : sur la mèche restée au bord de ses lèvres, elle souffle, *fff*, et l'envoie balader, sourire en coin, les yeux au ciel. J'adore.

— Il n'y a pas trente-six mille hypothèses, me dit-elle. Johnny passera par l'entrée, tard sans doute, et montera directement dans sa chambre.

— Il ne s'arrêtera pas au bar, tu crois ?

— Le bar sera fermé, *darling*.

Des fois, elle m'appelle comme ça, quand il y a une petite évidence que je n'ai pas captée.

— Et tu crois qu'ils ne vont pas le laisser ouvert exprès pour lui ?

— Il a tout ce qu'il faut dans sa chambre. Minibar et maxi-choix.

Darling. Elle ne me l'a pas dit, mais je l'ai entendu.

— Donc, il faudra que je l'attende à l'entrée.

— Hmm, hmm, fait Diane.

— Ou que je réserve une chambre.

Elle me dit oui avec ses jambes.

— Tu as vu, il n'y a pas de service d'ordre, rien…

— Ce n'est pas un supermarché…

Darling.

— Donc, il faudra que je le chope à l'entrée… Mais il y aura du monde.

— C'est là que sera la sécurité. Une fois passé les portes de verre, Johnny redevient Jean-Philippe.

— Il faudra faire vite.

— Je ne m'en fais pas. Tu sauras saisir le bon moment.

Le bar est toujours vide, mais chaque bruit de pas nous fait dresser l'oreille et tourner la tête. Lentement, on a fini nos verres en se rapprochant l'un de l'autre, puis j'ai claqué le billet de vingt qu'il faut et gardé la note en souvenir.

Ensuite, je me suis levé pour aller aux toilettes, laissant Diane toute seule. À peine cinq minutes.

*

* *

Elle est au comptoir et discute avec Patrick. Enroulée dans son manteau gris, appuyée sur un tabouret, elle écoute. Je m'avance, mets une main dans son dos, elle se retourne, me sourit. Patrick a toujours son air à fumer une clope en scred dans la cave. Leur conversation se termine.

— Voilà, vous savez tout, déclare Patrick.

— Eh bien, je vous remercie pour tout ! répond Diane.

Je me demande ce que sont ces mercis qui n'en finissent pas.

— De rien. Au plaisir de vous revoir.

— Oui, au revoir !

Je dis au revoir aussi, mais il y a quelque chose qui m'échappe. Qu'est-ce qu'ils ont pu se dire, les deux, là ? J'ai bien vu qu'ils avaient vécu un moment complice pendant mon absence.

Nous traversons la salle du bar, retour dans le hall – l'ascenseur, l'escalier, la réception. Le garçon au sourire bien serré est toujours là, seul, la demoiselle « carré court, costume tailleur, mais le cœur et l'esprit libres » a sans doute fini sa journée. Pourtant, quand nous passons devant le comptoir de l'accueil, je revois son visage qui nous murmurait de nous aimer encore.

— Tu lui as demandé s'il s'appelait Patrick ? dis-je en plaisantant.

Diane met une main sur sa bouche.

— Oups ! J'ai oublié !

Elle s'arrête au milieu du hall, puis elle reprend :

— Mais Johnny arrive demain…

Silence sous le lustre.

— C'est Patrick qui me l'a dit, elle ajoute.

— C'est vrai ?

— Eh oui !

— Mais comment tu as fait ?

— Oh, *darling*…

— Quoi ?

— Je lui ai demandé, c'est tout… Mais il ne sait pas à quelle heure ni par quelle porte. Il m'a dit qu'il y avait une seconde entrée pour le personnel, qui donne sur le parking souterrain de l'hôtel.

Je l'écoute, plein d'admiration, impressionné par cette femme capable de tout, du meilleur comme du meilleur.

— Par contre, j'ai une bonne et une mauvaise nouvelle…

— Aïe.

— Bon. La mauvaise d'abord… parce qu'il faut toujours finir en beauté ce que l'on a commencé !

Elle ne perd rien de ses yeux de petite fille qui a la tête qui tourne à force de faire du patin dans la grande salle. Et tout bas :

— Il y a un ascenseur qui mène du parking aux étages…

— Merde. Donc, si Johnny arrive en voiture et va directement au parking…

— Oui.

— Ah, merde !

— Mais…

— Mais… ?

Et là, comme une magicienne sort une baguette chinoise de ses cheveux noirs :

— Johnny a privatisé le restaurant samedi pour déjeuner avec Laeticia.

Mes yeux tournent comme les roulettes des patins.

— Le restaurant est au premier, juste là.

Lentement, on se retourne vers le grand escalier, dont on ne voit pas la dernière marche. Un long silence se pose sur nos bouches, un frisson nous parcourt le dos. Je regarde Diane.

— S'il le faut, j'y vais.

— Oui ?

— Ah, oui !

— Je le savais.

— Et je sers le dessert à Johnny avec le recueil de chansons sous une cloche en argent !

— Et le costume de Patrick ?

— De Super Patrick !

En se serrant très fort, on a marché vers la sortie. De nouveau, les portes en verre se sont ouvertes avec Diane. Il fallait vite que l'on s'embrasse.

7.

Après le Poitou, retour à Lille. Je reprends mes habitudes. Lundi, mercredi, vendredi. Trois jours par semaine, boxe. Un short, un tee-shirt, bandages et protège-dents, les gants et du courage. À la boxe, tu es tout seul. Avec ta peur de prendre des coups, d'avoir mal et de perdre, avec aussi ta volonté de vaincre, mais tout seul. Ici, nez cassés et têtes dures, cernes sous les yeux et sourires tordus se retrouvent pour s'en mettre plein la gueule et rigoler ensemble. Il y a de tout. Des anciens voyous qui saignent le sac en solo, des étudiants qui disent pardon après un uppercut, des teneurs de mur qui font des concours de pompes, et même une fille qui tire tout le temps sur son sweat mais tape comme si elle défendait son fils. À la salle, le vrai combat, il est contre soi-même. Que tu sois costaud ou gaulé comme un os, tu as ta place tant que tu mets les gants avec l'idée d'envoyer ta peur au tapis. Ombres silencieuses et forts en goule, fous gentils et timides dangereux, ici, on a tous quelque chose à régler avec la vie. Que des âmes sensibles.

— Gauche, droite, gauche !

— Attends, c'est comment ?

On travaille par deux un enchaînement directs et crochets. Je suis avec Gérald, le plus mauvais boxeur du club.

Je lui explique :

— Direct du gauche, direct du droit, et tu termines par un crochet gauche.

— Ah, d'accord.

Il fait les gestes au ralenti pour se les mettre en tête, ses gros gants rouges prennent toute la place sur son visage, quand il ramène sa garde. Autour de nous, le cuir claque et la sueur éclabousse, grande chorégraphie de tee-shirts trempés et de baskets sur la pointe des pieds. Nous, on est les « Loisirs », les débutants, jeunes mecs musclés ou vieux avec du ventre, on s'entraîne sur le sol de la salle. À côté, il y a les « Amateurs », boxeurs confirmés et expérimentés, des combats officiels dans les pattes, eux, ils s'entraînent sur le Ring des Kings. Le Ring des Kings, c'est une cage en hauteur où les gars entre les cordes sont comme des fauves qui se battent pour un morceau de viande. Sur le tapis, il y a des taches de sang. Le problème de Gérald, c'est que, quand il boxe, il regarde toujours le Ring des Kings derrière ses gros gants rouges. Il faut les voir briller, ses yeux, plus fort que les néons de la salle ! Il a beau bouger les épaules, sautiller, prendre ses appuis, tout le temps, il jette des coups d'œil vers le Ring des Kings. Alors, forcément, il ne voit pas les poings venir et il en prend un en pleine figure. *Paf !* Quand ça arrive, il ferme une seconde ses yeux ronds, comme pour rallumer la lumière, articule un « non », pour dire « c'est rien, j'en ai vu d'autres », et il revient parmi nous à pas chassés et en claquant ses gants l'un contre l'autre. En plus, ce n'est pas un balèze, le Gérald, tout blanc, tout sec, une tape dans le dos et il se casse en deux. Mais il rêve d'être déjà là-haut, sur le Ring des Kings, là où l'on mord dans le protège-dents pour frapper plus fort. Il rêve, la tête ailleurs et les yeux trop grands ouverts.

— Allez, pause ! crie l'entraîneur, Jean-Claude, qui est aussi le président. Une minute, pas plus ! Et on boit pas trop ! Je n'ai pas envie de vous voir vous transformer en sacs de frappe, hein !

Il a toujours le bon mot, Jean-Claude, même sans le faire exprès. Avec son accent africain, chaque phrase qu'il lance ressemble à un proverbe. Le groupe file aux bouteilles d'eau, dévisse les bouchons en gardant les gants, reprend son souffle.

Je demande à Gérald :

— Ça fait longtemps que tu boxes ?

— Ça fait sept ans.

— Sept ans ?

— Ouais, mais j'ai arrêté au milieu… alors après, j'ai repris en « Loisirs »…

On boit, et Gérald, par-dessus sa bouteille qui fait des hauts et des bas, regarde encore deux « Amateurs » se mettre des uppercuts du tonnerre sur le Ring des Kings.

— Il est bon, lui, il dit en désignant un boxeur avec de belles sapes.

— Ouais, il est bon.

— C'est Mous'.

Mous', il est bon et il est beau. Noire silhouette élancée et biceps moites brûlants. C'est dans ses mouvements de hanches que l'on voit sa finesse et sa puissance, tantôt flamme qui ondule dans les feintes, tantôt bombe qui explose dans les poings. Esquive rotative, pointes de pied, pas chassés, Mous', il ne boxe pas, il danse. Ramène à la perfection ses coudes le long des côtes pour faire bloc sur les abdos. Il monte sur le Ring des Kings comme s'il entrait sur la piste en boîte. Même à l'entraînement, il a toujours de la belle sape, tee-shirt sans manches et short étincelant qui tombe bien. Détendu, torse ouvert, peur de rien, les bras le long du corps, il boxe même sans la garde. Et il s'amuse, chambre, rigole, fait du rap avec ses poings et le *moonwalk* avec ses pompes, mais sans jamais être prétentieux, le mec est trop humble, ça se voit quand on lui serre la main en arrivant. C'est juste un jeu, comme un *battle* pas méchant, un clash pour se marrer. Mais si l'on se retrouve sur le ring en face de lui, il vaut mieux qu'il n'y ait pas de spectateurs : Mous', il fait autant mal avec ses coups de poing qu'avec ses coups de pression !

Il remarque qu'on l'a vu, fait un salut avec le gant, sourire fluo du protège-dents. Nous, on répond, timides.

— Il est jeune, en plus, me confie Gérald. Je ne connais pas son âge, mais je sais qu'il est jeune… T'as quel âge, toi ?

— Trente-neuf.

— Trente-neuf ?

— Ouais.

— Et t'es encore en « Loisirs » ?

Il l'a dit sans arrière-pensée. C'est juste que, dans sa tête, Gérald, il est déjà tout là-haut, sur le Ring des Kings, celui qui ne touche pas le sol, où, quand tu te penches pour y entrer, le frottement des cordes te fait un frisson dans le dos.

*

* *

Je rentre en courant de la salle, traverse le centre de Lille avec ses réverbères et ses gens derrière les vitres des cafés. Je croise des couples qui sortent du cinéma enlacés, des solitaires qui rentrent chez eux en marchant doucement, s'arrêtent pour regarder les mannequins dans les vitrines. Moi aussi, je prends mon temps, petites foulées et bonne fatigue, je sais que les heures qui viennent peuvent être magiques. Direction la Tanière, l'atelier de Diane, un coin de la ville où la nuit tombe plus vite qu'ailleurs.

Des fois, je ne prends pas de douche, pour rester dans ma sueur.

Mais toujours, quand j'arrive, c'est le même rituel : une belle tranche de viande, des pâtes ou du riz, un gros dessert, un café, une clope et un documentaire sur Johnny. Je me cale dans le bureau avec la peau de bête par terre et, dans mon dos, une toile noire d'un peintre que je ne connais pas. Et là, je monte sur le Ring des Kings. Le boss, le patron, le taulier. Je regarde Johnny dans les yeux.

YouTube. Je tape « Johnny Hallyday reportage », tire sur ma clope, « entrée ». J'aime bien ces secondes où je cherche, le nez collé à l'écran, en espérant ne pas me tromper. Il y en a des tonnes, des choses à voir sur Johnny, alors, j'y vais à l'instinct. Déjà vu… déjà vu… Je balade le curseur de la souris sur… Tiens ! Cette image dans le petit carré. On voit Johnny assis dans un wagon vert et blanc. On voit Johnny dans le métro ! Ça me plaît, ça, la plus grande star française assise parmi M. et Mme Tout-le-monde. La flèche de la souris caresse le petit carré avant de cliquer, et des extraits défilent image par image. Il n'y a personne autour, que des caméras et des projecteurs, ils ont dû privatiser le bazar, mais il est là, installé sur les banquettes deux fois deux.

Hallyday par Johnny[1]. Cinq heures ! Le truc dure cinq heures ! Il reste du café, j'ai assez de tabac et de feuilles à rouler, mon feu sur la table, j'y vais, je monte dans la rame.

J'écoute Johnny se confier dans le métro. Sa voix qui hésite, ses mots qui n'osent pas, les moments où il retrouve de l'assurance, quand il raconte le chanteur qu'il est. J'écoute, un stylo et une feuille à côté de moi, mais je ne prends pas de notes. Tout s'écrit tout seul, me traverse et reste, comme quand un ami te raconte sa vie. Parfois, il se tait. Et dans le silence, j'ai l'impression qu'il parle encore, que s'entend l'essentiel de ce qu'il est : un mec normal à qui il est arrivé quelque chose d'exceptionnel. Un destin.

Quand on lui pose une question, ses yeux fixent celui qui parle et attendent. Il n'a pas le regard dur, il est simplement sur ses gardes. Peut-être par peur de ce que l'on va lui demander, de ne pas pouvoir répondre comme il le voudrait, de ne pas avoir les mots à la hauteur. Alors, de temps en temps, il mate par la vitre le quai du métro vide et revient à la discussion en caressant ses doigts, son poignet, joint ses mains pour peut-être s'appliquer. Comme un boxeur met ses bandages. Être plus fort que la peur, l'envoyer au tapis.

On quitte le métro pour monter sur scène. Parc des Princes, 1993. Répétition en plein jour, *Oh ! ma jolie Sarah*, avec une vingtaine de chanceux, techniciens et *roadies* sans doute, qui écoutent, les bras croisés. Johnny a ses lunettes noires et son chapeau de cow-boy. Sa démarche qui n'a plus rien à prouver. Animal qui s'est abreuvé à tous les orages. Ses bras le long du corps, calme métronome avant

1. Un film de Patrice Gaulupeau (Road Movies, Canal +, Universal Music, 2002).

le rock'n'roll. Ses mains, encore. Son paquet de clopes. Son briquet. Comment il allume sa cigarette, la flamme, une bouffée. Au Parc des Princes, sans éclairage ni mise en scène, il est celui sur qui tous les regards se posent, qui fait les choses si facilement, qui ne connaît pas le doute, qui semble n'avoir jamais vu la peur : il est celui que l'on voudrait être. Cette magie, quand la fragilité disparaît, Johnny nous la passe en flambeau d'une main tendue en concert. Grâce à lui, on se sent plus vivant, plus sûr, on relève la tête et on tend la main à son tour pour toucher ce que l'on ne fait qu'effleurer dans la vie de tous les jours : la confiance. On ne devient pas quelqu'un d'autre, non, à travers Johnny, on redevient soi-même. En plus fort. Le lendemain, il portera sur ses épaules quatre-vingt mille spectateurs debout, mais, en attendant, petit refrain au Parc en plein après-midi : un, deux, trois, quatre, Johnny crache le feu et souffle la fumée, comme si le micro était une clope, tranquille.

J'aimerais voir les stations que traverse le métro, il se peut que moi aussi, je passe par là quand je vais à Paris, mais les vitres sont trop sombres. C'est drôle de voir Johnny dans le métro, ce moyen de transport qui nous emmène au travail et où l'on s'ennuie, où l'on s'endort, où l'on rêve si peu. Johnny parle de l'enfant de la balle qu'il était, toujours sur la route, et qui n'a jamais cru au Père Noël parce qu'il n'y avait pas de cadeaux le 25 au matin. Son sourire timide plisse ses paupières et lui ferme les yeux quand il raconte un souvenir. Combien de fois, nous, peut-être tous les jours, on a retenu nos sourires ? Alors, en concert, les bras se lèvent, et on crie, on hurle, comme au Parc des Princes ce soir de juin 1993. Ces images, on les a vues plein de fois, pourtant, elles sont toujours aussi folles :

Johnny qui traverse la foule. Quand il sort des vestiaires, chemise rouge et veste cloutée, il fait encore jour mais les projos sont allumés. Des balèzes en tee-shirt noir et des baraques en tee-shirt blanc l'entourent, deux services de sécurité. Très vite, le public a vu ce qu'il allait se passer. Beaucoup vont suivre le concert de loin, sur écran géant ; là, on va pouvoir l'approcher, le toucher, le « caresser », comme il le dit lui-même. Johnny n'a jamais été aussi près. Il avance. Le regard perdu, et en même temps émerveillé, ne comprenant pas trop ce qui lui arrive. Ça se pousse, ça se bouscule, les balèzes et les baraques ont réuni leurs muscles en ceinture de sécurité autour de l'idole, ils ont du mal, ils grimacent. Johnny, lui, a retrouvé ses yeux d'enfant de la balle sur la route. Il ne paraît ni inquiet ni paniqué, et pourtant, des milliers de corps s'amassent autour de lui en gigantesques remous. Le chemin est long jusqu'à la scène, mais son regard ne laisse rien voir et reste bleu. Il avance. Alors qu'elles sont encore loin de lui, des mains se tendent, et, soudain, grâce à une caméra aérienne et un zoom arrière sur la fosse bondée du Parc, survient une image que je n'avais jamais vue : Johnny à hauteur d'homme, à peine plus grand que le reste du monde, son visage parmi des milliers d'autres ! Il a chaud et il est décoiffé, sa chemise rouge et sa veste cloutée se distinguent à peine, on pourrait ne plus le reconnaître. Johnny redevient spectateur, il fait partie du public, il est avec les gens qui l'aiment.

Jusqu'au moment où la lumière s'éteint. Le mec qui, tout à l'heure, ne disait rien et que l'on aurait pu croiser au bar, il remplit les stades et soulève les foules. Il est resté comme nous dans la vie de tous les jours, hésitant et silencieux, mais quand il explose sur scène, il est reconnu, il est au monde, il existe. La démarche calme et le corps animal, il se redresse, bombe le torse, souffle le tempo, la tempête, le rock'n'roll. Habillée de cuir et d'or, sa voix blessée chante ce que les cœurs n'arrivent pas à exprimer, tous ces sentiments que l'on garde en soi et qui font mal, l'amour et la solitude. Elle crie ce que n'ose murmurer le fond de nos âmes, et la magie de la main tendue opère à ce moment-là. Chacun peut se dire : c'est moi, je suis lui, je deviens Johnny, un type qui se fout en sueur pour ne pas fondre en larmes. Sur le banc et sans un mot, il a fini par être le copain que l'on attend et que l'on veut en bout de table. Le chef de bande qui donne de la force et un sens à nos vies. « D'où viens-tu, Johnny ? De là où plus rien ne pousse. D'où viens-tu, Johnny ? D'un peu de nous tous. » Refrain.

Je refais du café, il me reste du tabac.

J'ai encore le « nous » dans les entrailles, le « on est ensemble » qui nous unit. Bien sûr, il y a le fan presque supporter, tee-shirt et blouson jusqu'à la moelle, avec chez lui toute une pièce où les places de concert sont encadrées. Mais il y a aussi des gens qui mettent le son plus fort sur une chanson qui rappelle un souvenir. Toutes les générations ont quelque chose à voir avec Johnny. Les plus jeunes, parce qu'ils ont surpris les parents en train de danser le rock dans le salon après avoir poussé les meubles, ou parce qu'il est le seul chanteur à mettre des larmes dans les yeux du père. Les plus âgés, pour qui, du premier baiser qu'ils ont donné, tremblants, au bal, jusqu'à la musique qu'ils ont déjà prévue pour le jour de leur enterrement, chaque moment important de la vie s'est fait avec Johnny. Les images du Parc le montrent : oui, on veut l'approcher, le toucher, caresser le fauve, mais pas seulement comme des fans qui ne se laveront plus jamais la main après, non ; on veut l'approcher, le toucher, tape dans le dos ou sur l'épaule, pour le remercier d'avoir toujours été là.

Je descends à la cave avec tout ça.

J'arrive en bas et respire à plein nez l'odeur fraîche sortie d'entre les pierres. La cave, c'est une longue et large pièce voûtée, avec juste un soupirail qui donne sur le trottoir. Deux tréteaux, une planche de bois, une chaise, un canapé, Diane a aménagé cet endroit sous la terre pour un jour y exposer ses toiles, accrocher ses corps nus aux murs. En attendant l'orgie avec toutes ses créatures, je suspends de grandes feuilles comme des sacs de frappe. J'y laisse traîner mes gants et mes bandages, de l'encre et des ratures, comme la sueur et le sang sur le Ring des Kings. Après la boxe, je retrouve un autre sport de combat où l'on est seul avec sa peur : l'écriture. Peur d'être mauvais, peur de ne pas y arriver, alors il faut se faire mal.

Je m'assieds à la table. La feuille est vierge, le carnet est plein. Réserve de notes en cas de panne sèche. Je vais attaquer une nouvelle chanson et je sais déjà que ce sera une chanson de fan. La force que Johnny nous donne, l'union qu'il crée aux quatre coins de France, que chacun puisse penser quand ça ne va pas : je ne suis pas tout seul, il y a du monde derrière, on est des millions.

Je me lève de ma chaise, marche sans lâcher ma clope, m'assieds sur le canapé, regarde les pierres au plafond. J'attrape mes gants, je renifle la sueur à l'intérieur, caresse mes bandages encore mouillés. Je pense à Gérald, qui rêve de monter sur le Ring des Kings. Je pense à Mous', qui reste le meilleur en se marrant. Je retourne à ma table, rallume ma clope, bois une gorgée de café, commence à écrire. Je raye, recommence, raye encore, rebelote. Je me relève de ma chaise, jette un coup d'œil aux phrases sous les ratures, marche en tirant sur ma clope, m'affale encore sur le canapé, regarde à nouveau les pierres au plafond. La tête entre les mains, je caresse mon crâne. Johnny traverse le public du Parc. La foule s'ouvre à lui. Ses yeux tombés du ciel. Son visage est aux anges. Ce n'est pas nous qui venons le voir, c'est Johnny qui revient parmi les siens. J'écrase ma clope et remonte au bureau devant l'ordinateur.

YouTube. « Johnny reportage ». *Hallyday par Johnny.* La souris, la flèche, le curseur, le chrono, je cherche… C'est où ? Ça y est, j'y suis : l'entrée dans le stade. Chemise rouge, veste cloutée, silhouette seule, démarche lente. Tee-shirts noirs, tee-shirts blancs, les muscles de la sécu, la ceinture autour de lui. Le jour, les projos, les remous, la mer monte ; Johnny, ses yeux, son sourire, une main touche ses cheveux, il a un geste de la tête, comme pour chasser une mouche ; et puis soudain, au milieu du stade, peut-être à mi-chemin, ce zoom arrière de la caméra aérienne et le visage de Johnny au milieu des autres. Je voulais revoir ce moment que j'ai découvert tout à l'heure : alors que quatre-vingt mille personnes crient son nom, alors que le Parc des Princes est à lui, Johnny est dans la fosse, Johnny est dans la foule… et il a la gueule de tout le monde !

Je n'éteins pas l'ordinateur et redescends à la cave. Sans même m'asseoir, debout avec mon ombre, je me lance, balance les mots comme des directs. Gauche-droite-gauche. « J'ai la gueule de tout le monde. Moitié cassée, moitié heureuse. » Corps-tête-corps. « Des lumières et des ombres. Souvent tout seul au fond des yeux. » Je ne sais pas si c'est parce que ce sont les débuts et qu'il y a une belle part d'enthousiasme, mais j'ai l'impression qu'il ne peut rien m'arriver. Ça sort comme un boxeur sûr de sa victoire tente des enchaînements qu'il ne ferait pas au cours d'un match tendu. Dans mon survêt pourri, loin d'être beau et bon, je suis quand même un peu comme Mous', qui danse sous les néons, qui boxe sans la garde. Pour l'encre, il faut y aller, il faut se donner, descendre à la mine et charbonner ; mais cette nuit, tout me vient facilement. Je sais qu'il n'y a aucune chance que Johnny chante une de mes chansons, alors autant le faire dans la joie, aller jusqu'au bout et ramener au moins un peu de bonheur, parce que, au départ, je suis comme Gérald : je rêve, car je ne sais faire que ça.

« D'où viens-tu, Johnny ? »

J'ai la gueule de tout le monde
Moitié cassée, moitié heureuse
Des lumières et des ombres
Souvent tout seul au fond des yeux

J'ai ma tête sur des tee-shirts,
Des écharpes et des blousons
Mais vos sourires sont dans mon cœur
Et vos visages dans mes chansons

D'où viens-tu, Johnny ?
De là où plus rien ne pousse
D'où viens-tu, Johnny ?
D'un peu de nous tous

J'en ai vu des visages
De feu et de larmes
Des fleurs dans les virages
Par la vitre d'un car

Mais le jour où j'ai vu
S'ouvrir la foule en deux
Jamais je n'avais eu
Tant d'amour au fond des yeux

D'où viens-tu, Johnny ?
De là où plus rien ne pousse
D'où viens-tu, Johnny ?
D'un peu de nous tous

Je m'appelais Jean-Philippe
Je courais dans la nuit
Avec des roses et des tulipes
Vous avez changé ma vie

Je chanterai dans vos cris
Jusqu'à la fin, à genoux
Je me présente : moi, c'est Johnny
Et je suis fan de vous

8.

— Alors, Johnny ?

J'aime bien, parce que Diane, elle ne dit pas « ça en est où ? » ou « t'as eu une réponse ? » ; elle prend le truc en entier, l'autre dimension, la grande évasion, le rêve, et un seul mot suffit : Johnny.

— J'écris... J'écris... et ça me plaît... Vraiment, ça me plaît, tous ces moments...

— Bien !

— De toute façon, ça ne va pas marcher, alors autant le faire sans pression...

— Il m'agaaace, celui-là ! Pourquoi tu dis ça ? Ça va marcher ! Je le sens !

Diane me met une grimace dans la face et un coup de bassin dans les reins. Bing, bang, aller-retour. Je prends cher quand je dis une connerie, et je sais de quoi je parle, j'en dis souvent. Tous les deux dans la cuisine, elle s'occupe du sucré-salé, moi, du rhum et du reste. *Mojito time.* Quand il fait encore jour, mais que la nuit commence à tomber. Des citrons verts, des tranches de pain, une planche à découper pour deux, nous sommes aussi proches que pendant un slow, hanche contre hanche et chacun son couteau. Diane porte sa robe grise, celle qui lui colle au corps, échancrée à mort quand elle croise les jambes. Le moment que je guette, que j'espère, c'est quand elle croise les jambes debout. Elle n'enroule pas ses cuisses, avec les chevilles qui s'effleurent, elle le fait autrement, façon flamant rose, sans y prêter attention, sans prévenir, quand elle cuisine au-dessus du plan de travail ou qu'elle scrute une toile en cours. Un peu comme sa mèche oubliée sur le bord de ses lèvres, elle n'y pense pas, mais moi, je l'attends, du coin de l'œil, en coupant mes citrons verts. Pour l'instant, elle est pieds nus, et une bretelle glisse de son épaule quand elle étale le beurre sur les tranches de pain.

— Tu sais, il faut juste qu'il lise ! Johnny, ou quelqu'un de son entourage… Et là, ils verront bien… Ils verront bien que tu as les mots pour lui.

— Oui, mais pour le moment, ça ne lit pas des masses dans les bureaux. J'ai envoyé un mot à son manager avec une petite formule pour accrocher…

— C'était quoi, la formule ?

— Bah, pour la première lettre, comme son manager c'est l'ancien manager de NTM, j'ai écrit : « Qu'est-ce qu'on attend pour allumer le feu ? »

Citron vert et menthe au fond des verres. Merde, j'ai mis d'abord les rondelles et après les feuilles… normalement, on fait l'inverse, pour l'arôme.

Je reprends :

— Euh… « Qu'est-ce qu'on attend pour foutre le feu », c'est les paroles d'un morceau de NTM.

— Ah.

— Et *Allumer le feu…*

— Oui, je sais.

Les yeux de Diane attendent la chute.

— Comme ça, le manager, il voit que je connais les deux... que j'aime les deux, quoi.

On entend le crissement du pilon au fond du verre, et on éclate de rire. Bon, j'ai bien compris que c'était loin d'être le « faya » dans ma formule ; pourtant, je me suis donné du mal et j'ai dû cramer quelques neurones dans l'histoire. Faut pas que je foire les mojitos.

Diane, elle fait tout en animal. Toujours décontractée. Non pas comme si rien n'était important, mais plutôt comme si tout était facile et à portée de main. Quand elle cuisine, comme quand elle peint : un tube de noir ou un moulin à poivre, elle improvise, instinctive, intuitive ; elle rôde, chienne autour de son chevalet qui trône, ou chatte léchant son doigt pour goûter la sauce. Tout à l'heure, elle a sorti du frigo tout ce qui lui passait sous la main. Du jambon, du fromage, des algues – oui, des algues –, des anchois, une mangue, du coulis, une banane, et là, le grand plat en terre ressemble à sa palette : il y a de quoi s'en mettre plein les yeux, les doigts, le ventre. Tous ces gestes qu'elle fait sans y penser, je les veux.

Je continue de piler la menthe, le citron vert, le sucre roux. Elle a encore une fois fini la première et moud le poivre au-dessus des toasts. J'ajoute la bonne dose de rhum, un œil sur le niveau des verres et l'autre sur la fente de sa robe grise. Pour faire tenir ses bas, je sais qu'elle dépose quelques petites gouttes d'eau tout en haut sous la dentelle. Secret de femme.

— Un manager, ça compte les chiffres, *darling*, me dit Diane, cigare et briquet dans la main.

C'est vrai.

— Johnny, il ressent.

Elle le connaît.

— J'ai eu une idée, je lui dis.

Pschitt. Le bouchon d'eau gazeuse. J'en ajoute un trait.

— Ah bon ?

Elle se moque en allumant son cigarillo, je souris en touillant les mojitos.

— En plus du manager, je vais envoyer chaque chanson aux deux filles qui bossent avec lui. Il y a leur nom dans le livret d'un CD, l'avant-dernier, je crois. Mon père l'a, je vais lui demander.

— Deux filles ?

— Oui. Les filles, souvent, c'est plus sensible aux mots que les mecs. Pas tout le temps, hein, mais souvent.

— C'est bien joué, me lance Diane, le regard alcool fort.

Je demande, en lui donnant son verre :

— Secret de femme, nan ?

— Oui, oui. Joli.

— *Darling.*

Debout dans la cuisine, Diane a croisé ses jambes comme j'aime, et sa robe grise s'est fendue sous la fumée de son cigarillo.

9.

Chaque chanson terminée, je l'envoie par la poste à l'équipe de management de Johnny. Tout un rituel s'est instauré depuis la première qui est sortie de l'imprimante : la relecture, une bonne dizaine de fois, où je m'interroge sur chaque mot, chaque rime, fais gaffe à la ponctuation, ne laisse rien au hasard. Au bureau de la boîte de management de Johnny, il doit y avoir un paquet de lettres et de mails à lire, des téléphones qui sonnent dans tous les sens, donc je mets toutes les chances de mon côté. Viser l'évidence. Que le manager, qui n'a sans doute pas le temps, puisse se dire en une seule lecture, peut-être en prenant son café : « C'est du Johnny. » Et que tout bascule en quelques secondes. Ensuite, je rédige une courte lettre avec, entre le « Bonjour » et le « Bien à vous », la formule censée accrocher, la petite ligne dont on se souvient. J'utilise le stylo que Diane achète toujours en double – un pour elle, un pour moi –, couleur rouge dans l'ombre. Après le coup de langue, direction la poste qui est juste à côté de la Tanière et, devant la boîte aux lettres, avant de glisser l'enveloppe, j'ai toujours quelques mots, tout bas.

Même si je reste persuadé que ça ne marchera jamais, je me dois, pour le panache, d'aller jusqu'au bout. Des fois, pourtant, quand je ne pense à rien, il me prend d'y croire un peu… tellement, que je n'éteins plus l'ordinateur. Il reste en veille sur le bureau, clignote dans le noir, m'appelle. Moi qui déteste passer du temps devant l'écran – à part pour l'encre –, il m'arrive de consulter mes mails plusieurs fois par jour. C'est comme mon téléphone : avant, il était tout le temps éteint, aujourd'hui, il est tout le temps allumé. Et puis, j'attends l'heure du facteur – je me suis surpris à me faire beau rien que pour aller à la boîte aux lettres, au sortir de la douche, la chemise rentrée. On ne sait jamais, s'il répondait par courrier. Par courrier ? Avec une lettre et une enveloppe ? De l'encre et du papier ? Et pourquoi pas une carte postale de Saint-Barth ? Je parle d'aller jusqu'au bout, mais là, je vais sans doute un peu trop loin.

Mais j'y vais.

Direction l'ordi. Internet. Les mails. Qui sait ? Et s'il y avait un message ? Car même si, sous mon crâne, ça dit « non », dans mon cœur, ça dit « peut-être ».

Double clic.

Je le connais. Tous les fans ont ce sentiment, il fait tellement partie de nos vies, il nous accompagne depuis si longtemps. Sa gentillesse. Son intelligence. Sa liberté. Tant de choses qui se voient dans ses yeux. Je connais la bête et je peux lui écrire des chansons d'homme. Je sens qui il est. C'est le copain qui nous manque, le frère que l'on n'a pas eu, le père que l'on cherche encore.

« Votre pseudo ».

OK. Je tape.

« Linconscient ».

Je n'ai pas pris l'e-mail socialement bien intégré, avec le nom et le prénom, le tout bien attaché. Je garde l'adresse du temps où je faisais du rap, où je montais sur une scène qui n'était pas la mienne pour prendre le micro en impro.

« Votre mot de passe ».

J'avoue, maintenant, il y a un petit truc spécial avant de consulter les mails. On se dit que, dans l'interface toute colorée, dans le blanc des messages non ouverts, va apparaître une ligne que l'on n'a jamais vue, une adresse inconnue. On ne sait pas, peut-être qu'ils ont eu un coup de cœur pour *D'où viens-tu, Johnny ?*. Elle parle de l'homme et de l'artiste, de l'amour qu'on lui donne, de l'amour qu'il nous rend. En plus, la chute, « Et je suis fan de vous », le plus grand chanteur français qui dit ça dans tous les autoradios, ça peut être quelque chose.

« Bienvenue, Linconscient !
Vous avez 7 nouveaux messages. »

Ça tape dans ma poitrine. Troisième fois aujourd'hui que je me connecte.

« La Banque. De nouveaux documents disponibles.
EDF. Créez dès maintenant votre espace client.
Le Coq Sportif. Profitez de nos offres exceptionnelles.
Fnac spectacles. Vous ne pouvez pas passer à côté !
BlaBlaCar. À quand votre prochain départ ?
SNCF. Partez libre et pas cher.
Amazon. Vous nous manquez, Boris. »

C'est tout.

Que des trucs qui te font croire. Pas grave, une autre fois, peut-être. « Déconnexion » et le cœur qui pince. Je repense à la cave et aux heures passées à écrire avec mes restes de sueur après l'entraînement. L'encre, le ring, c'est pareil. Entre les murs, entre les cordes, c'est pareil. À la fin, rien. Juste le sentiment d'avoir tout donné quand les lumières s'éteignent. Ne pas avoir de réponse n'entache pas la joie de ces nuits d'écriture ; quoi qu'il arrive, je m'en souviendrai. Rocky donne le meilleur de lui-même dans les carcasses de viande et s'en fout de perdre à la fin, il a Adrian dans ses bras.

Bon, au point où j'en suis, je vais en profiter pour faire tout ce que j'ai à faire sur Internet. J'espère que ça va aller vite parce que, pour moi, le temps connecté, c'est du temps incarcéré. Faut que je dépose la dernière chanson à la Sacem, ça fait belle lurette qu'elle a été envoyée au manager de Johnny. Je suis toujours en retard pour ce genre de choses, la paperasse, tout ça.

« Sacem.fr »

OK. On y va.

« Accéder à votre espace membre. »

Oui, c'est là, d'accord, je clique.

« Veuillez entrer votre identifiant et votre code d'accès. »

Ah, alors, euh… Identifiant, « Linconscient », comme d'hab. Le code d'accès… ? Bah… Je sais pas.

« Vous avez oublié votre code d'accès ? »

Oh, merde, ça recommence. Ils vont me balader de droite à gauche jusque dans la messagerie. Sur ma chaise, je me tortille comme un asticot tout près de l'hameçon. Déjà la première goutte de sueur.

« Cliquez ici. » Je clique.

Juré, ça me gratte. Le dos, les épaules, la nuque. Je n'aime pas que l'on m'oblige, que l'on me dirige, que l'on me dise où aller et par où passer. Dès que je reste trop longtemps sur Internet à faire des choses que je n'ai pas envie de faire, c'est comme si j'étais téléguidé, télécommandé, que l'on m'enfonçait des fils et des câbles sous la peau, des chaînes, et je me gratte pour les arracher. La tête dans l'écran, comme la main d'un flic t'appuie sur la nuque pour te faire rentrer à l'arrière du Scenic. Je serais bien mieux dehors avec le vent – j'aime bien le vent, tu ne sais pas d'où ça vient, et ça t'emmène on ne sait où.

Je n'en veux pas à la Sacem, non, ils font les choses bien, c'est rapide, efficace, leur système informatique pour déposer les chansons. En plus, quand on les a au téléphone, ils sont toujours sympas et te renseignent bien. Non, j'en veux à… à… Déjà, à mon manque d'organisation. Il suffirait que j'apprenne un code confidentiel par cœur, et tout serait réglé, je ne perdrais pas de temps. C'est vrai, je suis bidon. Mais combien de pseudos à enregistrer, de mots de passe – minimum huit caractères, et avec au moins un chiffre et une majuscule – à retenir, hein ? Le temps que l'on passe derrière nos téléphones et nos ordinateurs pour, à la fin, ne plus savoir se regarder dans les yeux. Tu m'étonnes que l'on ait peur les uns des autres.

« Prouvez que vous n'êtes pas un robot. »

Quoi ? Ah non, ça, c'est le pire. C'est moi qui appuie sur un bouton, mais ce sont eux qui me font obéir au doigt et à l'œil !

« Cliquez sur les images avec un panneau de direction pour prouver que vous n'êtes pas un robot. »

Sa mère.

Je clique.

Là, là, là, ici, euh… c'est quoi, ça, une enseigne de resto ? Allez, je la mets.

Le sablier.

J'attends.

Purée, ça me gratte !

Une croix rouge.

« Veuillez réessayer pour prouver que vous n'êtes pas un robot. »

Mais je vais devenir un putain de robot massacreur si vous n'arrêtez pas tout de suite !

On se calme.

On souffle.

On recommence.

Si ça se trouve, ils vont me remettre l'enseigne du resto…

OK. Tranquille. J'y vais.

Là, là, ici, ouais, c'est bon… C'est quoi, ça ? Mais c'est quoi, *ça* ! Un panneau avec un lapin ? *Un panneau avec un lapin !* Mais qu'est-ce que j'en sais, si un panneau avec un lapin, c'est un panneau de direction ?

Je clique.

J'attends.

Encore le sablier.

J'attends.

Croix verte.

Ouf ! C'est bon, bordel !

« Vous n'êtes pas un robot ! »

Merci, bande d'enfoirés !

Évidemment, il faut que je retourne dans ma boîte mail, où un nouveau mot de passe m'a été envoyé.

Allez, on y va.

Dehors, il pleut. J'adore la pluie. Ça vient du ciel et ça te rentre sous la peau.

« Bienvenue, Linconscient !
Vous avez 1 nouveau message. »

« Sacem. Réinitialisation de votre code d'accès. 18 mars 2015 à 14:38 »

OK, on y va.
Juste en dessous :

« La Banque. De nouveaux documents disponibles. 18 mars 2015 à 10:27 »

Ah, oui. Faudrait que j'aille voir ce que j'ai, quand même. Bon, je pourrais le faire à la Johnny, craquer un chèque sans savoir ce qui se passe sur mon compte ; mais pour ça, j'ai besoin de… la Sacem. D'ailleurs, je crois que je n'ai toujours pas été payé… Pour gagner ma croûte, j'anime des ateliers d'écriture dans les écoles, les collèges, les lycées, et jusqu'en prison. Toutes les cases du grand jeu de société ! Dernièrement, j'ai travaillé pour un collège qui m'a versé mon salaire, mais ne m'a pas encore remboursé mes frais de transport. Ça fait plus de deux mois. Faut que j'envoie un mail.

« Bonjour,

J'ai effectué une intervention au sein de votre structure pour des ateliers d'écriture… »

Et bla-bla-bla.
Comme un putain de robot.

10.

Gérald est sur le Ring des Kings ! Dès que je suis arrivé, je l'ai vu, sous la grosse lumière des néons, silhouette coupe-vent sur la pointe des pieds. Il se penche et me checke, déjà en sueur, heureux d'être là. Il pose un coude fier sur la plus haute corde, et, en regardant le groupe des « Loisirs » qui s'échauffent en cercle :

— Tu as vu ? J'y suis !

— Eh oui, tu y es !

— Ouais. Je me suis dit que c'était ce soir… Ils m'ont proposé de mettre un casque, mais j'ai pas voulu.

Les autres boxeurs « Amateurs » n'en ont pas non plus, mais ils ont l'habitude, eux, que ça tape fort et que ça fasse mal. Je sais que les gars sont réglos et qu'ils ne vont pas jouer les gros bras avec Gérald ; au contraire, ils vont y aller mollo et même l'encourager. Mais ce serait peut-être ça, le pire : que Gérald s'aperçoive qu'ils ont été gentils, qu'ils lui ont fait une fleur, que, lorsque venait son tour de boxer, ils baissaient la garde et regardaient ailleurs.

— En plus, t'as vu, y a des gars de mon ancien club… On a presque débuté ensemble !

C'est vrai qu'ils sont plus nombreux que d'habitude sur le Ring des Kings, et il y en a quelques-uns que je ne connais pas. De temps en temps, les différents clubs de la ville font bosser leurs champions dans une autre salle pour leur mettre un coup de fouet.

— Ah oui, il me semblait bien…, je dis en regardant les nouvelles têtes.

— Ça va être les retrouvailles ! Je vais leur montrer ce que je suis devenu !

Il s'enflamme, en agitant ses gants dans le vide.

Le problème, c'est que Gérald est toujours resté en « Loisirs », tandis que ses anciens partenaires sont montés en « Amateurs ». En plus, on sent bien qu'ils ne sont pas venus là pour faire de la zumba. Serrés les uns contre les autres, pour l'instant, ils s'échauffent en enchaînant des combinaisons sans adversaire. Déjà, le protège-dents, mais le mors aussi.

— Bon, donne le meilleur, hein ! je lui dis.

— T'inquiète !

Gérald resserre les scratchs de ses gants et les frappe l'un contre l'autre, avant de redonner des coups dans le vide.

— Allez, j'y retourne !

Et il est reparti en sautillant un peu trop haut.

*

* *

Avec le groupe des « Loisirs », on répète par deux un gauche-droite-esquive. Comme ceux de Gérald lorsqu'il est avec nous, mes yeux s'en vont sur le Ring des Kings pour voir comment il s'en sort. Les « Amateurs » se sont mis au boulot et travaillent une série corps-tête-corps, uppercut et pas de retrait. D'entrée, il y a de la hargne et de l'élégance, ça danse autant que ça cogne, le cuir claque et la sueur coule, c'est comme un feu qui grandit.

Pour l'instant, Gérald est avec Mous', ça va, le type est sympa et n'a rien à prouver ; mais le Gérald, il n'y arrive pas. Son uppercut est comme un yo-yo qui ne remonte pas. Mous' l'arrête. Il pose ses gants sur ses épaules pour le calmer et lui montrer la bonne rotation qui donne de la puissance. Gérald fait « oui, oui » de la tête, visage dégoulinant ; ils y retournent, mais c'est toujours pareil. Il est courageux, Gérald, jusqu'au bout, il y va. Le regard fixe, la garde haute, pointes de pied et pas chassés, ouvrant la bouche en grand pour laisser passer de l'air. Toujours, il a son petit geste à lui de frapper ses gants l'un contre l'autre quand il est touché, mais il finit par disparaître au milieu de tous ces corps qui le secouent.

— On tourne !

C'est l'entraîneur des « Amateurs », chrono dans la main, qui vient de crier ça de son coin. Gérald et Mous' cognent leurs cuirs ; tapes dans le dos, et on change d'adversaire.

⋆

⋆ ⋆

Bing !

À force de regarder ce qui se passe à côté, j'en ai pris une. Autant l'autre nuit à la cave j'écrivais comme Mous', autant ici, à la salle, j'ai remplacé Gérald : je suis le deuxième plus mauvais boxeur du club. Sur le Ring des Kings, il est tombé contre l'un de ses anciens partenaires, un grand barbu qui ne parle pas, et qui a répondu d'un signe de tête quand il lui a dit : « Tu te souviens… »

— Allez, boxe ! crie l'entraîneur des « Amateurs » à tout le monde pour lancer les hostilités.

Je les observe ; mes gauche-droite sont au ralenti et le type en face de moi esquive facile. Sur le Ring des Kings, ils doivent faire la combinaison chacun leur tour, sans qu'il y ait de temps mort.

— Hé ! Tu regardes quoi, toi ? Si tu veux monter là-haut, il faut d'abord rester sur terre, hein !

C'est Jean-Claude, notre entraîneur et président, qui me crie gentiment dessus. Je lui fais un signe comme quoi j'ai reçu le message, et me remets à mes gauche-droite. Sa remarque me fait réfléchir, quand même. Peut-être qu'il ne l'a pas fait exprès, mais en tout cas, ça fait le même effet que de recevoir un coup sur le coin du nez : ça pique.

Là-haut, justement, Gérald ne tient pas le choc. Ce n'est pas que l'autre tape fort, non, il a bien vu que le niveau n'était pas le même, et il n'y a aucune gloire à faire mal à un plus petit que soi qui, en plus, ne t'a rien fait ; mais Gérald n'arrive pas à le toucher. Pourtant, il n'oublie rien de la combinaison et pense toujours à ramener sa garde ; mais il veut tellement bien faire que ses coups sont tendus comme ceux des Ken musclés en slip et en plastique, qui lèvent le bras quand on leur appuie sur le dos.

En face, son ancien partenaire boxe sans la garde, les yeux sur la pendule. Il n'y a rien de pire. Ce n'est même pas qu'il le chambre pour s'amuser, comme Mous' l'autre jour, non ; c'est juste qu'il s'ennuie. Presque les gants dans les poches. Gérald, lui, il se débat plus qu'il ne se bat. On dirait même qu'il nage le crawl, ses gouttes de sueur se voient plus que ses poings. Mais il ne lâche pas, il tient, il résiste, il se donne et ne dit rien, même si son souffle ne suit pas, parce qu'il le sait, il le sait, que son ancien partenaire n'attend qu'une chose.

— Bon ! On peut tourner ?

Voilà. Il l'a dit.

Et Gérald s'est arrêté. Les bras le long du corps, il ne bougeait plus au milieu des autres, il n'y avait plus rien sous son coupe-vent, seul au milieu du ring avec les coups qui pleuvaient tout autour. La grosse lumière jaune des néons, on aurait dit qu'elle n'éclairait que lui, qu'elle l'écrasait.

Bing !

J'en prends une. Hé ! Mais ce n'était pas prévu dans l'enchaînement, ça !

— Excuse-moi, c'était trop tentant, me dit mon adversaire, tu ramènes jamais ta garde…

J'ai tapé mes cuirs l'un contre l'autre et j'ai jeté un dernier coup d'œil sur le Ring des Kings. Gérald n'était plus là.

11.

Hôtel-casino Barrière, Lille
Vendredi 9 octobre 2015, jour du concert
14 h 01

— Vous êtes là pour la même chose que moi ? je lui dis.
— Ça dépend. Vous êtes venu pour quoi ? il me répond.
Long silence de western, et puis je fais :
— Pour la même chose que vous.
On tire sur nos clopes et on se sourit avec quelque chose d'allumé dans le regard.
C'est Mika. Je l'ai vu tout de suite en arrivant sur le parvis de l'hôtel. En fauteuil roulant et au téléphone, il était sur le côté, là où il y a un coin de pelouse avec un mur et du vide derrière, une belle vue sur le ciel bleu et l'entreprise de livraison. J'avançais vers l'entrée, pour jeter un coup d'œil dans le hall et passer au plus près des portes vitrées, les ouvrir et nous revoir, avec Diane. On était là tous les deux, hier soir. Tellement l'un contre l'autre que nous ne faisions qu'un.
Puis, j'ai regardé autour de moi, il n'y avait rien de spécial, ni tapis rouge ni cordon VIP, seules deux Ferrari

attendaient devant l'hôtel, une rouge et une jaune. Je me suis dit qu'on était là aussi pour se parler, et j'ai filé tout de suite voir Mika. On se connaît depuis moins d'un quart d'heure, bien sûr, on se cherche encore, n'empêche, dès les premiers mots, le gars m'a inspiré confiance. Sa barbe sur ses bonnes joues aussi.

— Sinon, ça fait longtemps que tu es fan ? je lui demande.

— Ben… euh… ouais… enfin, j'aime bien Johnny, quoi, mais bon…, me répond Mika en regardant son téléphone.

Il attend un appel, un message, quelque chose.

— De toute façon, on est tous fans…

— Tous fans.

Ça a l'air important, ce qui se passe sur son écran, les yeux toujours dessus et les textos qui s'écrivent avec deux pouces. Je n'arrête pas la causerie.

— Et tu l'as vu souvent en concert ?

— Attends, excuse-moi.

Son portable sonne. Mika décroche et s'éloigne dans son fauteuil pour parler. Il n'est pas fan de Johnny ; il l'aime bien, c'est sûr, mais il n'est pas fan. Alors, pourquoi est-ce qu'il est là dès le début de l'après-midi à l'attendre ? Il revient, encore un pouce sur le portable, et une fin de clope au bec.

— Euh… Ouais, nan, je ne l'ai jamais vu en concert.

Silence, et chacun tire sur sa cigarette.

Je mate autour de moi la tête de ce quartier tout neuf à l'écart du centre-ville. Construit pour les affaires, avec que des bureaux qui s'élèvent ; ici, les murs montent si haut qu'ils cachent presque le ciel. Les immeubles sont tous bâtis à l'identique, façades de verre immenses aux fenêtres qui ne s'ouvrent pas. On dirait qu'il y a une autre vie à l'intérieur, des gens qui nous observent, mais que nous, on ne voit jamais. Quand on passe, il n'y a que nos reflets.

J'interroge Mika, en roulant une autre clope :

— Ça fait longtemps que tu attends ?

On ne se dit pas tout. Chacun sait que l'on n'est pas là par hasard, et on se demande si l'un de nous ne va pas marcher sur les plates-bandes de l'autre. Dans cette ville en verre, on n'est pas à notre place. Dans cette ville en verre, il faut briser la glace.

— Je suis arrivé à onze heures.

— Onze heures !

— Ouais. J'ai mangé une banane, et voilà.

— Hé ! T'es fan, alors !

— Non, j'aime bien Johnny, mais moi, je suis chasseur.

J'ai beau faire tourner mes neurones dans tous les sens, rien n'en sort.

— T'es pas un chasseur, toi ? reprend Mika.

— Euh...

Il m'explique.

Le chasseur a une arme : le smartphone. Une proie : la célébrité. Un trophée : le selfie. Des acteurs, des actrices, des chanteurs, des chanteuses, des présentateurs, des présentatrices, des hommes et des femmes politiques, des sportifs, des sportives, tous les gens connus quc l'on ne voit jamais en vrai, mais toujours à la télé. La chasse est bonne quand on parvient à immortaliser en photo la « rencontre » avec l'un d'eux, tout sourire et main sur l'épaule. Après, les selfies sont stockés dans la mémoire d'un disque dur comme des pépites, ou diffusés sur un blog perso comme des médailles. Super organisés et discrets comme personne, les chasseurs sont au courant des faits et gestes de toutes les stars en promo : les avant-premières au cinéma du centre-ville, le temps des balances avant un concert, les horaires précis des arrivées des trains en provenance de Paris. Les gars marchent en réseau, en querelles, concurrence et compagnie, échanges d'infos, silences et mensonges, le 06 d'untel et le site spécialisé d'un autre. Ils sont capables de rester des heures à poireauter près de l'entrée d'un palace ou à tourner en rond à la sortie d'une salle de spectacle.

— Moi, je fais ça parce que ça me change, ça me donne un but, ça me fait voir du monde.

Mika m'explique qu'il a eu un problème à la moelle osseuse et qu'à partir de là, tout s'est arrêté. Le travail, les sorties, le rugby…

— Tu en as combien, des selfies ?

— Mille, à peu près.

— *Mille ?*

— Ouais. Mais il m'en manque un, un seul.

— Johnny ?

— Johnny.

Et il est venu le chercher aujourd'hui, Mika, ou ce soir, ou cette nuit. Et il était là en premier.

— Tu vois, là, par exemple, on est tous connectés. Enfin, tout un groupe, et on est un peu partout. Là, y en a un à l'hôtel des Minimes, un autre au Gantois, plusieurs sont déjà à l'entrée officielle du stade, y en a un autre à Lesquin…

— À l'aéroport ?

— Ben ouais.

— Ah, ouais…

— Y en a même un qui a voulu se mettre à la sortie de l'autoroute ! Il est à moto, il s'imagine que Johnny va venir je sais pas comment, en Harley ou quoi. On lui a dit, bon, fais ce que tu veux…

— Purée.

— Ah, y a des oufs, hein.

Faut que je lui dise, à Mika, que c'est là, et bien là, que Johnny va descendre, à l'hôtel-casino Barrière.

— Moi, on m'a dit que l'hôtel où Johnny allait dormir, c'était ici.

— Ouais, c'est ce qu'on m'a dit aussi, mais on ne sait jamais. Des fois, y a des infos qui circulent juste pour semer le doute dans la tête des fans. Johnny, il a ses habitudes ici, mais je sais qu'il aime bien descendre au Gantois aussi. Pour la promo de *Jean-Philippe*, c'est là-bas qu'il était.

La glace est brisée ; enfin, presque.

— Bon, toi, t'es pas chasseur ?

On se sourit, ça suffit comme réponse.

— Je le savais. Je l'ai vu tout de suite.

— À quoi tu l'as vu ?

— Déjà, on se connaît quasiment tous, on n'est que quelques-uns à Lille… Même les autres, à Paris ou ailleurs, on les connaît…

J'écoute.

— Et puis, dans tes poches, là, tu n'as pas d'appareil photo ni de smartphonc…

Je sors mon pauvre portable de mon blouson, et on se marre.

— Ah, ouais… Il est tellement vieux, celui-là, que tu fais tes numéros en chiffres romains !

Il hésite, se passe un doigt sur la bouche et dit :

— Et puis, ton sac, là…

— Quoi ?

Mon sac du Mali, en cuir de chèvre, que je porte en bandoulière. Je le fais tourner pour le ramener sur mon ventre, et lance, sûr de moi :

— Ça, c'est un vrai sac de chasseur !

— Non, justement ! Y a pas un chasseur qui se promène avec ça ! rigole Mika.

— Ça dépend de ce que tu chasses.

On manque de s'étouffer en riant avec nos fumées de cigarette. Je mets la main dans ma besace et je sors un recueil. J'en ai pris quatre avec moi, et, à tous, je leur ai parlé avant de les glisser dans mon sac magique bénit par les sorciers du Pays dogon.

— J'ai écrit des chansons pour Johnny.

On s'est regardés comme tout à l'heure, quand on s'est vus pour la première fois, avec un bon feeling.

— Je savais que tu n'étais pas là pour rien, me dit Mika.

— Peut-être, on verra, je vais essayer…

— J'espère bien que tu vas essayer… Et que tu vas y arriver.

Encore une fois, entre les grands immeubles aux vitres comme des caméras de surveillance, et le vide derrière le mur, où les camions de livraison font leur créneau, le silence s'est fait tout seul. On était deux gars qui voulaient faire quelque chose de leur vie.

★
★ ★

Deux grands types sortent de l'hôtel, des épaules, et la chemise dehors, blonds aux cheveux courts. Têtes au carré. On dirait des Russes. Ils sont suivis d'un gros gars de l'hôtel en costume bleu marine, et tous les trois marchent d'un pas conquérant vers les deux Ferrari. Nous, on a bougé, on s'est rapprochés de l'entrée, parce que, tout à l'heure, il y a eu une voiture noire, avec un type en lunettes fumées qui s'est fait ouvrir la porte par son chauffeur.

— C'est qui ?

— Ch'ais pas.

En fait, on s'en foutait.

Du coup, on s'est calés sur un côté de l'hôtel, petit muret sous un porche, un coin en béton. Dans notre dos, on peut voir au travers des murs de verre : le hall, la réception, l'ascenseur, le grand escalier. Le check-in/check-out de midi est terminé, il n'y a personne, juste des fauteuils qui ne font rien, et nos reflets qui se cognent comme des oiseaux qui n'ont pas vu la vitre. Encore une fois, en regardant, je me rappelle les hanches de Diane qui ont fait trembler tout l'hôtel hier soir.

Les deux Russes ont le coude sur le toit de la Ferrari rouge. Penchés vers l'intérieur, où s'est assis au volant le gars de l'hôtel, qui leur explique des choses, ils font des espèces de signes pour dire qu'ils comprennent.

— Ils font quoi ?

— C'est des Ferrari en location, m'éclaire Mika en cherchant dans son sac banane.

— Ah, ouais. C'est combien ?

— Un quart d'heure ou une demi-heure, je sais plus.

— Nan, mais le prix ?

— Ch'ais pas. C'est cher.

En fait, on s'en foutait aussi.

*

* *

— Tiens, regarde.

Mika sort de sa banane un appareil photo numérique.

— On ne sait jamais. Si j'ai un problème avec mon téléphone, il est là en secours.

Il est équipé, Mika. Il allume la petite boîte noire et me demande si je veux voir. Défilent alors ses derniers selfies où, bouille heureuse, il pose à côté des stars qui se prêtent volontiers au jeu. Toutes et tous ont pris soin d'être à la même hauteur que Mika dans son fauteuil roulant, ils se penchent sur son épaule, accolade, presque joue contre joue. Sur le visage de Mika, tout est léger, comme sur des photos avec des copains. Il y en a que je reconnais, d'autres non. Au début, je demandais qui c'était, après, j'ai arrêté.

— Là, c'est celui des *Anges*…

— Des *Anges* ?

— De la télé-réalité.

Une grosse moto noire ralentit et grimpe sur le trottoir du parvis. Une de ces motos de ville, qui arrive sans faire de bruit, avec pare-brise et toutes sortes de protections. Deux personnes dessus, un grand à l'avant, un petit à l'arrière. La moto traverse le parvis à faible allure, lâche de temps en temps un grognement, vient dans notre direction, accélère et ralentit de nouveau. On dirait un chien méchant qu'on laisse tirer sur sa laisse pour le rendre encore plus méchant. Au fur et à mesure que l'ombre menaçante avance et que le moteur se rapproche, le visage de Mika se ferme et son sourire disparaît. Il range son appareil photo numérique dans sa banane, tirant la fermeture Éclair jusqu'au bout.

— C'est Paparazzi.

— Paparazzi ?

— Oui, c'est comme ça qu'on l'appelle. Un chasseur. Mais maintenant, il prend des clichés de célébrités pour les revendre après.

— C'est devenu son métier ?

— Non, il le fait en plus de son boulot.

— Mais il se prend plus en photo avec les stars, alors ?

— Non. Il s'en fout des gens, il fait ça pour que ça paye. Et derrière, c'est son fils.

— Son fils ?

— Ouais. Il le forme.

La moto s'arrête devant nous. Paparazzi garde les mains sur le guidon, les pointes de pied à terre comme béquilles, laisse tourner le moteur. Dans son dos, son garçon a, quoi, douze ans. Tous les deux ont le même casque noir, la même visière fermée, sombre et inquiétante. Enfin, Paparazzi soulève la sienne et montre ses yeux.

— Salut.

Je n'aime pas la manière dont il pose son regard sur nous. Il nous scrute de la tête aux pieds, on dirait qu'il nous fouille.

Le petit, lui, garde sa visière baissée, reste sans visage, se tient de ses deux mains à l'arrière. Il porte un sac en bandoulière, du matériel sans doute.

— Ça va ? Alors, il n'est pas là ?

— Pas là, répond Mika.

— Mais on sait que c'est ici, reprend Paparazzi.

— C'est ce qui se dit.

— Si, si, c'est ici.

Il parle avec son casque, la bouche cachée, essaye d'obtenir des réponses sans avoir l'air de poser des questions. En plus, il ne coupe pas son moteur et sa main accélère pour le plaisir. On sent bien que Mika ne le porte pas dans son cœur ; il préfère regarder le sol plutôt que lui et sa moto.

— Il ne va pas venir avant le concert, nous relance Paparazzi.

— Ch'ais pas.

Le fils reste immobile, quelques sursauts. Assis derrière sur le long siège en cuir, on dirait qu'il est le sac à dos de son père. Mika et moi allumons chacun une cigarette, comme pour occuper nos lèvres à autre chose que parler. La discussion tourne court, ça se méfie, ça ne se fait pas confiance ; on entend les respirations qui trouvent le temps long, il y a une odeur de poudre dans les clopes.

Sur le parvis, ça s'excite sous le capot des Ferrari, qui roulent au pas sur le pavé. Instinctivement, nous tournons la tête. Ça y est, les Russes partent en balade. De la fumée dans les pots, des à-coups dans l'embrayage, les feux arrière s'allument, s'éteignent – un peu comme la première fois que tu montes sur une mob et que tu n'arrives pas à maintenir le guidon quand tu prends de la vitesse. Du luxe plein les yeux, Paparazzi rabaisse sa visière.

— Je vais les suivre.

Et sa main tourne une ultime fois la poignée de l'accélérateur. Les Ferrari ralentissent au passage piéton, prêtes à cramer leur moteur, du rouge et du jaune à cinquante dans un quartier où seuls les coursiers roulent vite. Au moment de démarrer, elles ont calé en même temps. Et Paparazzi aussi.

⋆

⋆ ⋆

— Il arrive en avion.

— Y a des chances.

— Lesquin ?
— Ouais, sans doute.
— Ou Charleroi ?
— Peut-être bien.
— T'as les horaires ?
— Jet privé, mon pote.
— Tu crois ?
— Attends, je demande.
— Ça se peut qu'il arrive directement à Roissy.
— Et qu'il vienne en voiture...

Autour de nous, ça s'agite. Les chasseurs sont arrivés en nombre, avec des smartphones plus grands les uns que les autres ; ils ont faim de *news* et, en attendant de flasher, ils se montrent leurs dernières prises. Ça chauffe sur les écrans, et comme avec les vignettes Panini à l'époque, on compare et on complote, jusqu'à confondre les filles de la télé-réalité au lissage brésilien avec les footballeurs pro et leurs coupes de ballon de foot. Souvent, quand l'un des chasseurs sort le selfie rare et précieux, il y a quelqu'un pour dire : « Je l'ai déjà fait. »

Soudain, tout le monde se tait en même temps. Cuir et jean, casque de moto sur le coude, il arrive de loin en parlant fort au téléphone.

— Jérôme, chasseur en chef, précise Mika.

À l'approche du groupe, il raccrochc sur un « la bise, ma poule », vient direct vers nous, et, justement, fait la bise à Mika – à moi aussi, mais avec un « t'es qui ? » dans le coin de l'œil.

— Il a écrit des chansons pour Johnny, lui dit Mika.

Présentations faites, la confiance est là. Jérôme, il est pompier et, du fait de son travail, il croise pas mal de *people* et obtient des infos qu'il partage volontiers avec certains. Bien sûr, la bande de chasseurs s'approche, comme des poissons pilotes qui suivent l'onde de proue du grand blanc, si des fois il y avait un peu de chair à bouffer sur son dos. Lui, il a des « ça va, ça va » sortis de ses poches quand il serre la main, des « ça boume, ma poule ? » en claquant des bises, il discute, s'intéresse, rien d'important, de la politesse entre collègues. Ce qui me plaît, c'est que l'on sent bien que le gars n'est pas là pour qu'on l'aime, et très vite, on se retrouve un peu à part, Jérôme, Mika et moi. La bande de chasseurs se doute que ce n'est pas le moment. Jérôme ne lâchera rien dans les minutes qui viennent, alors tous retournent à leur portable, qui frétille comme un gardon entre les doigts.

— J'ai été videur de boîte, moi, et j'ai bossé pour la sécu de Johnny, me raconte Jérôme.

Il n'est pas très costaud, mais je le crois. Le gars a l'assurance de celui qui a choisi sa vie.

— À chaque concert qu'il a fait dans le coin, je travaillais pour lui.

Jérôme, tu n'as pas besoin de lui poser de questions, il parle. Mais attention, il fait gaffe à ce qu'il dit et à qui il le dit, un œil dans tes yeux et l'autre dans son dos. Il me montre une photo dans son téléphone, lui en lunettes noires, tee-shirt blanc et ourlets sur les biceps, « JH » en gros sur le torse.

— Et tu as arrêté ?

— Ouais. Embrouilles avec le chef. J'en avais marre de ses remarques sur les pédés… Ben ouais, je suis pédé, et alors ? Je peux pas être pédé et bosser dans la sécu ?

Son naturel fait plaisir. Certains diraient que c'est une personne qui n'a pas de filtre ; moi, je pense que c'est un mec qui sait d'instinct où il met les pieds, et rien ne compte plus pour lui que de danser dans la boîte en se foutant des miroirs. Du brut de décoffrage qui fait du bien.

— Bon, c'est vrai, je picolais bien, aussi, à l'époque…

Il se passe une main sur la goule.

— Mais bon, j'avais perdu ma copine…

— Je croyais que tu étais pédé ?

— Ouais. À moitié.

— Hein ?

— Je suis bi.

— Ah.

— Je te l'avais pas dit ?

De retour, les Ferrari font aussi leur boulot, distraient les regards, selfies en rouge et jaune. Jérôme continue, zéro complexe et la confiance à cent pour cent :

— Mais jamais je n'ai picolé en travaillant ! Juré, craché !

Il le fait, avec une goutte sur le menton.

— Bon, je t'avais dit que je viendrais, il lance à Mika.

— Ben ouais, je t'attendais, moi !

— Je sais, ma poule, j'étais au taf, putain, je recevais tes textos… Ça fait longtemps que vous êtes là ?

— Depuis onze heures ce matin, répond Mika.

— Je suis arrivé à quatorze heures, je lui dis à mon tour.

— Putain, les gars.

Son téléphone sonne.

— Attends…

Le grand blanc s'éloigne de quelques mètres et, évidemment, les poissons pilotes le suivent du regard. Il fait les cent pas, s'arrête, tourne sur lui-même, mais ne dit rien. Des clients de l'hôtel qui rentrent font un écart à sa hauteur.

— La bise, ma poule !

Et il raccroche. Jérôme sait quelque chose. D'un geste de la main, il nous fait signe de venir. Mika y va, je reste à ma place.

— Toi aussi ! il me lance, avec le même geste.

Je ne m'y attendais pas, mais en même temps, je ne suis pas surpris : le contact est bien passé, tant avec Jérôme qu'avec Mika. Et puis, ce qui nous unit est aussi ce qui nous sépare : ils veulent la tête de Johnny sur une photo, je veux juste une poignée de main pour lui glisser mes chansons. On fait une belle équipe. J'y vais, sans me retourner, je n'ai pas vu la tronche que tiraient les chasseurs. Tout bas et avec les yeux qui surveillent, Jérôme nous confie :

— J'ai une copine qui bosse à la Croix-Rouge et qui est déjà au stade, là… Elle est au courant de tout, l'organisation, tout ça…

Il s'agite quand il parle. Ça ne sent pas bon, une mauvaise nouvelle va tomber dans moins de deux secondes.

— Johnny ne passera pas par l'hôtel avant le concert !

Avec Mika, on se regarde comme deux chiots tristes. Ce n'est pas que le ciel nous tombe sur la tête, mais on espérait tellement.

— Tu es sûr ?

— Normalement.

Normalement. Mais il n'y a rien de normal dans cette histoire, et ce depuis le début. Ce n'est pas normal d'écrire une chanson pour Johnny. Ce n'est pas normal d'avoir écrit tout un album. Ce n'est pas normal d'espérer. D'essayer. D'y croire. Ce n'est pas normal d'être sûr que quelque chose va se passer. Non, rien n'est normal, et c'est pour ça que je vais rester.

— Bon, ma poule, fait Jérôme à Mika, moi, j'y vais.

— Tu vas où ?
— Je vais au stade. Et toi ?
— Nan, je reste.
— T'es sûr ?
— Ouais.
Jérôme m'interroge du regard. Je réponds sans un mot. On s'est compris.
— OK. Bon, ben, salut, ma poule ! Bonne chance pour ton truc !
Et il repart comme il est venu. Le téléphone à l'oreille, en parlant fort, casque sur le coude et les bras dans le vent. Cool, le Jérôme, un chic type, bien dans sa peau, avec du crâne et du cœur.
— On sait pas, hein..., je dis à Mika.
— Ouais, on sait pas.
— Sa copine de la Croix-Rouge, comment elle sait ?
— J'en sais rien.

*
* *

— Tu vois, y en a qui disent que si j'ai autant de selfies, c'est parce que je suis en fauteuil...
Mika et moi, on s'est éloignés des Ferrari et on a marché vers la route, sur le parvis. C'est le milieu de l'après-midi, l'heure où l'on se demande ce que l'on va bien pouvoir faire, en comptant combien il nous reste de cigarettes.
— Alors que moi, j'y peux rien, les gens s'arrêtent...
Ses yeux se lèvent pour croiser les miens, les mains sur les roues de son fauteuil et le smartphone sur la cuisse. Des fois, Mika, il te regarde comme s'il y avait une larme cachée derrière ses yeux.

— Ça me change la vie, tout ça… Sinon, je ferais quoi, tout le temps à la maison ? Tu vois, je ne le dis pas, mais moi, je suis obligé de partir au moins deux heures avant pour un trajet en métro que tout le monde fait en une demi-heure.

Il ne se plaint pas, il raconte seulement. Les difficultés de tous les jours auxquelles il doit faire face, il s'y est habitué. Nous, on ne pense à rien lorsque l'on rentre à la maison ou que l'on va quelque part.

— Et même si c'est vrai, hein, même si c'est vrai…

— …

— J'ai que ça.

De nouveau, il ouvre sa banane, et en sort cette fois son portefeuille. Sous la pochette plastifiée, un article de journal soigneusement plié en quatre. Il le déplie en s'appliquant, et me montre un gros titre rien que pour lui, avec une photo où il pose devant son ordinateur dans un beau fauteuil de bureau.

— Que ça.

Nos pas nous mènent presque au bord de la route, sans que l'on fasse attention à ce qu'il se passe autour. Et parce qu'il y a encore des choses qui ne s'expliquent pas, juste là, à quelques mètres de nous, même pas immense, avec des vitres à peine teintées, un car s'arrête. Le moteur continue de tourner, et Mika et moi restons bloqués comme devant une apparition. On voit, à l'intérieur, des gens se lever de leurs sièges. Ils ne sont pas très nombreux, certains prennent leurs blousons ou des affaires dans les casiers au-dessus de leurs têtes. Les battants de la porte s'écartent, c'est un car comme un autre et, c'est marrant, je pense alors à celui du collège qui déposait les copains, les copines qui venaient du village d'à côté. Le chauffeur descend ouvrir les soutes, il y a dedans des valises, des sacs, et on dirait comme une guitare dans un coin. Soudain, nos respirations se font plus fortes, et on sent vraiment battre nos cœurs : le car des musiciens est devant nous, et il envoie les Ferrari à la casse.

12.

« Bienvenue, Linconscient !
Vous avez 1 nouveau message. »

« Re(1) : Secrétariat du collège. 26 mars 2015 à 11:19 »

Je clique.

« Monsieur,

J'ai bien pris connaissance de votre demande… (Bla-bla-bla.) Le responsable des comptes a déjà bien voulu vous rémunérer pour votre prestation… »

Quoi ? « A déjà bien voulu » ? *« Bien voulu » ?* Mais c'est un travail ! *Un travail !*

« Cependant, étant donné que vous n'avez pas signé de convention… (Bla-bla-bla.) J'ai le regret de vous dire que nous ne sommes pas en mesure de vous rembourser vos frais de transport.

Cordialement,

Mme la gestionnaire du collège »

Mais cordialement toi-même !

Attends, deux secondes.

Vous inventez des excuses pour ne pas me payer mon train ! « Pas signé de convention » ! Mais… on se l'était dit dans le couloir, le remboursement des frais de transport, avec une facture des billets que je vous avais remise de la main à la main ! C'était à ce moment-là qu'il fallait me le sortir, que ce n'était pas possible ! Hé, vous m'avez même souri en prenant la facture !

Ce n'est pas ma réponse au mail. C'est ce que je pense devant mon ordinateur, avec une tête qui aimerait le leur dire en face ; mais encore une fois, grâce à Internet, les tricheurs peuvent se cacher derrière leur écran. Facile d'avoir le dernier mot.

Je relis encore.

Ce « cordialement », nom de Dieu. Ils te mentent et ont le culot de signer « cordialement ». Je te jure. Déjà, j'ai dû les relancer plusieurs fois rien que pour le paiement de mon salaire – appels, mails, ils ne me répondaient pas ! Ils m'ont réglé mon salaire avec deux mois de retard ! Jamais ils ne feraient ça avec un artisan qui serait venu repeindre leurs murs ! Je vous enlève, moi aussi, cinq cents euros sur votre fiche de paye, juste comme ça, pour voir la tronche que ça vous fait ? Le pire, c'est que ce n'est pas la première fois. Tout là-haut, dans les bureaux, ils ne se rendent pas compte que l'écriture est un travail. En fait, c'est tout simple, ils ne me respectent pas.

Le responsable des comptes vous a dit, madame la gestionnaire du collège : « Elle est où, la convention ? » Vous avez répondu : « Ben, euh… » Et il a conclu en disant : « Bon, je vais voir pour la prestation, mais pour les frais de transport, c'est mort. » Voilà ce qu'il s'est passé. Et vous rejetez la faute sur moi en prétextant que je n'ai pas demandé à signer de convention, alors que c'était à vous de me le proposer. Menteurs et lâches. Y a rien de pire.

J'appelle.

Musique pourrie dans le téléphone. La conciergerie du collège m'a mis en attente : j'ai demandé à parler à la principale, elle est en rendez-vous à l'extérieur, donc « passez-moi la gestionnaire », je patiente. Marre des mails qui restent sans réponse, de cette communication distante, comme un gars qui t'insulte et se casse en courant. Au moins, on va s'expliquer de vive voix, remettre un peu d'humain et de franchise dans tout ça, même si ce n'est pas face à face.

— Oui, bonjour. Mme la gestionnaire n'est pas là, je suis la secrétaire de gestion. Je peux prendre un message ?

Je n'en crois rien. Je pense que Mme la gestionnaire a tranquillement décliné l'appel pour rester bien planquée derrière son ordinateur. J'explique le problème à la secrétaire, elle me dit qu'elle prend note et qu'elle en fera part.

— Sinon, pour le message, et vous n'y êtes pour rien, cela ne vous est pas destiné, mais je trouve que Mme la principale et Mme la gestionnaire pratiquent très bien le mensonge, et ont une attitude lâche en ne répondant pas aux mails de relance ou, comme maintenant, au téléphone.

La secrétaire, la pauvre, n'a rien ajouté. Et moi, j'en avais trop dit.

*

* *

Déjà, il y a quelques jours, je démarchais pour intervenir dans les prisons. J'ai appelé le ministère de la Justice afin d'obtenir dans chaque région les contacts des structures qui s'occupent des activités culturelles en maison d'arrêt. Baladé de service en service, mille fois mis en attente sur de la musique classique, j'ai fini par avoir des responsables nationaux. Ils m'ont dit qu'ils allaient me transmettre les coordonnées tant recherchées, mais ils n'ont rien envoyé. Rien, pas un mail, pas un numéro de téléphone. Après relances, c'est une secrétaire débordée de dossiers qui a pris le temps de me faire suivre les précieux contacts. Je suis bête, moi aussi, j'avais oublié que, place Vendôme, le ministère de la Justice est coincé entre le Ritz et Rolex. Balance.

Alors que j'adore faire des ateliers. Transmettre, donner confiance, encourager, dire aux gens que l'écriture est à tout le monde, que les mots, ils sont à nous. Je viens de la campagne et je sais que, parfois, quand il s'agit d'écrire, de lire, même de faire des papiers, ça peut être compliqué ; ça peut serrer le cœur de ne pas comprendre une facture. Et pourtant. J'ai vu la poésie, je l'ai entendue, à la table de la cuisine chez mon père, avec ses copains. « La terre le porte plus », « Il préférait aller au loin », « Dans les pays où qu'y fait chaud ». Tant d'expressions qui ont été dites sans faire exprès, avec la main sur le verre, le verre sur la toile cirée. Des mots et des images.

À la télé, à la radio, on nous envoie des messages subliminaux comme quoi la littérature appartiendrait à celles et ceux qui sortent de longs adverbes en interview pour faire croire qu'ils parlent bien, alors qu'ils ne disent rien. Des mots sans histoire. Surgelés ou réchauffés, je ne sais pas, mais sous vide, c'est sûr ; avec des points de vue tellement attendus que l'on sait déjà comment va se terminer la phrase. Nous, malheureusement, devant tant de prétention, on a fini par avoir peur d'ouvrir un livre. Ce n'est pas facile de se faire confiance. Quand vient son tour de prendre la parole et que l'on redoute de se tromper, c'est dur à vivre ; alors, écrire, lire, révéler au grand jour ce que l'on gardait pour soi, c'est courageux. Il y a tellement de choses qui remontent quand on se penche sur une feuille. Les fautes que l'on faisait à l'école, parfois, elles nous suivent toute la vie. C'est difficile d'écrire. De s'arrêter sur ce que l'on est sans pouvoir s'empêcher de penser que ça ne mérite pas d'être entendu. Ça me rappelle Johnny et sa première télé, avec Line Renaud. La guitare en bandoulière, il ne cesse de regarder ses chaussures. Il dit « oui », il dit « non », une fois, il a dit « bien sûr ». Johnny, même si c'est un enfant de la balle et que depuis tout petit il monte sur scène, il garde un côté « pas à ma place », quand, justement, il redescend de scène. Et nous. Combien de fois on s'est sentis à côté, quand revient la question : « Tu fais quoi dans la vie ? » On est gênés, parce que c'est comme s'il fallait sortir son CV, sa fiche de paye, avec, en face, des yeux plissés qui cherchent à lire entre les lignes et inspectent ce qu'on fait de nos mains quand on s'exprime. Alors, on reste là, les bras croisés.

Dans les ateliers d'écriture, les gens qui viennent, souvent, ils sont timides, ils n'osent pas, ils jouent avec leur pouce contre le bouchon du stylo ; et pourtant, chacun d'entre nous a son histoire. J'ai vu un gars qui s'appelait JB lire son poème en prison et retourner sur sa chaise en s'essuyant la joue. Je m'en souviendrai toujours. JB qui sèche sa peine et nous confie : « Putain, les gars, je ne l'avais jamais dit à personne, tout ça. » Ce n'est pas seulement l'émotion liée à l'encre et au papier qui est touchante, c'est aussi le fait de lâcher ses larmes là où il n'y a que de lourdes portes de fer avec un œilleton, et le regard dur de prisonniers plus rudes les uns que les autres. Pleurer en prison. C'est quelque chose. Je ne sais pas pourquoi il était là, JB, mais je sais qu'au moment où il écrit, au moment où il lit, dans une pièce sans fenêtre avec un surveillant à l'entrée, il n'est plus un détenu dans sa cellule avec son numéro d'écrou ; il redevient comme nous tous, un mec normal, qui s'en va retrouver sa chaise. Ouais. « Un mec normal, ni bien ni mal, enfin, pas mal, juste un mec normal. » Refrain.

*
* *

Je ne veux pas que ça s'arrête.

Toutes les nuits, on fait la causerie avec Johnny, jusqu'à ce que le jour se lève. D'abord dans le métro, le documentaire de cinq heures. Je m'assieds sur la banquette en face de lui, il me raconte sa vie, je l'écoute et je fume. J'aurais pu le regarder d'une traite, mais c'est tellement bien de prendre les transports en commun avec Johnny, que j'en garde toujours pour la prochaine fois. En plus, c'est une ligne que je ne connais pas trop, la 6, celle qui traverse le sud de Paris. Nation. Bercy. Trocadéro. Parfois, le métro sort de terre et, à travers la vitre, Johnny regarde la nuit et les lumières. Quand il revient dans l'obscurité des tunnels, toujours, il jette des coups d'œil sur les quais sans personne : « Y a que mon corps qui, finalement, est là… Le reste est loin. »

Au moment où Johnny parle, la tour Eiffel allumée surgit dans le noir. Je reste bloqué sur l'écran, les images continuent de défiler : ce qu'il vient de dire, Johnny, ce qu'il vient de dire, j'en ai parlé dans un couplet ! Les quelques notes de l'autre jour sur la table de la cave, je crois que ça y ressemblait… enfin, il me semble. C'était *Un mec normal.* Pause sur le reportage, je vais aller vérifier.

En descendant les marches qui mènent à la cave, je me répète que l'on ne s'est pas trompés, qu'aucun de ses fans ne s'est trompé : on l'aime parce que l'on sait qui il est. Il y a deux secondes, quand j'ai laissé Johnny sur l'écran, comme n'importe qui dans le métro, il était en tête à tête avec son reflet dans la vitre.

C'est peut-être la peur
De dire une connerie
Mais s'il y a trop de monde
Je préfère aller au loin

J'ai toujours dans le cœur
Les douze coups de minuit
Je suis toujours mon ombre
Quand la lumière s'éteint

C'est ça. On est en connexion.

Devant mes grandes feuilles accrochées au mur, j'entends encore sa voix : « Y a que mon corps qui, finalement, est là… Le reste est loin. » On s'est compris, avec Johnny, le mec normal dans la lumière, pas à sa place, sauf sur une scène. J'ai l'impression que l'on s'est trouvés, l'un dans le métro, l'autre à la cave ; une rame et des ponts pour s'en aller, un soupirail et des barreaux pour s'évader, et la nuit en commun. Avec elle vient un monde où il n'y a plus personne, où il n'y a plus de comptes à rendre, où seul, on peut enfin être soi-même. Johnny, c'est un animal sensible, il est ailleurs, il ressent. Parce que le noir, c'est chez nous.

★

★ ★

Chaque nuit, je suis pressé qu'il soit trois heures.

Généralement, je me mets derrière ma feuille vers minuit, mais il faut toujours du temps avant que vienne la magie : le moment où les doigts se mettent à écrire tout seuls. Quand passent les heures du soir, j'entends disparaître doucement les bruits de la ville : les rideaux de fer qui se ferment, les derniers pas, les derniers rires, les sirènes de la police. J'attends que le monde dorme. Ça me rappelle lorsqu'on était jeunes et que l'on squattait devant la boîte sans savoir si l'on allait pouvoir entrer : on tournait en rond. J'écris, je relis, je rature. Deux, trois mots, chiures de mouche, qui traînent sur la feuille blanche comme deux, trois taches que l'on effaçait sur nos baskets avec la manche. Je me lève de ma chaise pour aller au canapé, comme on laissait le trottoir pour retourner se caler sur la banquette arrière, parce qu'on avait une bouteille cachée sous le siège. Je regarde le plafond voûté et ses pierres, comme on observait les étoiles à travers la vitre. Serrés dans la voiture, on se racontait que, si on avait su, la fille, samedi dernier, on l'aurait invitée à danser. On regrettait, on espérait, comme en cet instant, où je me dis qu'il est temps d'aller se coucher ; mais j'essaye encore et recopie ce que je viens de raturer. Et puis, après avoir fait tourner la bouteille, on sortait de la voiture et on marchait comme des hommes au milieu de la route. Et là, on ne sait pas pourquoi, arrivés devant la boîte, sous l'enseigne qui clignotait, les portes s'ouvraient. On retenait notre souffle en passant devant le physio, sans trop oser lever les yeux, de peur qu'il ne change d'avis. On ne payait pas, à cette heure-ci, c'était gratuit, et on ne laissait pas nos blousons à la consigne, ils étaient sur la plage arrière. Entre les murs du couloir, la basse nous appelait. On passait les portes battantes, les stroboscopes faisaient des paillettes sur nos chemises, la musique nous attrapait par le col, direct on allait sur la piste et on se mettait à danser comme s'il n'y avait personne.

Il est trois heures du matin.

Entre les barreaux du soupirail, le jour se lève.

Déjà, le camion-poubelle. Les premiers pas pressés s'en vont travailler. Je lis et relis la chanson que je viens de terminer, la fille que j'ai osé inviter à danser et qui m'a fait tourner la tête toute la nuit.

Tout autour, de plus en plus de grandes feuilles blanches envahissent les murs. Certaines se décollent, tiennent comme elles peuvent, je n'y touche pas, je les aime bien ; ça me rappelle les affiches des galas de boxe qu'on laisse accrochées sur le panneau de la salle, en souvenir. Cette nuit, je suis allé en boîte avec le taulier. Ti-punch sans paille et clope sur clope. Mecs « normal », pas trop à leur place, mais qui ne veulent pas rentrer chez eux après la fermeture, qui ne veulent pas aller dormir. Debout derrière ma table, je reprends une feuille blanche, une grande feuille blanche, un dernier rhum, une dernière cigarette, je pars en *after* avec Johnny.

Les paupières sont lourdes, mais je sais que je n'arriverai pas à trouver le sommeil, trop excité par ces heures d'écriture et le point final mis au texte. Je m'endormirai seulement lorsque le monde du jour se sera mis au pas de course. Alors, pour que ça dure, pour que ça ne s'arrête jamais, parce qu'une chanson terminée, c'est la fin d'une histoire, parce que Johnny, c'est l'artiste qui ne veut pas que les lumières se rallument, je vais chercher les formules à écrire dans la lettre qui accompagnera mon texte. Une pour le manager, et une pour chacune des deux collaboratrices. Après, je taperai la chanson à l'ordinateur et l'imprimerai. Trois exemplaires, trois enveloppes. Je me ferai un bon petit déj' et je filerai à la poste, comme on va prier. Et si, après, je n'ai toujours pas envie de dormir, j'enfilerai mes baskets et j'irai courir, jusqu'à revenir fatigué mais heureux.

*

* *

« Un mec normal »

J'avais tout juste dix-sept ans
Ma guitare en bandoulière
Je disais « oui », je disais « non »
Une fois, j'ai dit « bien sûr »

Première télé en noir et blanc
Je ne faisais pas le fier
Quand on a dit mon nom
J'ai regardé mes chaussures

Je voulais être
Un mec normal
Un mec normal
Ni bien ni mal
Enfin, pas mal
Juste un mec normal

C'est peut-être la peur
De dire une connerie
Mais s'il y a trop de monde
Je préfère aller au loin

J'ai toujours dans le cœur
Les douze coups de minuit
Je suis toujours mon ombre
Quand la lumière s'éteint

Je voulais être
Un mec normal
Un mec normal
Ni bien ni mal
Enfin, pas mal
Juste un mec normal

Mieux vaut vivre caché
Quand on est loup solitaire
Mais sans vous, ma vie, c'est sûr
Ne serait qu'un grand vide

La foule peut nous jeter
Un jour des fleurs, un jour des pierres
Si je regarde mes chaussures
C'est que je marche sur un fil

⋆
⋆ ⋆

Une pluie fine mouille le pavé et ça glisse. Baskets, survêt, capuche et sac à dos, je cours dans la longue rue du centre-ville pour rejoindre la salle de boxe. La nuit tombe, les boutiques vont bientôt fermer, les gens rentrent chez eux, se dépêchent, prennent à peine le temps de regarder les vitrines. Soudain, j'entends des pas dans mon dos, et un jeune me double à toute vitesse, un sweat sous le bras.

— Arrêtez-le ! Arrêtez-le !

Un deuxième gars me passe devant, costume noir et blanc, sprinte à fond la caisse en chaussures de ville.

Direct, je pige. Un p'tit voleur et un vigile. Le premier s'est servi dans le magasin, le deuxième fait son boulot. Boum. J'accélère.

Nous sommes trois à courir les uns après les autres. Le p'tit voleur, le vigile et moi. Les passants s'écartent, se retournent, se collent carrément contre les murs.

— Arrêtez-le ! Arrêtez-le !

Il court vite, le vigile. Sa veste noire dans le vent tombe de ses épaules, et au bout de ses longues jambes brillent ses godasses vernies. Le p'tit voleur aussi, il fonce. La pluie, les enseignes, les passants, les ombres, je plisse les yeux pour ne rien perdre de la silhouette du p'tit voleur au loin, et je sens que sous mes pieds, le pavé trempé va vite se transformer en patinoire. Putain, les gars sont à fond et je suis en train de me faire distancer par le vigile ; même sa veste n'arrive pas à le suivre, grandes bourrasques dans le dos. Au loin, la tête du p'tit voleur est mise à prix.

Tout au bout de la rue, il y a une patte-d'oie. Si j'étais lui, le p'tit voleur, je prendrais tout de suite à droite, vers les ruelles sombres et tortueuses chargées de poubelles de restaurants, où l'on peut facilement semer celui qui nous poursuit. Ça n'a pas manqué ! Il a tourné à droite ! Il est petit et trapu, plein de pas rapides, et à, quoi, cinq mètres derrière lui, le vigile tourne aussi, avec ses grandes jambes et ses chaussures vernies. Quand il a pris le virage, le vigile, il a un peu dérapé et s'est rattrapé en agitant ses bras dans le vide, pantin désarticulé. J'accélère, j'accélère, grimace sous la pluie et sprinte ; j'y suis presque, et sous mes semelles, ça glisse, ça glisse ; je ralentis, ralentis, tourne à l'angle et... me retrouve nez à nez avec le p'tit voleur, arrêté net devant moi, prêt à s'enfuir !

Il y a un mètre entre nous. Nos cages thoraciques n'en peuvent plus. De la fumée nous sort par la bouche et par les narines. Droit dans les yeux, on se regarde, coincés entre la terrasse chauffée du Paon d'or et la vitrine clinquante du LOSC. Tête à tête. Ses manches sont sales, il a dû tomber par terre et vient juste de se relever, le sweat contre son ventre comme un ballon de rugby. Derrière, le vigile est au sol, lui aussi, le visage désemparé, ses grandes jambes et ses chaussures vernies en l'air. Appuyé sur ses coudes, il essaye de se redresser. Si ça se trouve, ils se sont cramponnés et débattus.

Moi, j'aime bien les p'tits voleurs, ceux qui reprennent ce que les grandes enseignes nous volent. Alors, avec le geste de la main, limite une révérence, je me pousse et lui dis :

— Après toi… Fonce !

Ses paupières clignotent une seconde, et il s'enfuit à grandes enjambées, disparaissant dans la nuit.

Le vigile. Il est sur ses pattes et me voilà maintenant face à lui. Il veut me contourner par la gauche, je vais sur ma droite. Il essaye par la droite, je vais sur ma gauche. Chaque fois, je sors les rides surprises de mon front pour dire « oh, mince, pas fait exprès », et le vigile, à bout, épuisé, finit par laisser tomber ses bras sur ses longues jambes, la pluie sur ses chaussures vernies. Il se redresse, je me redresse ; il reste là, je reste là, tous les deux, mains sur les hanches, à reprendre notre souffle. Il me regarde, je le regarde ; il ne dit rien, je ne dis rien ; on attend que quelque chose vienne à la rescousse. Il fait un pas et finalement, on se met à marcher ensemble. Il jette encore quelques coups d'œil pour essayer de voir où pourrait bien être le p'tit voleur, puis abandonne pour de bon. En tournant la tête, il me dit :

— Vous êtes policier ?

À mon tour, j'ai les paupières qui clignotent.

— Euh… non. Moi, je suis plutôt du côté des p'tits voleurs.

Il a fait des yeux ronds et il est retourné au magasin en traînant les pieds.

*

* *

— Allô, j'écoute.

J'ai pris une voix sûre. Un 01, Paris, c'est peut-être le manager de Johnny qui m'appelle.

— Bonjour, monsieur, c'est Mme la principale du collège.

Tant pis.

— Je vous appelle parce que l'on m'a fait part de vos propos et il faut que j'intervienne : là, ça va trop loin. Vous n'avez pas à hausser le ton comme ça avec mon personnel, à avoir des paroles vindicatives.

— Madame, je n'ai pas haussé le ton, j'ai d'ailleurs dit à la secrétaire que cela ne lui était pas destiné, et j'ai simplement…

— Écoutez, monsieur, vous parlez de lâcheté et de mensonges, on n'est pas loin de l'insulte et du manque de respect.

— Non, madame, je n'ai pas…

— Écoutez, vous n'avez pas signé de convention stipulant le paiement de votre intervention et la prise en charge des frais de transport, et maintenant, vous rejetez la faute sur notre administration.

— Madame, personne de votre administration ne m'a demandé de signer une…

— Bon, écoutez, déjà, nous vous avons réglé votre prestation, il ne faudrait pas non plus trop en demander, personne ne s'était engagé à prendre en charge les frais de transport. D'ailleurs, nous n'avons pas les budgets. Si tous les intervenants en réclamaient autant, je ne pourrais plus leur offrir le repas à la cantine, comme je l'ai fait pour vous.

Joliii ! J'adore ces gens qui t'invitent par-devant, mais tiennent les comptes par-derrière. Ce jour-là, j'allais payer mon ticket de cantine, mais Mme la principale m'a dit : « Non, non, c'est pour moi. »

— Madame, cela s'est fait oralement avec votre gestionnaire, j'ai donné deux factures, en précisant qu'il y en avait une pour l'intervention et l'autre pour…

— Écoutez, nous sommes dans l'administration, l'oral ne compte pas, seul l'écrit a de la valeur.

— Il y a aussi la parole que l'on se donne, ça compte, ça aussi, et Mme la gestionnaire ne m'a rien dit au moment où…

— Écoutez…

Je ne fais que ça, écouter. La principale me coupe la parole dès que je m'approche des faits. Elle me dit que j'ai eu le ton haut, mais là, c'est elle qui postillonne dans le combiné.

— Madame, vous ne me laissez pas finir mes phrases…

— Parce que vous n'écoutez pas !

— Mais madame, je ne fais que ça, vous écouter. Vous ne me laissez pas m'expliquer.

— Écoutez, je pense qu'il est mieux de mettre fin à cette discussion stérile, je ne peux pas échanger avec une personne qui n'écoute pas !

Bon. Je l'insulte ou non ? Non… C'est rien, tout ça, on va essayer de faire la paix ; surtout que je lui reconnais le geste d'avoir enfin décroché son téléphone, de mettre une voix sur le silence des machines.

— Bon, madame, essayons de bien nous quitter. Si je vous ai relancée pour le remboursement des frais de transport, ce n'est pas pour l'argent, mais pour le principe, pour la parole donnée. Je suis content d'être venu travailler dans votre collège, les élèves l'étaient aussi, la prof également. Faisons en sorte que tout ça se termine bien…

— Je vais voir ce que je peux faire.
— D'accord. Je vous remercie.
— Au revoir, monsieur.
— Au revoir, madame.

*
* *

Mais qu'est-ce qu'il me veut, celui-là, avec sa tête qui rigole pour rien ? Je suis sur Internet et, sur le côté de l'écran, il y a un gars qui se marre, bouche ouverte, comme s'il avait pris des rails de coke grands comme des passages piétons ! Tout ça pour une pub de crédit immobilier. Une pub de crédit immobilier ! Mais je vis dehors, d'aventures, moi, qu'est-ce que tu veux que je m'enferme entre quatre murs ! Sauf que là, le nez dans l'écran et les doigts sur le clavier, j'ai plusieurs onglets ouverts sur des sites de petites annonces entre particuliers : je cherche une chambre à louer à Paris. La Tanière, c'est notre pied-à-terre, avec Diane, mais il nous faut aussi notre nid sous les toits de la capitale, parce qu'on l'aime bien, cette ville. Paname.

Pour accéder aux offres, il faut créer un compte, mais d'abord, comme sur n'importe quel site, accepter ou refuser les conditions d'utilisation des cookies. C'est toujours étrange, ces cookies qui nous suivent et nous déshabillent, alors qu'on nous demande d'avancer cachés sous un pseudo et un mot de passe pour notre sécurité. Ça me fait penser à ces grands châteaux où des gens se donnent rendez-vous pour faire aux yeux de tous des choses que, généralement, on ne fait qu'à deux et dans le noir. Souvent, dans les films ou les livres, ils sont tout nus avec des masques.

J'ai rien contre, chacun fait « qu'est-ce qu'il veut », mais Internet, c'est quand même un peu pareil : si tu veux rentrer sur notre site, mets-toi à poil et un loup sur le nez. Cookies et mot de passe. J'accepte, je refuse. Sales frotteurs !

« Un mail de confirmation vous a été envoyé à l'adresse de messagerie mentionnée afin de valider votre inscription. »

OK. Si cela peut éviter de devenir un putain de robot coursé par des lapins, j'accepte. De toute façon, ma boîte de réception est toujours ouverte, dans l'attente d'une réponse du manager ; de temps en temps, je clique sur l'onglet et regarde les nouveaux messages, mais il n'y a rien que des mails en pagaille que je n'ai pas demandé à recevoir. Des cases, des croix, je coche, j'efface, et l'autre, avec ses dents plus grandes que ma piaule, m'a suivi jusqu'ici et continue de rigoler ! Chaque fois que j'ouvre une fenêtre, c'est sa tête que je vois ! La même pub partout que l'on m'enfonce dans les yeux, et ça commence à me gratter, le dos, les épaules, la nuque… en plus, j'ai mis un pull en laine.

Loyer maximum ? Cinq cents euros. Allez, cinq cent cinquante. Superficie minimum ? C'est quoi, la loi, déjà ? On s'en fout de la loi. L'arrondissement ? J'ai bien mes préférences, mais je ne suis pas sûr d'avoir les fiches de paye pour avoir le choix. Paris Nord, ça serait bien ; de la place de Clichy à la porte des Lilas, Pigalle, Montmartre, Barbès, Belleville, Ménilmontant, avec des gens qui vivent dehors du soir au matin et font la causerie sur les trottoirs. Des options ? Garage ou place de parking ? Non. Juste un Paris encore « titi » et populaire.

« Lancez la recherche. »

Le sablier tourne en rond et ça n'avance pas. J'en profite pour aller faire ce que j'ai à faire sur Internet – on a toujours tant de choses à faire sur Internet... J'ouvre un nouvel onglet. La banque.

« Télécharger vos nouveaux documents. Relevés de comptes. »

Je retourne sur la page des petites annonces. Des photos plus ou moins grises de piaules apparaissent : du neuf mètres carrés où je peux écrire dans mon lit, du sixième étage sans ascenseur avec Diane qui monte les marches... et encore et toujours, des pièces et des justificatifs à fournir, comme si j'étais recherché par la police. Tout ce qu'ils demandent ! Bulletins de salaire et avis d'imposition, carte d'identité et livret de famille, le locataire, les garants, anciennes quittances de loyer et attestation d'assurance ; ça se méfie, ça se surveille, je n'aime pas ça, les « vos papiers, s'il vous plaît » !

Me revoilà sur le site de la banque. Toujours pas remboursés, les frais de transport ! « Je vais voir ce que je peux faire », elle avait dit, la principale. Elle a dit, mais elle n'a rien fait. Tant pis. Monde d'ordinateurs de merde. Il n'y a plus de geste, plus de parole donnée, voici nos liens : des fils, des câbles et des chaînes. « J'accepte », « J'accepte », « J'accepte » ; une fois, rien qu'une fois, écraser l'onglet « Je refuse » !

J'ai beau avoir mon stylo, mon carnet, je n'écris que des numéros de propriétaires, des montants de loyers et de charges, des nombres de mois de caution, des chiffres, des nombres, des nombres, des chiffres, et une fois dehors, on me demandera encore combien je gagne et si j'arrive à en vivre. De l'encre, de l'encre, il me faut de l'encre, parce que l'autre, là, qui se moque encore de moi, son crédit immobilier, ses dents qui rayent le parquet… Vite, une feuille blanche, une grande feuille blanche, du hors-piste, je n'en peux plus de leurs panneaux qui te disent où aller. J'ai la tête pleine, remplie à ras bord, la mauvaise sueur qui me coule le long des côtes, la sensation de vivre tassé et l'impression de disparaître.

Je clique pour le dégager, l'autre, et là, comble d'Internet, s'inscrit sur l'écran, comme si on venait prendre de mes nouvelles : « Choisissez votre publicité en indiquant si la précédente était : pas adaptée ; jugée choquante ; inappropriée. » On va tous venir te baiser la gueule, mais on te laisse choisir qui commence. Ces enfoirés veulent mon consentement pour me violer le cerveau les uns après les autres. Ça s'appelle une tournante. Bah, ouais. Étonnamment, il n'y a pas de « J'accepte » ou « Je refuse ». Je coche la case « Jugée choquante », et apparaît, dans un flash, une fille blonde qui me demande, avec un décolleté plus grand que le sourire de l'autre : « Vous recherchez une femme russe ? »

J'éteins.

De l'air. Respirer. Un short, un tee-shirt, mes baskets. Aller courir et me laver de tout ça. Vite, de la bonne sueur. Le canal. Le bois. Un coin de ciel. Mon stylo, mon carnet.

En fermant la porte de la Tanière, et alors que j'allais glisser le trousseau dans ma poche, je vois la petite clef de la boîte aux lettres qui brille plus que les autres, une bonne étoile après ces sales lumières sur l'écran. Du papier, il me faut un retour au papier. Peut-être que j'aurai quelque chose, une carte postale avec du sable, ou mieux, un mot de Diane. J'ouvre la petite porte en fer et, au milieu des pubs et des pubs, deux enveloppes attendent, avec une adresse à Paris et le prénom des filles du management. C'est mon écriture. Je ne pige pas tout de suite, comme lorsque l'on se prend une vitre avec son reflet dans le palais des glaces. Je récupère les enveloppes, une dans chaque main, et aperçois, en haut à gauche, une petite case cochée sur un tampon : « Refus du destinataire. »

⋆
⋆ ⋆

Gérald n'est pas revenu à la salle.

Et il manque. Son côté « je serre la main à tout le monde avec le même grand sourire », ça faisait du bien. Qu'est-ce qu'il fait, maintenant, chaque lundi, mercredi, vendredi à dix-huit heures ? Est-ce que son sac est prêt pour l'entraînement, posé par terre dans la chambre ? Ou bien est-ce qu'il a rangé ses gants tout au fond du placard, avec les fringues qu'il ne met plus ? Putain, Gérald. Sérieux. Tu étais peut-être le moins bon du club, et ce n'était sans doute pas facile ; mais n'empêche, comme tu t'es accroché, comme tu y es allé, comme tu n'as rien lâché, comme tu t'es battu ! Tu n'as pas eu peur, tu es monté sur le Ring des Kings, alors que tes doigts sont beaucoup trop doux pour être dans des gants de boxe. Peut-être que c'était trop tôt, peut-être qu'il aurait fallu attendre, mais c'est le discours raisonnable, ça. Toi, tu t'en fous, tu voulais le vivre, ce moment : monter les marches, te courber, te pencher pour rentrer, sentir le frisson entre les cordes. Tu t'es dit que la sueur était sans doute plus brûlante là-haut. Tu voulais faire des pas chassés là où le ring ne touche plus le sol. Juste une fois, t'entraîner avec un coupe-vent, comme ces boxeurs qui doivent perdre du poids avant un match important. Les gars y sont allés tranquilles, et ça t'a fait mal au cœur. Alors, tu as préféré partir sans dire au revoir. Tu ne t'es pas senti à ta place. Le type qui tombe sur plus fort que lui et ne peut pas répondre, un mec normal. Mais je t'assure, tu as mis une sacrée esquive au regard des autres et à ce que l'on allait penser de toi. C'était ton rêve et tu l'as fait. Je te jure, Gérald, tu as été un exemple.

*

* *

« Bienvenue, Linconscient !
Vous avez 1 nouveau message. »

« Re(2) : Secrétariat du collège. 9 avril 2015 à 14:57 »

« Bonjour, monsieur Lanneau,

À la suite de votre demande concernant le remboursement des frais de transport liés à votre intervention, je suis dans le regret de vous faire savoir que l'administration du collège ne pourra y apporter une réponse favorable.

En effet, vous n'avez pas signé au préalable de convention mentionnant la prise en charge de cette dépense par notre établissement ; de ce fait, les budgets nécessaires n'ont pas été requis.

Cordialement,

Mme la gestionnaire du collège »

« Répondre », je clique.

« Bonjour, madame,

Ce n'est rien, tant pis, il y a plus grave.
Vous savez, je crois en Dieu, et nous allons tous mourir ; le problème, c'est que l'on ne sait pas quand. Peut-être que vous-même, ou Mme la principale, vous partirez avant tout le monde, on ne sait pas.

Mais je vous souhaite une longue vie et beaucoup de chance.

Bien à vous,

Boris Lanneau »

« Envoyer », je clique.

*
* *

« Bienvenue, Linconscient !
Vous avez 1 nouveau message. »

« Re(3) : Secrétariat du collège. 15 avril 2015 à 9:59 »

« Bonjour, monsieur Lanneau,

À la suite de votre mail, dont le contenu s'apparente à des menaces de mort, je vous informe que Mme la principale, après en avoir pris connaissance, a immédiatement averti son supérieur hiérarchique à l'inspection académique. Une remontée d'incident écrite a été effectuée auprès du service académique, concernant ce mail et votre attitude envers le personnel du collège depuis plusieurs mois. Sachez également que tous les établissements scolaires de l'académie ont été mis au courant de la situation, ainsi que les autorités judiciaires compétentes.

Cordialement,

Mme la gestionnaire du collège »

Ah bon ?

« Bonjour, madame,

Vous me prêtez des ambitions bien trop hautes pour moi.

Je rappelais juste que nous étions mortels et qu'à côté, l'incident des frais de transport n'était rien. Je le rappelle aussi à mes amis, quand je trouve que nous ne nous voyons pas assez souvent. Je ne souhaite pas devenir votre ami, mais je ne souhaite pas non plus votre mort.

Pour ce qui est des décisions prises par Mme la principale à la suite de ce mail, ce n'est pas grave. Comme nous l'enseigne le bon sens populaire : "C'est fait, c'est fait."

Et je vous le redis, je vous souhaite une longue vie et beaucoup de chance.

Boris Lanneau »

J'ai éteint l'ordinateur et je suis descendu à la cave. Sans regret, sans remords, et sans renoncer. Rien à perdre, rien à gagner, rien que du panache. Me v'là fiché S, merci pour la médaille. Bien sûr que je hais ce monde.

*

* *

« Je suis un fauve »

Avec mes yeux tombés du ciel
Ma gueule qui n'a pas sommeil
Je suis resté sauvage

J'ai le cuir dans la peau
La démarche qui va avec
Je ne tiens pas en cage

Ouais, je fais du rock'n'roll
Ouais, je suis une bête
C'est la nuit que je sors

J'ai encore les crocs
Je ne veux pas des miettes
C'est la vie que je mords

Je ne tends pas l'autre joue
Je ne tends pas l'autre joue
Entre caresses et quatre cents coups
Je fais du rock'n'roll

Je n'attends pas un autre jour
Je n'attends pas un autre jour
Entre chien et loup
Je suis un fauve

J'ai brûlé plus d'une vie
Dans la chaleur de la nuit
J'ai bu tous les orages

Je suis tombé mille fois
Me suis relevé sans voix
Pas de vaccin contre ma rage

J'ai vu dans les sourires
Que la chasse était ouverte
Des troupeaux à ma table

Si un jour je dois mourir
Ce sera sur une scène
Comme un lion indomptable

13.

Évidemment, j'ai toujours en tête les deux enveloppes. Je les ai posées sur la table de la cave, mais je ne les ai pas ouvertes – eux non plus, au management. Vu la date de l'envoi, ce doit être *Un mec normal* qui m'est revenu – et même, un mec qui est carrément passé inaperçu. Je n'en veux pas aux filles, au contraire, j'apprécie la manière dont elles s'y sont prises. Je leur avais déjà adressé plusieurs chansons et, en les faisant retourner, elles m'ont envoyé un message clair, sans fausse politesse : ce n'est pas nous qui nous occupons de ça, ce n'est plus la peine de continuer à nous écrire. Même s'il n'y a pas d'échange, elles font passer le mot. Pour le reste, je n'ai pas tout dit, mais j'ai besoin de voir mon copain, qu'il me donne de la force. Rendez-vous dans le métro. Ligne 6.

« C'est un peu comme les boxeurs, il faut avoir faim, ou il faut avoir eu faim dans sa vie, pour se battre… »

Quand Johnny dit ça, j'ai sur moi mon survêt pourri, je sens la sueur et je viens d'enlever mes bandages. Tous les deux, on est sous terre dans le noir, et on roule vers les beaux quartiers et la tour Eiffel.

« Ce qui est acquis sans lutter, je pense que c'est jamais très positif. »

Débarquent des publicités sur les murs le long des quais, elles passent vite et s'en vont, ou plutôt, c'est nous qui partons.

« Les boxeurs, pourquoi ils sont boxeurs ? Parce qu'ils n'ont pas d'autres choses. Pour vivre, il faut bien qu'ils fassent quelque chose, et bon, ils le font avec leurs poings. »

Il le dit avec des yeux humbles, des yeux qui ont tout compris, qui regardent défiler les rails à travers la vitre, comme on regarde le chemin accompli. J'ai tenté les lettres par la poste, quelques gouttes d'encre dans un monde de machines ; elles me sont revenues, et alors ? Ce n'est rien. J'ai un tas d'autres chansons à écrire, et c'est ça qui compte : écrire, écrire, écrire, et Johnny finira bien par m'entendre.

« Je pense qu'il faut avoir eu faim dans la vie pour... pour réussir et aller jusqu'au bout des choses, surtout. »

J'ai l'impression que Johnny me parle. Connectés. Bon, c'est grâce à Internet, mais là, ce n'est pas l'arobase, ou le mot de passe, qui nous relie. Ça vient d'ailleurs. Deux mecs qui se croisent dans le métro avec la certitude de s'être déjà vus quelque part, et plus encore, de se connaître.

« Je fonctionne à l'instinct, je travaille à l'instinct. »

— Mais oui, Johnny ! Moi aussi, pareil, exactement pareil. À l'instinct. Animal de la même race, toi et moi.

« Quand j'ai un but de faire quelque chose, je vais jusqu'au bout de l'os... je vais jusqu'au bout. »

Et il le redit. Deux fois. En clignant les yeux, dans le métro, la nuit, la même nuit que dans ma cave.

« Je ne me rappelle pas avoir arrêté quelque chose en cours de route », continue Johnny, le visage près de la vitre, alors que l'on sort de terre.

— Ça fait du bien que tu me dises ça, mon Johnny ! J'en avais besoin. Parce que, c'est vrai, t'écrire un texte que tu chanteras, depuis le début, je le fais sans trop y croire, je le fais pour ne pas avoir de regrets. Mais plus j'écris, plus je t'écris, en fait, plus je me dis qu'on se ressemble tellement, tu nous ressembles tellement… on ne sait jamais.

« Est-ce que tu crois à la chance ? »

Là, c'est le journaliste qui est venu sur la banquette entre Johnny et moi pour poser une question. Comme s'il n'y avait pas suffisamment de place ailleurs ! Je rigole.

« Oui », il répond.

— Moi aussi, Johnny, j'y crois.

« Énormément. »

Il se gratte l'oreille. Il m'entend, je sais qu'il m'entend. Tout seul dans mon coin, je pense si fort la même chose que lui qu'il m'entend, c'est sûr.

« J'ai certainement au-dessus de ma tête une bonne étoile qui me veut du bien. »

Oh ! *Bing !*

Une lumière qui s'allume dans le noir au moment où tu dis ça ! Peut-être que je suis fou, peut-être que je vois des choses qui n'existent pas ? Peut-être que tout ça, c'est dans ma tête ? Que j'invente. Que j'entends des voix. Que je vis par procuration un truc impossible ?

« Est-ce que tu ne crois pas que celui qui a de la chance, c'est celui qui sait se mettre au bon endroit au bon moment ? »

C'est encore le journaliste qui parle.

« Non. C'est celui qui force un peu le destin. »

Tellement sûr, Johnny, avec les yeux à l'horizon.

« J'ai passé toute ma vie à forcer le destin », il ajoute.

— Johnny, ce que tu me dis, là… c'est dingue… C'est dingue que ce soit toi qui m'encourages à continuer. Je n'en reviens pas. Non, je ne vais pas laisser tomber. Oui, je vais écrire encore des nuits et des nuits, chercher les mots, t'écouter me les souffler comme maintenant, et peut-être, j'espère, trouver la chanson. Je vais transpirer, comme au sac, quand tu n'as plus d'air dans les poumons, mais qu'il faut encore tenir dix secondes.

« Exister, c'est insister. »

— Tu dis quoi, Johnny ? « Exister, c'est insister. » Attends, je remets, redis-moi ça, s'il te plaît !

« Exister, c'est insister. »

Dans le métro, ça brille encore plus fort. Cette fois, la lumière, elle vient des yeux de Johnny. Il a regardé le journaliste, s'est redressé, puis il a regardé au loin et a fait « oui » de la tête :

« D'abord, je trouve que c'est une jolie phrase… »

Il sourit et poursuit :

« Les choses, ça arrive… La vie, c'est quelque chose d'imprévu. »

— Oui, les choses, ça arrive. Tu le dis si simplement mais si justement, Johnny. On dirait que tu as tout compris. Tellement d'instinct que tu peux prévoir ce qui va se passer. Tes yeux brillent si fort que tu vois dans le noir.

Je regarde l'escalier qui mène à la cave. Mon Ring des Kings. Là où il fait toujours nuit, avec rien qu'un halogène qui brûle, comme la tour Eiffel sur la ligne 6.

Sur l'écran, le métro qui prenait l'air revient sous terre. C'est là que je descends. Et alors que je quitte la rame sans éteindre l'ordinateur, je me retourne et Johnny me dit :

« Parce que la vie, c'est un jeu, de toute façon. »

14.

Dans la cuisine, tout est bien à sa place, le torchon pour la vaisselle, le torchon pour les mains. Maman, elle tient sa maison, mais sans trop abuser du ménage. Elle souhaite juste que ce soit « aéré et aérien ». Elle adore choisir la lampe qui ira bien sur le meuble, le vase prêt à accueillir des fleurs, changer la couleur des murs, le canapé de place, pour une seule et simple raison : fermer la porte derrière elle le cœur tranquille. Être dehors, ça compte plus que tout : randonnées et voyages, salle de sport et jour des soldes, un rendez-vous en ville, un thé chez une copine ; elle n'échangerait sa liberté et son indépendance pour rien au monde – enfin, si c'était à refaire, elle le dit souvent, elle serait décoratrice d'intérieur.

Fin avril, quelques jours de vacances aux Mées. Le printemps est là et le soleil de Provence caresse les montagnes à travers la fenêtre ouverte. Fin de matinée, assis à table l'un en face de l'autre, on regarde l'avenir avec tasses de café et petits gâteaux : je viens de retourner la première carte du tarot.

— Tu as tiré le Bateleur, me dit maman. Le Bateleur, tu vois, il a avec lui tout ce qui est important pour avancer dans la vie : le feu, la terre, l'air et l'eau.

Maman pose son doigt sur chacun des symboles.

— Le feu, il est représenté par la baguette, qui a le pouvoir de mener les choses à bien. Ensuite, il y a la terre. Ce sont les deniers, qui conseillent de ne pas se faire d'illusions, de garder les pieds sur terre, si tu veux…

Lunettes sur le nez, maman consulte son livre afin de ne pas se tromper. Son doigt suit alors les lignes de la page, et elle lit ce qui est écrit en s'appliquant. Mais moi, je préfère quand elle laisse son manuel de côté et qu'elle me donne sa propre interprétation des cartes. Du vent dans son chemisier et des fleurs sur son jean, elle ressent les choses, les gens, elle comprend tout de l'être humain ; comme si elle voyait en nous, immobiles sur nos chaises en face d'elle, fragiles statues de verre, le film de nos vies, le souffle de nos âmes, nos cœurs boules de cristal.

— L'eau, c'est le gobelet… L'eau, c'est l'émotion, l'humain…

Nous relevons nos yeux en même temps.

— Et toi, tu écris.

Le soleil contre la vitre vient déposer sa chaleur sur la table de la cuisine, et maman me regarde comme une mère qui connaît son fils.

— C'est un très bon arcane, le Bateleur. Il te dit que tu as tout pour te lancer, tout pour réussir, à toi de bien t'en servir.

Elle pose sa main sur la carte, comme une caresse sur le front.

— Ah ! Et puis, j'oubliais, il y a l'air, aussi, avec le poignard qui permet de se libérer.

Elle a toujours fait ce qu'elle voulait, maman, prenant la route et son vanity, mais n'oubliant jamais le côté coton et Mercurochrome de son cœur. Encore aujourd'hui, elle redevient très vite celle qui nous a portés pendant neuf mois, et peut passer de longues minutes à chercher le médicament qu'il faut pour les maux de ventre de son « fils préféré » – elle n'en a qu'un.

Je retourne la deuxième carte.

— Alors… Ah ! La Papesse… Bon, là, tu viens de tirer la carte qui va t'aider… ou te bloquer. Et la Papesse, c'est une très bonne carte. C'est une femme d'esprit…

Comme toi, maman, j'ai pensé. Mais je ne lui ai pas dit pour ne pas perturber le jeu.

— Elle ressent, elle est lucide… C'est, si tu veux, le miroir du Bateleur. Et, tu vois comme le tarot fait bien les choses, les cartes sont l'une en face de l'autre.

Comme nous deux, maman. Je me sens tellement proche de ta liberté. Je t'ai toujours vue oser et croire en l'impossible. Pour Johnny, tu m'as dit « vas-y » aussi simplement que lorsque tu croques dans un petit gâteau et que tu me le tends pour que je le termine, parce que tu prêtes toujours grande attention à rentrer dans tes jeans.

— Si tu veux, la Papesse est la tête et le Bateleur, c'est les jambes.

Maman regarde dans son livre, et moi, j'observe ses yeux perçants sous ses lunettes dont elle n'a besoin que pour lire. Le reste de l'humain, elle le voit à l'œil nu.

— Si la Papesse se cache derrière ses voiles, c'est pour se protéger. Derrière ses voiles, il y a tout ce qu'on ne voit pas, le temps de maturation, le fait d'être structuré, méthodique.

Maman pose ses lunettes sur la table, et une main dans ses cheveux fait entrer le soleil dans la cuisine.

— Pour Johnny, c'est sans doute bien de te préparer… enfin, de bien préparer ce que tu as à proposer, tes textes, tes chansons, de bien les travailler et de réfléchir à la façon dont tu vas les lui faire parvenir.

— Pour l'instant, j'ai envoyé par la poste.

— Et tu n'as pas eu de réponse ?

— Non.

— Il faudrait trouver autre chose, comme la Papesse ; regarde, elle tient un livre, c'est le symbole de l'univers. Et elle l'ouvre seulement quand l'esprit est prêt, quand il est prêt à recevoir. Elle offre le contenu des secrets de la vie.

— …

— Toi, ces chansons, ce sont comme des secrets pour Johnny ?

— Oui. J'écris la nuit, dans la cave.

— Alors, à toi, quand tu seras prêt, quand tes chansons seront prêtes, d'ouvrir ton livre de secrets à Johnny.

— Lui remettre en main propre, par exemple ?

— Oui. Les jambes de la Papesse, c'est le Bateleur, n'oublie pas. Et le Bateleur a toutes les cartes en main pour mener à bien ce qu'il souhaite le plus fort.

« Toutes les cartes en main ». Je retourne la troisième, l'avant-dernière. Le soleil par la fenêtre inonde maintenant les montagnes, et la roche infranchissable paraît plus douce, couverte de rayons.

— Ah ! Le Chariot ! Écoute, c'est parfait ! Tu as pour l'instant le jeu parfait !

— Dis-moi ! Dis-moi pourquoi !

— Le Chariot, c'est l'arcane qui aide à trouver la bonne direction, à prendre les rênes de sa vie. Le Chariot, il va aller voir là où il faut, il va aller au bon endroit. S'il faut bouger, il va bouger.

— Tu sais que j'ai envie de déménager à Paris ?

— Pour Johnny ?

— Non, comme ça, parce que, avec Diane, on aime bien Paris.

— Eh bien, écoute, peut-être que c'est ta destination... Il y a des choses que l'on fait sans vraiment savoir pourquoi et que l'on comprend seulement après.

Maman, elle ouvre des portes jusque-là restées fermées, nous rappelant où l'on avait rangé les clefs qu'on croyait perdues. Lorsqu'on les passe, ces portes, on découvre sa vie sous un autre jour, avec des ornements que l'on n'aurait jamais imaginés : un peu de confiance, un peu d'espoir, une lumière qui agrandit la pièce et nous fait voir les choses autrement. Elle voit l'invisible, maman, et ses cartes le dessinent sous nos yeux. Décoratrice d'intérieur.

— Le Chariot, c'est le Bateleur qui monte dans sa Lamborghini ! elle reprend.

— ... ?

— Oui. Le Bateleur, souviens-toi, il a tout en main pour réussir. Il a trois pieds, les pieds de sa table ; le quatrième, on ne le voit pas, il va l'entraîner vers autre chose... Le Chariot, c'est le Bateleur qui se met en route une fois qu'il est prêt, une fois qu'il se sent fort et sûr de lui.

— Je ne sais plus si Johnny a une Lambo dans son garage...

— Ça, les cartes ne le disent pas... Écris-lui une chanson et c'est toi qui en auras une !

On rigole, avant la dernière carte.

— Tu la retournes ?

Dans le jeu en étoile, on l'appelle la Réponse. C'est elle qui fait la lumière sur toutes les autres.

— Bon, ben voilà, me dit maman.

— Quoi ?

— Le Monde !

— Le Monde ?

— C'est la réussite totale, le succès, la protection et la chance dont il faut savoir se servir, le triomphe dans les tourbillons de la vie. Ça va marcher ! Les cartes le disent ! Regarde : le Monde a le bâton dans sa main nue, car il n'a plus besoin de se protéger. Il a avec lui le taureau, c'est le courage, le lion, c'est la force, l'aigle, c'est la spiritualité, et l'ange… Attends, je regarde ce que c'est, l'ange…

Maman remet ses lunettes, reprend son livre, va à la bonne page et parcourt les lignes.

— L'humain ! L'ange, c'est l'humain ! Tu as tout, tout pour toi. Ça va marcher, c'est sûr. Le Bateleur, la Papesse, le Chariot et le Monde. Tu ne pouvais pas tirer un plus beau jeu.

Nous restons silencieux devant les cartes, dont les couleurs se reflètent dans nos yeux. Maman se lève, croise les bras, et sautille de bonheur. Puis, appuyant une main sur le dossier de la chaise et passant l'autre dans ses cheveux :

— Tu vois, les cartes, ça parle… Elles te racontent une histoire.

— Une histoire vraie ?

— Oui, il suffit d'y croire.

Elle débarrasse les tasses à café pour les laver, mais sans toucher aux cartes et à leurs promesses sur la nappe. Devant l'évier, entendant le bruit de ma chaise sur le carrelage, elle se retourne.

— Non, non, reste assis, reste assis !

Déjà, son regard s'en va par la fenêtre ouverte, du vent dans son chemisier, des fleurs sur son jean. Elle ajoute :

— Mais moi, tu me connais, à un moment donné, il faut que je bouge !

15.

— Qui c'est qui veut monter sur le Ring des Kings ?

Pour le dernier entraînement avant l'été, Jean-Claude s'adresse à nous en regardant les meilleurs boxeurs du groupe droit dans les yeux : vont-ils trembler au moment de lever le bras ? Tous déjà bien en sueur, on reprend notre souffle.

— Y a Mous' qui combat pour un gala. On va lui faire travailler le cardio, hein ? Il n'a pas assez couru dans la brousse, ce Noir, c'est un Africain d'ici, lui. Hé ! Moi, en Afrique, je boxais pas contre mon ombre… je boxais contre le vent des grandes plaines !

Jean-Claude a dit ça en désignant Mous' qui s'échauffe déjà sur le Ring des Kings. Il a tout entendu et rigole. Protège-dents fluo.

— J'en veux cinq ! Cinq ! Pas plus ! s'exclame Jean-Claude.

Il suffit que l'un du groupe des plus forts lève la main, et les autres suivent. Ils sont déjà trois à se mettre à part, *shadow* et pointes de pied, les gars sont chauds et prêts.

— Y a des casques, là, pour ceux qui veulent ! Hé ! À propos de casques… À la rentrée, tardez pas à régler votre licence pour avoir tout de suite votre assurance…

Pendant que Jean-Claude fait son speech, nous, on se mate en coin, hésitants. Bien sûr, on veut tous y aller, lever la main sans se poser de questions, mais on sait que beaucoup de choses se jouent sur le Ring des Kings. Tu dois affronter plus fort que toi : le regard des autres. On sent la peur chez certains, menton dans le col et les yeux déjà au tapis.

— Comment je fais, moi, hein, continue Jean-Claude, si tu prends un coup et que les pommes te tombent dessus ?

J'ai envie d'y aller, juste pour voir, mais gauche-droite-gauche, ramasse ton œil, voilà ce que je vais voir. Allez, pour essayer. Monter les marches, sentir le frisson des cordes, pas chassés au-dessus du sol. Pour le jeu, pour l'honneur, pour le panache. C'est comme pour Johnny : de l'écriture et de l'aventure. Aller jusqu'au bout, s'amuser si possible et revenir non pas plus grand, et sans doute pas meilleur, mais beaucoup plus fort. Juste parce qu'on l'a fait.

— Si après tes parents ou ta petite copine, ils portent plainte contre moi, je dis quoi, moi, à la police, quand elle viendra me chercher ? Hé ! J'ai laissé l'uniforme au pays, ce n'est pas pour le retrouver ici, hein !

Je sais que si je monte là-haut, je ne risque pas grand-chose. Le Mous', il va y aller pépère, les coups ne vont pas pleuvoir. Par contre, je vais peut-être me couvrir de ridicule. Le reste du groupe ne dira rien, mais il se peut que ça rigole à l'intérieur. Comme pour Johnny : si j'y vais et que je reviens les mains vides, certaines personnes vont bien se marrer. Les rêves, ça se fait quand les autres dorment.

— Bon, les gars. Il reste deux places, reprend Jean-Claude.

Je pense à Gérald. Lui, il l'a fait. Peut-être qu'il est redescendu sans que personne le voie, mais au moins, il est monté tout là-haut, en tournant le dos au regard des autres !

— Alors ? Hé ! On ne va pas le refaire avant un petit moment, ça ! Vous avez la chance de boxer contre un sportif de haut niveau, ce n'est pas donné à tout le monde ! Moi, en Afrique, je boxais contre « les crocodiles » !

On ne sait pas si on doit rigoler.

— Eh oui ! C'est comme ça qu'on les appelait, les Blancs qui venaient boxer en polo !

Alors, on rigole.

On a levé la main en même temps. La fille qui tire tout le temps sur son sweat et moi.

— Ah, voilà ! Vous avez vu, les gars ? C'est les filles qui donnent l'exemple !

Merci, Jean-Claude, pour « les filles »… Mais ça ne me dérange pas. L'autre jour, dans mon carnet, j'ai écrit « fort comme une femme ».

Jean-Claude sourit à la fille, mais moi, il m'a à peine regardé. Il m'aime bien, Jean-Claude, on se checke du crâne et on se marre ensemble ; mais comme boxeur, il m'aime un peu moins.

Je n'ai pas mis de casque.

Je suis dans mon coin, les coudes sur les cordes, je fais comme si tout allait bien. On passe chacun son tour le temps d'un round, trois minutes, et Mous' enchaîne les adversaires sans faire de pause. Il chambre, le Mous', mais avec le sourire, toujours. Il lance ses poings comme s'il jonglait avec des balles, avant de mettre une toute petite droite sur la tempe. Tous ceux qui montent ici le savent, ça fait partie du jeu, de provoquer ; comme dans une répète de rap, quand tu dis à ton pote MC à côté de toi : « Hé, mec, tu as pris du bide, pour toi, c'est terminé. Ici, c'est le *rap game*, pas la maternité. » Même si un clash de rap ou un combat de boxe sont une partie de plaisir à côté d'un accouchement.

Vient le tour de la fille. Je dis « la fille » parce que je ne connais pas son prénom. C'est la seule nana dans le groupe des « Loisirs » et, quand on est en nombre impair, elle se retrouve souvent toute seule à attendre au sac.

Le gong. Elle entre sur le ring, tête dans les épaules et la garde remontée. Mous' quitte son coin, l'œil malin et le sourire moqueur. Ça se regarde, ça s'observe, ça danse côte à côte sans se toucher. Nous, on se demande ce que Mous' va faire ; il a « la fille » en face de lui. Et soudain, d'un coup d'un seul et d'un saut habile, il se retourne et boxe comme Jimi Hendrix joue avec sa guitare dans le dos ! Il boxe sans regarder ! Il lance ses poings sans viser ! Pas pour la rabaisser, non ; il se comporte de la même façon avec n'importe quel sparring-partner, Mous', queue-de-cheval ou non ! La fille n'arrive pas à le toucher, elle lance des directs – *itch, itch* –, mais tape dans le vide tant l'allonge de Mous' la tient à distance. Ça l'agace, elle grimace, petits plis sur le nez qui annoncent qu'un coup va partir, et elle fonce sur lui garde haute comme un taureau ! Mais Mous', ses poings sont des yeux derrière la tête, quand il boxe de dos. Il saute encore, se retourne, fait vite un pas de retrait tel un toréador, facile, il bloque la charge, bras tendu, gant contre front. Olé.

Le gong retentit. C'est à moi. Comme lorsqu'on est en haut du grand plongeoir, j'y vais sans hésiter et sans baisser les yeux. Je sens l'ombre des autres, le regard des collègues appuyés sur les cordes, mais aussi de ceux qui sont restés sur le sol du gymnase. Le Mous', il n'est pas essoufflé. C'est son cinquième round sans pause et, sous son beau maillot coloré, ses poumons sont intacts. On se checke les cuirs. Je me donne de l'allure, bouge épaules et tête de droite à gauche comme si j'allais enchaîner. Dans les yeux, je regarde Mous' ; dans les yeux, dans les poings, dans les yeux, dans les poings. Il ne sait pas comment je cogne, mais, rien qu'à ma dégaine de « paye pas de mine », il a deviné. Accroupi ! Il se met accroupi comme un crapaud, et lance ses gants comme la langue gobe les mouches. Ah, ouais ? Je ne réfléchis pas, je ne pense à rien ; mais s'il se met à la bonne hauteur pour le recevoir au menton, alors le coup part tout seul : uppercut ! *Bim !* Mous' se retrouve au tapis sur le cul, protège-dents fluo qui ne rigole plus, deux secondes, surpris ; puis, il éclate de rire en perdant le plastique dans sa bouche. En silence, avec juste un sourire, je suis retourné dans mon coin comme j'étais venu. « Parce que la vie, c'est un jeu, de toute façon. » C'est pas moi qui le dis, c'est Johnny.

16.

— Johnny vient le 9 octobre en concert à Lille.

— *Quoi ?*

Diane s'arrête. Elle coupait du pain, j'écrasais des citrons verts. *Mojito time.*

— Oui. Le 9 et le 10 octobre, il commence sa tournée.

— Il va donc passer la nuit à Lille…

— Oui.

— Je m'occupe de savoir où !

Ce que j'aime, avec Diane, c'est qu'on n'a pas besoin de se parler : elle sait déjà ce qu'il va se passer dans la soirée du 9 au 10. C'est une sorcière.

— Combien tu as de chansons ?

— Je dois en avoir douze…

— C'est un album.

— Oui, ça peut faire un album. Mais j'aimerais bien en avoir treize. Et il ne me reste qu'un mois.

— Allons-y pour treize ! Je ne m'en fais pas, elle va venir, cette chanson…

Diane fait un tour sur elle-même dans sa longue jupe noire en cuir, retire les tranches du grille-pain, revient vers moi. Elle prend sa pose de flamant rose, et sa jambe crève le cuir de sa jupe tout en douceur.

— Oui, elle est déjà là, je lui dis avec les yeux qui se glissent sous les plis.

— Je sens qu'il va se passer quelque chose.

— Euh... Si tu restes tout près de moi comme ça, il se pourrait qu'il se passe quelque chose.

Diane pose ses pieds sur les miens, j'attrape sa taille, et elle enroule ses bras autour de mon cou. Commence alors une danse bizarre qui nous fait marrer. Des petits pas au début, sans bruit et qui n'ont l'air de rien, puis, peu à peu, je soulève mon pied sur le côté, qui entraîne le sien, le droit, le gauche, une jambe et l'autre, de plus en plus haut, et on tourne, de plus en plus vite, en éclatant de rire. Diane a son menton sur mon épaule, le visage vers le ciel et les yeux qui se ferment ; elle redevient la petite fille qui tournait dans la grande salle en patins à roulettes.

— Je vais trouver dans quel hôtel il dort, tu vas trouver ta dernière chanson, me dit-elle, les mains dans ses cheveux pour se recoiffer décoiffée.

— Il faudrait aussi une phrase qui accroche à mettre en première page du recueil...

— Bien vu !

Elle glisse sa baguette chinoise dans sa tignasse. Je murmure, hésitant :

— Un truc comme...

Une mèche est restée sur le bord de ses lèvres.

— Comme... ?

Elle a vu que j'ai vu.

— Euh...

Elle souffle sur la mèche, *fff*, sourire en coin, les yeux au ciel, et on rigole encore.

*

* *

Nous sommes tous les deux face à face sur des chaises au ras du sol ; Diane croise et décroise ses jambes presque allongées, comme en voiture sur la boîte à gants. Pourtant, c'est toujours elle qui conduit et garde les clefs de la bagnole ; mais, en la regardant faire, je pense à la route des vacances et tends mon pied vers le sien.

— Il faudra que tu me trouves un titre pour celle-ci…, me dit-elle doucement.

« Celle-ci », c'est sa nouvelle toile, posée sur le chevalet. Une femme nue, allongée sur le dos, les genoux relevés, ses pieds l'un contre l'autre semblent chercher de la chaleur. Une main entre les seins et l'autre sur les fesses. On ne voit pas son visage, on ne sait pas si elle s'abandonne ou si elle a été abandonnée, si elle attend de vivre ou si elle a déjà vécu. Dans les toiles de Diane, il y a toujours la mélancolie d'après l'amour, quand l'autre est parti, quand le corps se recroqueville, quand les jambes se retrouvent toutes seules et se blottissent l'une contre l'autre, parce qu'il commence à faire froid. Mais il y a aussi les caresses qui durent et le désir qui reste entre les plis du ventre. Ses toiles, elles en disent long sur nos vies dans le noir, lorsque les écrans s'éteignent, les vêtements sur une chaise, et que l'on attend demain.

J'adore ce jeu, trouver un titre. C'est comme si sa peinture et mon encre se mélangeaient. Ce n'est jamais facile. J'aimerais sortir du tac au tac les mots qui pourraient finir sur un carton dans un musée, malheureusement, ça ne vient pas toujours aussi vite qu'on le voudrait. Ce n'est pas que Diane me mette la pression, non ; je sais que, si je me plante, elle lancera simplement un *fff* en pouffant de rire. N'empêche, ça me plairait bien qu'il vienne dans une seconde, ce titre. J'essaye de réfléchir, même si, en face de moi, Diane croise et décroise, et ça me déconcentre. Me voilà pris entre deux feux. Toutes les femmes font ça dès qu'elles s'assoient en terrasse ou à l'arrêt de bus, geste automatique, comme ne jamais se séparer de son sac à main. Mais Diane, elle connaît aussi mes faiblesses et se rend bien compte qu'à cet instant précis, mes yeux lui appartiennent et qu'elle peut en faire ce qu'elle veut. Elle tire sur sa jupe et passe sa main sur sa cuisse en même temps.

— Euh…

Parce que, attention, elle est terrible, dans sa Tanière, au milieu des bougies et des jarres. Cet après-midi encore, je l'ai regardée peindre, pieds nus et en treillis. Ouvrière, avec sa palette en plastique et son pot à pinceaux moitié de bouteille ; amazone, avec toutes ses potions de sorcière, dont elle est la seule à connaître le secret. Il me plaît, son côté « en chantier » quand elle part bosser près du grand établi, son côté enchanté quand elle s'en va chercher l'aventure. J'adore la voir en chasse près de son chevalet, j'adore la regarder pendant des heures tourner autour de sa toile. Elle s'accroupit, pinceau à la main pour reprendre la courbe d'un mollet, se penche avec un chiffon pour retoucher l'arrondi d'une cuisse ; quelques pas de recul, pose de flamant rose, elle allume son cigarillo, son sourire, son regard, pour saisir tout de sa peinture qui prend vie. Dans ces moments-là, je retrouve dans ses yeux l'éclat de notre première rencontre, allumeuse amoureuse…

C'était dans le hall d'une expo, j'allais partir. Je l'ai vue arriver au loin, brune à tout brûler. Ses hanches ondulaient, pleines comme des baisers, et ses chevilles tremblaient sur ses talons. Tout en noir, pire qu'une ombre dans le dos, à chacun de ses pas, sa jupe fendait un peu plus mon cœur. Elle approchait comme la nuit tombe, moi, je ralentissais pour la voir venir encore.

On a dégainé tous les deux en même temps. Je me souviens du grand silence qui m'a envahi lorsque j'ai vu son visage. Ses yeux verts sous son fard noir. Elle a plissé ses paupières, ses pupilles étaient perçantes, et elle m'a tiré dessus. Je n'ai rien pu dire, je ne pouvais plus parler, son genou sorti de sa jupe m'avait porté le coup fatal.

Je me suis arrêté, elle a continué son chemin. J'étais traversé par une chaleur inconnue, et je me suis dit – pardon, mais c'est ce que je me suis dit : « Je la veux. » J'ai sorti mon stylo, mon carnet, j'ai noté ce qui m'est venu, et je l'ai suivie. Diane, c'est le genre de nana sur laquelle on se retourne ; mais là, j'avais toute sa silhouette de dos qui me cognait au corps. J'attendais le moment où je pourrais l'aborder, sans rien dire ou presque, juste glisser dans le creux de sa main les quelques mots que j'avais écrits. Cette fois, c'était moi qui m'approchais, de plus en plus, de plus en plus près, le cœur fou, la tête froide. Devant une femme aussi femme, il ne fallait pas que je me plante. Et puis, soudain, elle a fait tomber des dépliants qu'elle tenait plus ou moins. L'occasion rêvée. Je suis passé devant elle, je me suis accroupi, j'ai tout ramassé et, en me relevant jusqu'à effleurer sa jupe et souffler sur la fente, j'ai déposé dans ses mains tous ses papiers, en y ajoutant le mot doux.

— Vous avez perdu ça aussi.

Je suis parti, elle est restée, mais ensemble, on s'est retournés.

« Encore vos yeux de *bitch.* »

C'est ce que j'avais écrit.

Une phrase comme ça, c'était quitte ou double. De toute façon, j'avais déjà pris une claque.

— Alors ?...

Sa longue jupe noire traîne par terre. L'échancrure a des boutons sur le côté qui s'accrochent, se décrochent, mais pour l'instant, elle ne me laisse rien voir de la nuit, juste un rayon.

— Ça t'inspire ?

C'est fou, comme ses hanches, ses cuisses, ses jambes peuvent faire apparaître des courbes et des contours, même sous le cuir. Elle croise et décroise, tire sur le tissu, enroule et déroule tout ce qu'elle a de chair et de dentelle, met ce qu'il faut de plis pour que, chaque fois, le pan de sa jupe en dévoile juste un peu plus – sans faire exprès, bien sûr...

— Euh...

Un titre, il faut que je trouve un titre. C'est important, j'ai envie d'être à la hauteur. Mes yeux se lèvent vers la toile, mais n'arrivent pas à descendre du manège de ses jambes. Est-ce qu'elle a vu ? Doucement, elle se penche sur le cendrier, saisit son cigarillo et le rallume, revient contre le dossier de sa chaise, et croise encore.

— Eh bien...

Je remarque qu'elle ne tire sur les pans de cuir qu'une fois sur deux, ou sur trois ; sinon, elle laisse sa jupe se fendre et ses jambes sur un fil. Elle a vu mon regard, mais elle n'en rajoute pas. Elle est la même que tous les soirs, la même que dans son bain avec mousse, savon et rasoir rose.

— Oui ?

Sur ces chaises au ras du sol, quasiment couchés, on dirait presque que l'on est à la plage. C'est dingue ! Pourquoi ce soir plus qu'un autre, mes paupières soulèvent sa jupe pour s'allonger sur sa peau ? L'échancrure a maintenant des allures d'horizon et de coucher de soleil, je sais que, tout en haut, l'ombre de ses bas brille avec trois petites gouttes d'eau. Des mots me viennent, mais rien à voir avec sa toile… enfin, un peu, peut-être.

— Tu ne vois rien ?

— Si, si.

— Il n'y a aucune urgence, elle reste là, la toile.

— Oui, mais…

— Mais ?

Diane bascule ses hanches, laissant sa jupe faire tomber la nuit.

— Je ne vois plus que toi…

Et parce qu'un soir comme tous les soirs ses jambes se sont croisées…

— Quand tu croises les jambes.

« Tomber encore »

Je ne vois plus que toi
Quand tu croises les jambes
L'ombre de tes bas
Et le ciel qui rampe

Il me suffit de peu
Un pli, un remous
Que la mer s'ouvre en deux
Pour tomber à genoux

Fais-moi encore tomber
Tomber amoureux fou
Fais-moi encore tomber
Tomber à genoux

Tu as tout d'une plage
Ta peau de sable blanc
S'est faite nuit d'orage
Et ta jupe se fend

Moi qui suis naufragé
Je me sens devenir nous
Oh, laisse-moi tomber
Tomber à genoux

Fais-moi encore tomber
Tomber amoureux fou
Fais-moi encore tomber
Tomber à genoux

Fais-moi encore tomber
Tomber amoureux fou
Fais-moi encore tomber
Tomber à genoux

17.

Hôtel-casino Barrière, Lille
Vendredi 9 octobre 2015, jour du concert
16 h 48

Les choristes sont les premiers à descendre du car. D'abord, le garçon au sourire tranquille, avec ses tresses et ses lunettes ; puis, les deux filles en talons hauts, qui font gaffe en posant les pieds sur les marches. J'ai plusieurs exemplaires du recueil dans mon sac, il faut qu'il finisse en de bonnes mains, celles qui ont de l'influence et pourront faire remonter les chansons jusqu'à Johnny : un musicien, oui, et qui soit son ami. Pour ça, j'ai peu de temps, du bagout, du calme aussi, mais surtout le cœur qui bat à dix mille.

Où est passé Mika ? Il a dû se mettre quelque part pour ne rater aucun musicien, car tout le monde a rappliqué avec son phone en l'air lorsque le car s'est arrêté. Je sors un recueil de mon sac, et jette un dernier coup d'œil à la phrase d'accroche. « Et si le 50e album de Johnny était écrit par un fan ? » Dans tes rêves.

Je regarde chaque silhouette qui descend en se tenant à la rambarde. Je reconnais des visages que j'ai aperçus dans des vidéos de concerts… L'harmonica ! Je ne me souviens jamais de son nom, mais sa gueule d'ange qui souffle le feu ne s'oublie pas. D'ailleurs, trois nanas en doudoune – des copines avec la même veste, mais pas de la même couleur, qui tout à l'heure ont poussé la chansonnette sous les fenêtres de l'hôtel pour appeler Johnny – se jettent presque sur lui pour un selfie. Derrière, avec son long bouc, le batteur. Instinctivement, je vérifie s'il est en pantalon, parce que sur scène, il joue en kilt. Oui, il est en jean. Il rigole avec un grand à casquette et lunettes carrées : le bassiste. Tous vont prendre leurs bagages dans les soutes et ouvrent de grands yeux ronds sur nous, surpris, intimidés, s'arrêtant pour une photo ou un autographe. Je ne dois pas rater la bonne personne, et ça doit se passer tout de suite. Par contre, il ne faut surtout pas que je lui coure après, que je l'appelle par son prénom alors qu'elle marche vers l'hôtel ; non, je dois croiser son regard, me retrouver en face d'elle, parce qu'une fois qu'elle aura sa valise sur roulettes, elle n'aura plus qu'une seule chose en tête : récupérer les clefs de la chambre et s'allonger sur le lit sans enlever ses pompes. Le batteur et le bassiste ont attrapé leurs bagages et passent devant moi. Trop tard. Tant pis. Si aucune force ne m'a poussé, c'est que ça ne devait pas être eux. « Ne traîne pas trop, ne traîne pas trop », que je me répète comme un avertissement : une fois dans ton dos, c'est mort, les mecs sont déjà ailleurs. Je garde un œil sur les vitres du car, à travers lesquelles des ombres, les unes derrière les autres, avancent dans l'allée centrale. Je les regarde comme les grains du sablier. C'est maintenant, entre le car et l'hôtel, pendant ces quelques secondes de battement où il ne se passe rien, où l'on est juste content d'être enfin arrivé, que je dois agir. C'est fou, quand même. Ce sont les musiciens de Johnny, et j'ai l'impression de voir un groupe de rock de mon coin en tournée : la même démarche nonchalante, la même clope que l'on allume en sortant du car, les mêmes cernes, les mêmes sourires. Si je ne les connaissais pas, je veux dire, si je ne les avais jamais vus en concert ou sur des vidéos, je m'amuserais à deviner qui fait quoi, qui est le guitariste, qui est… Yarol ! Putain, Yarol ! Je ne l'ai pas crié, mais sous mon crâne, ça résonne comme un écho. Yarol ! « Numéro un mondial », comme dirait un copain de mon père. Guitariste et grand ami de Johnny. La tignasse brune et bouclée, les joues prêtes à éclater de rire, toujours une lumière qui s'amuse sur sa figure. Je ne réfléchis pas, je ne calcule pas, j'y vais.

— Bonjour, excusez-moi, je vous prends juste dix secondes de votre temps…

Yarol a sa valise à roulettes dans une main, tient ses lunettes noires dans l'autre ; je lui montre le recueil, n'oubliant pas de mettre en évidence la phrase d'accroche.

— J'ai écrit des chansons pour Johnny… Est-ce que vous pourriez les lui faire passer ?

Il plie ses lunettes et les suspend au col de sa chemise, prend le truc, s'arrête pour lire et me dit :

— Attends, c'est pas moi qui m'occupe de ça, vaut mieux le donner à la bonne personne.

Je ne comprends pas trop, mais j'attends. Yarol mate autour de lui, à gauche, à droite, et puis, en agitant les chansons au-dessus de sa tête :

— Bertrand !… Bertrand !

J'essaye de distinguer qui il appelle. Au milieu de la foule, un grand type se retourne. Je l'ai déjà vu. Oui, je l'ai déjà vu. Je ne sais plus où, à la télé, sur Internet, mais je l'ai déjà vu. Il vient vers nous. Larges épaules, chemise ouverte sur un tee-shirt, jean cool rentré dans ses boots. Regard d'aigle.

— Tiens, c'est pour toi. C'est des chansons que le monsieur a écrites.

Yarol lui donne le recueil et s'en va, en remettant ses lunettes noires sous ses boucles brunes.

Il a fait ça simplement, avec une gentillesse naturelle, peut-être sans se rendre compte de ce que cela représente pour moi, comme s'il me dépannait d'une clope. Il aurait pu prendre les chansons et les mettre sous son bras, les poser sur la table de nuit en arrivant dans la chambre, et puis ne plus y penser, et même, sans le faire exprès, les oublier le lendemain au moment de partir. Mais il a appelé la bonne personne, et rien ne l'y obligeait. Je crois bien que je ne lui ai pas dit merci, tellement j'étais surpris que cela se passe comme ça. Je me souviens juste de l'avoir regardé s'en aller. Yarol Poupaud, avec ou sans guitare, numéro un mondial.

— Oui, euh... bonjour. J'ai écrit des chansons pour Johnny.

Ça y est, ça me revient : c'est Bertrand Lamblot, le directeur artistique.

Il fait une tête de plus que moi, et sa carrure ne laisse rien voir de ce qui se passe derrière. Coup d'œil sombre et perçant, direct, il sait qui est en face de lui.

— Tout ça ! il me dit en faisant défiler les feuilles très vite.

— Tout un album !

J'ai répondu moitié fier, moitié faiblard.

Il a dû voir la phrase d'accroche sur la couverture, mais il ne dit rien. Le type ne s'emballe pas, bloc de rock comme un groupe en concert qui ne parle pas entre les morceaux.

— Vous êtes le directeur artistique ?

— Oui, c'est ça.

Il tourne les pages, mais sans lire, constate simplement qu'il y a de l'encre et du papier, du travail, peut-être, de l'envie, j'espère. Moi, j'attends un mot de sa part, qu'il me pose une question, sur Johnny, l'écriture, le pourquoi du comment… mais rien. Il ne dit rien. Je le vois bien s'arrêter çà et là sur un titre, saisir quelques mots au vol, mais toujours rien. Il ne dit toujours rien. Sur le parvis de l'hôtel, je n'ai entendu que le car qui coupait son moteur.

Mika !

Il débarque entre nous deux, tranquille et souriant, le smartphone sur la cuisse et le fauteuil au ralenti. Vu son visage satisfait, il a dû réussir à faire plusieurs photos, peut-être même qu'il a eu tous les musiciens. Je n'y peux rien, pardon, mais je me dis que Mika arrive au mauvais moment. J'ai peur que sa venue ne fasse tout tomber à l'eau, alors que le directeur artistique de Johnny et moi on s'apprêtait à discuter. Mais en fait, on ne se dit rien, parce que parler ne sert à rien. On est dans la cour des grands, là, ce que tu fais parle pour toi. En plus, Mika a l'air heureux, voilà ce qui compte. Et puis, merde à la fin, on est ensemble.

— Bonjour, dit Mika.

— Bonjour, répond Bertrand Lamblot en refermant le recueil.

Silence.

— Ça fait longtemps que vous êtes fans ? nous demande Bertrand Lamblot en roulant le recueil.

— Moi, j'aime bien Johnny, j'ai toujours aimé, mais je suis surtout là pour faire des photos, explique Mika.

— Moi, c'est de famille. Mon père l'écoute depuis les années 60, c'est de père en fils…

Bertrand Lamblot sourit entre ses pattes grisonnantes. Avec Mika, quelque chose de doux est venu sur son visage. Autour de nous, des gens passent, mais je ne les vois pas, je sens juste leur présence.

— Mon père aussi, il est en fauteuil.

Il a dit ça comme ça.

— Il était routier, et puis il a eu un accident.

Mika le regarde.

— Je connais, ajoute Bertrand Lamblot.

À cet instant, je m'en veux encore plus d'avoir pu penser que l'arrivée de Mika empêcherait la discussion. Je me sens con, tellement con, avec mes chansons. En quelques mots, Bertrand Lamblot et Mika se sont raconté une partie de leur vie, ont partagé une douleur qui, peut-être, fait moins mal après, quand on quitte celui qui la ressent aussi fort.

— Vous allez au concert, ce soir ? reprend Bertrand Lamblot.

— Moi, non, je ne pourrai pas ; et puis, je ne veux pas le rater, répond Mika en montrant son smartphone.

— Et vous ? il me demande.

— Moi non plus, je l'ai vu cet été, à La Rochelle…

— Ah. Vous avez trouvé ça bien ?

— Ah, oui ! Bien rock, comme on aime… J'ai lu qu'il y avait du nouveau, avec une tête de mort sur scène.

— Il y a plein de choses nouvelles.

Bertrand Lamblot se tourne vers l'entrée de l'hôtel, je sens que la fin approche, il faut que je lâche une parole de conquérant.

— Je n'y vais pas, parce que moi non plus je ne veux pas le rater !

Et là, je sors un recueil de mon sac pour lui signifier que, ce soir, je vais mettre le nouvel album entre les mains de

Johnny. Bertrand Lamblot reste silencieux ; et puis, comme d'un seul coup d'œil il sait qui est en face de lui, en une seule bonne phrase, il efface ce que j'ai dit :

— De toute façon, tout ce qui concerne Johnny, ça passe par moi.

Je ne peux pas ajouter grand-chose. Je n'ajoute même rien du tout.

Il roule de nouveau le recueil et le glisse dans la poche arrière de son jean cool rentré dans ses boots. Nous le regardons s'éloigner et traverser le parvis pour rejoindre les musiciens. Démarche chaloupée qui a le temps, son jean tombe un peu, et d'ailleurs, il le remonte en tirant sur la taille. À cet instant, j'ai vu mes chansons se casser la gueule par terre et finir en papier volant.

— Hé ! Le perdez pas, hein !

C'est sorti tout seul. Bertrand Lamblot se retourne, me sourit et met la main sur le recueil. Il s'arrête, discute avec les autres, puis tout le monde rentre en passant par les portes de verre.

— C'est qui ? me demande Mika.

— C'est le directeur artistique de Johnny.

— Oh ! C'est bon pour toi, ça.

— Je crois, oui.

— Et tu as pu lui donner tes chansons, alors ?

— Oui.

— Hé ! Si ça marche, on fera une photo ensemble, toi et moi !

— Ben, je crois qu'il vaut mieux qu'on la fasse maintenant, la photo, parce que avant que ça marche…

On a rigolé et puis on est restés là, devant le car vide, en se remémorant ce qui venait de se passer. La fin de l'après-midi n'était pas loin, l'heure où l'on se demande ce que l’on a fait de sa journée. Nous, on n’avait que du bon à se raconter.

⋆

⋆ ⋆

Il a dû s’écouler une demi-heure, et les musiciens sont ressortis de l’hôtel avec une clope ou une canette. Devant l’entrée, ils attendent, les yeux sur leur téléphone, le choriste avec des lunettes et des tresses fait écouter quelque chose aux filles qui chantent avec lui sur scène, chacune un écouteur. Bertrand Lamblot sort avec un gobelet de café, mais je ne vois pas s’il a encore le recueil avec lui. Nous, les chasseurs et les fans, Mika et moi, on reste à l’écart, on ne veut pas déranger ; tous les deux, on a plus ou moins réussi à faire ce que l’on voulait. Pourtant, je traque les yeux de Bertrand Lamblot derrière son gobelet. S’il me voit, s’il me regarde, c’est un signe, écrit dans le marc au fond de son café. Mais rien. Qu’est-ce que j’imagine, moi ? N’importe quoi. Ce n’est pas le genre de personne à donner dans la com’. Moitié paquebot, moitié sous-marin, surtout pas petite vedette qui fait des ronds dans l’eau. Et tant mieux. J’aime quand c’est sobre, entier, sincère, quand on se renifle sans mettre de parfum. Alors, j’attends sans rien attendre, avec quelques coups d’œil comme ça, juste pour voir.

Ça y est. Le groupe s’avance. Nous, on a nos regards aux aguets et la chance d’avoir approché les musiciens de Johnny. Qu’il est bon de prendre de la joie tombée du ciel, tellement les jours sont parfois les mêmes. De mon côté, ça ne pouvait pas mieux se passer. J’ai donné le recueil à la personne qui tient les manettes ; car si Johnny est le taulier, le directeur artistique est celui qui a les clefs. Sacré début, bel après-midi. Copain Mika d'abord, la force que l'on s'est refilée et la confiance que l'on s'est accordée, avec des confidences qui font du bien. Jérôme, qui parle cash, qui parle vrai, le bras long mais la main tendue, casque sur le coude. Même si tout ça devait prendre fin maintenant comme un bon film, je suis content de ce qui s'est passé. On a besoin d'inattendu, d'aventure, de rencontres que l'on n'oubliera jamais. À un moment donné, on s'est tous retrouvés là pour du brut et du bouillant, on pourra dire que l'on a vécu ensemble.

Le car ouvre ses portes. Un par un, les musiciens grimpent et s'en vont s'installer dans le fond, comme tout le monde l'a fait lors d'une sortie de classe au collège. Bertrand Lamblot monte en dernier, une main accrochée à la rambarde, il se retourne pour voir si l'on n'oublie personne… et nos regards se croisent, une seconde. En attaquant les dernières marches, il passe sa main sur la poche arrière de son jean. Le recueil est toujours là.

*

* *

J'allais partir. L'heure du concert approchait, j'étais prêt à rentrer me reposer un peu et manger un bout à la Tanière. La copine de la Croix-Rouge avait raison, Johnny ne passerait pas avant le concert. Mais soudain, alors que la lumière du jour commençait à s'en aller, elle aussi, sort le type de l'hôtel, celui des Ferrari, avec deux pieds en métal, un sous chaque bras, les pieds pour le cordon VIP. D'un pas empoté, il passe devant Mika et moi. On n'est plus que tous les deux sur le parvis, plantés au même endroit qu'au tout début de l'après-midi, le muret, le vide et les camions de livraison. On tique sur le bazar, car s'il a ces espèces de socles dans ses bras embarrassés, c'est qu'il y a un cordon rouge pas loin. Son costume se froisse sous le poids de la charge, et il a soudainement l'allure d'un travailleur qui n'a pas peur de se salir et accomplit sa tâche sans se soucier de sa tenue. Il quitte doucement la posture guindée de celui qui accueille de riches clients avec, fiérot, les clefs de la Ferrari dans sa poche. Comme quoi, on redevient vite quelqu'un de normal, gauche sans trop le savoir et maladroit aux yeux des autres, dès que l'on s'occupe de quelque chose dont on n'a pas l'habitude. Johnny, quand il chante, il remue ciel et terre ; quand il est en interview, sa main tient sa main et il préfère se taire. Et moi, quand je reviendrai, la mine ni triste ni heureuse, juste la bonne tête de celui qui a osé, devant les sourires qui se délectent de l'échec et savaient déjà que ce n'était quand même pas très sérieux tout ça, j'aurai l'air de quoi ? Quand je serai de retour avec mon rêve au fond de mon sac, alors que tous seront persuadés qu'enfin, mon cœur bat un peu moins fort, qu'est-ce qu'ils penseront de moi ? On me trouvera encore pire. Parce que j'aurai essayé. Un presque perdant qui part et revient sans rien devient un perdant éternel.

Le type de l'hôtel pose les deux pieds en métal sur le bord du parvis, là où commence le pavé et se termine la route, puis il fait demi-tour en tirant sur sa veste, oubliant les plis dans son dos. À notre hauteur, et alors qu'il est sorti à maintes reprises pendant l'après-midi, il nous regarde pour la première fois. Peut-être qu'il se demande ce que l'on fait encore là à cette heure-ci ; le concert va bientôt commencer et Johnny est certainement déjà dans sa loge.

— Tu crois qu'ils l'attendent, en fait ?

— Possible. Ils ne mettent pas ça pour n'importe qui, me répond Mika.

Le type de l'hôtel ressort avec un cordon rouge qu'il tient à bout de bras. On dirait qu'il porte une bassine de linge ou je ne sais quoi, quelque chose de tous les jours dont on se passerait bien. Le pas court et les fesses en arrière, il avance, la veste qui remonte et la chemise blanche qui s'en va. Arrivé au bout du pavé, il fait entrer comme il peut le cordon rouge entre les anneaux et les petits clips, et l'on penserait presque qu'il étend sa lessive. Pour finir, il place les pieds en fer sur la route de manière à délimiter une place pour se garer. Il revient, s'essuie le front, et alors qu'il voit que l'on ne perd pas une miette de ce qui se prépare :

— C'est pas pour celui que vous croyez !

Avec un sourire sympa. Vrai ou pas ?

Les Ferrari sont au parking, les chasseurs et les fans sont partis, la nuit tombe, et c'est maintenant que tout va commencer ?

— Il est dix-neuf heures… Ça veut dire que si Johnny arrive maintenant, il pose sa valise ; pas le temps de prendre une douche, il file tout de suite après au concert, analyse Mika.

Les portes de verre s'ouvrent, et sort un petit bonhomme rondouillard aux cheveux blancs.

— C'est le directeur, me dit Mika.

— Ah bon ? Tu le connais ?

— Ben… je l'ai déjà vu.

Il ne bouge pas, le directeur, il attend. S'il a quitté son bureau, ce n'est pas pour voir s'il y a des mégots qui traînent devant l'entrée. Il est là parce que quelqu'un d'important arrive et qu'il y a une poignée de main à donner.

Le type du cordon rouge le rejoint. De nouveau bien mis, il a retrouvé sa prestance de « c'est moi qui ai les clefs » et dit quelque chose tout bas à son supérieur. On y croit de plus en plus. En regardant le patron de l'hôtel, droit et immobile, les mains dans le dos comme pour la photo, je pense à des images de chefs d'État sur le perron de l'Élysée, attendant leur hôte en haut des marches. Soudain arrive à toute allure une grosse voiture aux vitres teintées, qui s'arrête net derrière le cordon rouge. Le chauffeur descend, démarche de porte-flingue.

— Lui, ce n'est pas la fonte qui lui a fait les épaules et les pecs, commente Mika.

Je tourne la tête pour en savoir plus.

— Il a un gilet pare-balles.

Costume sombre et crâne rasé, lunettes noires et kit mains libres à l'oreille, il contourne la voiture, coup d'œil à gauche, coup d'œil à droite, mouvements saccadés, va jusqu'au coffre et l'ouvre, série de gestes secs qu'il connaît par cœur, comme s'il allait sortir… une petite valise à roulettes qu'il tire par la poignée. Morts de rire. On s'attendait à autre chose, du « danger, danger », une crosse qui te rentre dans l'épaule ou une détente qui te démange les doigts ; mais le mec a sorti une petite valise à roulettes, avec la même main qui s'entraîne toutes les semaines au stand de tir. Il referme le coffre et se penche sur la poignée de la porte arrière. Ouverture, lumière sur l'intérieur cuir de la caisse. Un temps, on s'arrête de respirer. Et si du rock'n'roll sortait de là ? Un et puis deux, se posent sur le pavé… des talons aiguilles ! La tension redescend. Des jambes galbées de noir suivent. Une femme, cheveux châtains et sac à main, quitte la banquette en tirant sur sa jupe-tailleur. Le garde du corps ferme la portière de la voiture dans un geste sûr. Cette fois, il n'y aura plus personne.

— C'est qui ?

— J'en sais rien.

Le directeur de l'hôtel vient à la rencontre de la dame, poignée de main et sourire interminables.

— Je crois que je l'ai déjà vue.

— Moi aussi, je la connais.

— Je sais plus où.

La nouvelle venue et le directeur marchent côte à côte, lentement, vers l'entrée de l'hôtel. Le chauffeur-garde du corps les suit à un mètre, tire la valise à roulettes comme s'il promenait le petit chien de madame. La voiture reste derrière le cordon rouge, là où d'habitude le pressing récupère le linge. Qui peut bien être cette femme qui a droit à tous les honneurs, mais qui n'a qu'un seul homme à tout faire ?

— Je l'ai déjà vue à la télé ! s'exclame Mika.

— Moi aussi... Ça me dit quelque chose...

Tous les trois disparaissent quand les portes en verre se referment, et avec Mika, on cherche une réponse à l'énigme. Sort alors du hall le chauffeur-garde du corps, avec toujours les bras qui font une-deux. Il va jusqu'à la voiture, appuie sur la clef, warning, le coffre s'ouvre tout seul. Il plonge une main et la ressort avec, pire qu'un flingue à la jarretière : un étui de violoncelle.

— Mais oui ! Oui ! Ça me revient ! C'est la violoncelliste de Johnny !

— Oui ! T'as raison ! Mais pourquoi elle arrive toute seule ? Et pourquoi ils lui ont mis le cordon rouge et tout... ? s'étonne Mika.

— Peut-être qu'elle est connue.

— Peut-être.

— C'est bizarre, il n'y avait pas de violoncelle à La Rochelle…

— Mais je crois que son mari aussi, il est connu…, réfléchit tout haut Mika.

— C'est qui, son mari ?

— Ch'ais pas.

Et pendant que l'instrument de musique, plus dangereux que n'importe quelle arme à feu lorsqu'il est entre les jambes d'une femme, passe devant nous, Mika et moi, on ne pense même pas à regarder sur Google.

En fait, comme pour les Ferrari, on s'en foutait.

18.

— Allô, papa ?

Avant même de manger et d'aller m'allonger, j'appelle mon père. Je suis rentré à la Tanière le temps du concert, je retournerai devant l'hôtel dans une heure et demie, deux heures. Je n'ai pas beaucoup de temps, il se pourrait que Johnny, serviette autour du cou, monte direct dans la voiture en sortant de scène. Ça ne ressemble pas à l'animal, mais on ne sait pas, les grands fauves ont parfois besoin de s'isoler pour lécher leurs blessures.

— Bon, ben, je suis allé attendre Johnny.

— Devant son hôtel ?

— Oui !

— Et tu l'as vu ?

— Non.

— Mince.

Et je lui raconte. Mika, le car des musiciens, Yarol Poupaud, Bertrand Lamblot, le recueil. Papa m'écoute, silencieux. Je l'imagine à la maison dans le coin du téléphone, s'appliquant à ne pas trop bouger pour ne pas perdre la communication. S'il faisait encore bon, il se mettrait dehors sur le pas de la porte, avec le chant des oiseaux.

— Mais alors, le directeur artistique, qu'est-ce que c'est, son rôle ?

— C'est la personne qui réfléchit à ce que va être le nouveau disque… Il s'occupe de réunir les musiciens et les auteurs, pour qu'ils travaillent ensemble… Enfin, je crois, hein, je ne connais pas trop…

— Ah, d'accord.

Quelques secondes de silence, mais qui ne dérangent pas. Depuis le début de cette aventure, on ne cherche plus, avec papa, les choses à se dire. Il reprend :

— C'est un peu le bras droit de Johnny.

— Oui, c'est ça.

— Ah, ben ! Bravo, dis donc !

— Tu sais, j'ai rien fait. J'ai juste eu de la chance.

— Si, si… Attendre tout l'après-midi…

— Oh, c'est rien… et puis, c'était bien, avec Mika…

— Ah, si, si, quand même, il faut le faire… Bravo, hein ! Et puis, bravo aussi à…

— … ?

— … à Mika !

— Ah !

— Ah oui, d'avoir attendu aussi longtemps ensemble !

Mon père, il n'oublie jamais personne. Toujours, il fera de la place pour tout le monde.

— Tu pourras lui dire, hein.

Papa est content, même s'il est loin ; et je sais qu'au moment où l'on se parle, il y a près de lui des disques de Johnny.

— Non, mais y a rien de fait, j'ai juste donné le recueil…

— À la bonne personne !

— Oui…

— On peut dire que tu as approché la garde rapprochée de Johnny.

— Oui…

— Bravo, dis donc, fallait le faire !

Papa applaudit le geste pour la grâce de l'instant, celui que l'on réalise sans se soucier du résultat, et je redeviens son fils qu'il encourageait au terrain de foot le dimanche matin.

— Et comment tu as su dans quel hôtel il était ? Parce qu'il faut arriver à le savoir, ça aussi…

— C'est Diane ! Elle l'a appris par quelqu'un qui travaille dans un autre hôtel.

— Ah, dis donc ! Eh bien, bravo, hein ! Bravo à Diane aussi, alors ! Beau travail d'équipe.

Il y a un court silence mais, encore une fois, sans aucune gêne. Un silence où l'on se comprend.

— Et donc, toi, tu n'es pas allé au concert ?

— Non, non, je vais essayer de donner le recueil à Johnny quand il rentrera à l'hôtel. Il ne faut pas que je le rate.

— Et tu ne sais pas vers quelle heure il va rentrer ?

— Bah non, il ne me l'a pas dit. Je pense que même lui, il ne le sait pas.

J'entends papa sourire.

— Mais j'attendrai le temps qu'il faudra.

— Oui, oui.

— Et puis, on l'a vu ensemble à La Rochelle, c'est ça qui compte…

C'était il y a à peine trois mois. On avait fait la route avec mon père et ma grande sœur, une journée inoubliable. 14 juillet 2015, fête familiale.

— Appelle le Bidon Jaune ! me lance papa.

— Oui ! Ha ! Ha !

Dans la foule, lors du concert aux Francofolies, des costauds se promenaient avec un bidon jaune accroché dans le dos et servaient des pintes de bière à la pression sortie d'un tuyau. Après les refrains de Johnny, c'est la phrase que l'on a le plus entendue dans la soirée : « Appelle le Bidon Jaune ! »

— Et Les Quatre Sergents !

Papa nous avait invités dans un restaurant gastronomique, table ronde en hauteur sous un plafond vitré avec des fleurs.

— Tu te souviens, on était arrivés les premiers et on était repartis les derniers ! je dis à mon père.

— Et le patron, ou le chef de rang, je ne sais plus, qui nous avait mis du Johnny, à la fin !

— C'était bien !

— C'était laquelle, déjà ?

— *L'Envie.*

Sa préférée. Mais on ne l'avait pas demandée, la chance l'avait passée toute seule. Elle lui va bien, à papa, cette chanson. Je l'ai toujours vu se battre pour rester libre et sauvage, ne jamais se laisser faire. J'entends le souffle de la ligne. D'habitude, quand on se tait, papa a des « voilà, voilà » ; mais ce soir, il a des :

— Bravo ! Ah oui, vraiment, bravo !

— Attends, y a rien de fait, hein.

— Oui, mais bon, tu te rapproches !

— Oui…

— Si loin et si près.

C'est sa phrase, à papa, pour résumer cette histoire avec Johnny. Quand la vie est comme un film, il trouve toujours un titre, une étiquette à coller sur la bobine où tourneront les souvenirs. *Si loin et si près*.

— C'est grâce à toi, aussi.

— Bah !

— Sans toi, il n'y aurait pas eu Johnny !

— Oui… Oh…

— Bah, si.

Papa ne dit rien. Peut-être qu'il a éteint la lumière dans l'entrée. Des fois, il fait ça, il se met dans l'obscurité pour mieux écouter, pour mieux parler. L'été aussi, il s'assied sur la terrasse à l'heure où la nuit vient, et, avec le soir qui tombe, il écoute les bruits de la nature. Les grands fauves lèchent leurs blessures dans l'ombre.

— Quand tu nous parles de Johnny, tu nous parles de toi, aussi.

— Ah bon ?

— Oui. Chaque fois, tu nous racontes ta jeunesse.

Il se tait, moi aussi, parce que j'ai peur de trop en dire. Il y a des choses dont on ne cause pas avec son père. Les douleurs de l'enfance qui ne disparaîtront jamais.

— Non, mais tes textes… c'est du Johnny ! Je te l'ai déjà dit, quand on les lit, on l'entend chanter.

Le plus beau des compliments, venant de celui qui, adolescent, l'écoutait sous les draps, l'oreille collée au transistor. Je ne dis rien et tremble d'avoir fait quelque chose qui rende mon père heureux et peut-être un peu fier de moi. Quand je vais le voir et que l'on se fait la bise, papa me dit que je pique. Je suis un homme et pas seulement son fils, mais de temps à autre, il est bon d'être à nouveau celui qui a besoin de lui.

— Si, si, c'est du Johnny.

— S'il pouvait t'entendre…

— Il finira par le savoir.
— J'espère.
— Peut-être que c'est pour ce soir.
— Peut-être…
— Bah, pourquoi pas ?
— Je vais peut-être le voir, mais lui donner mes chansons, c'est autre chose.
— Attends, on sait pas, hein. Tu vas peut-être l'approcher.
— Ce serait bien.
— Tu vas peut-être lui parler.
— Nooon… !
— Au moins le voir.
— Oui.
— Dans les yeux.
— Oui.
— Que du bleu !

Il la dit souvent, cette phrase, papa. Il l'a trouvée, un jour, en regardant le boîtier du CD que l'on aime écouter. L'anthologie avec le concert au Parc des Princes et le regard de Johnny sur la photo. « Que du bleu. »

— Bon, ben, tu me raconteras, hein, il me dit.
— Bah, oui.
— Allez…
— Oui…
— Y a pas de raison que ça ne marche pas.

Oh. Je reste sans un mot. Alors que beaucoup pourraient penser que la messe est dite avant même que j'aie commencé, pour papa, c'est tout l'inverse. Les obstacles et la distance qui mènent à Johnny, les chansons que j'ai écrites vont les effacer. Pour lui, c'est comme une évidence. « Y a pas de raison que ça ne marche pas. »

— Allez, bon courage, bonne chance, et bravo encore, hein !

— Oui ! Bonne nuit !

— Oui. Et merci d'avoir appelé.

Chaque fois que papa raccroche en me disant ça, ça me serre le cœur.

19.

Hôtel-casino Barrière, Lille
Samedi 10 octobre 2015
1 h 11

« Tu sais, un moment décisif dans la vie d'un homme, qui change son destin, s'appelle *Sternstunde*, "l'heure étoilée". C'est la tienne, là, maintenant. Je suis pleine d'une joie folle d'être mêlée à ta *Sternstunde*. »

Je marchais sur le parvis de l'hôtel, et elle est arrivée en quelques mots sur mon téléphone. Diane au creux de ma main. C'est sans doute vodka à la main et cigarillo aux lèvres qu'elle a écrit le message, mais c'est comme si elle me l'avait dit doucement à l'oreille. « *Sternstunde*, "l'heure étoilée" ». Quand, en un instant, tout change dans l'existence et que, sous nos pas, s'allument des constellations. C'est la sorcière qui a parlé, celle qui a le don de voir ce que sera demain et qui fait le bien autour d'elle. Mon porte-bonheur. Ma fleur de peau. Que j'emmène toujours avec moi.

Il y a quelques heures, elle traversait le hall de l'hôtel avec du braquage dans les hanches ; l'autre jour, à la sortie d'une église, elle glissait un billet dans la main d'une femme que plus personne ne regarde. Elle ne fait pas la vie plus belle, Diane : elle fait la vie.

Les fans sont là.

Les copains, les copines, frangins de la file et frangines du refrain. À la fin du concert, celles et ceux qui se sont rassemblés ici n'avaient, en quittant les gradins, qu'une seule idée en tête : sauter dans la caisse et foncer le plus vite possible pour être sûrs de ne rien rater. Même si les projecteurs s'éteignent et que les *roadies* démontent la scène, le show n'est pas encore terminé : attendre Johnny devant son hôtel, c'est vivre l'ultime rappel. Et ça fait du bien de se voir.

Je dis ça, parce que, cet après-midi, on n'était pas très nombreux, il y avait surtout des chasseurs. Mais là, les renforts sont arrivés ; et même s'il fait froid, on a gardé le blouson ouvert sur le tee-shirt de Johnny. On tourne en rond, les mains dans les poches. On se regarde, on parle, on cherche. Une info. Un horaire. Du feu. On fait les cent pas en soufflant sur nos doigts, on se met à l'abri sous le porche, la clope entre le pouce et l'index, tirant jusqu'au bout du mégot. On passe et repasse le long des baies vitrées de l'hôtel pour voir si ça bouge à l'intérieur, mais à la moindre lueur de phares sur la route, on revient, pressant le pas, laissant nos reflets sous le lustre du hall et ramenant nos ombres parmi les autres : on ne va pas manquer l'occasion de se brûler. Çà et là, des petits groupes se font avec le sourire, se défont avec les cernes. On ne se connaît pas, mais on se cause, jusqu'à marcher à la station-service ensemble et casser notre sandwich en deux. En fait, on se tient chaud.

*

* *

— Excusez-moi, je vous vois écrire depuis tout à l'heure… Vous n'avez pas un stylo en rab, par hasard ?

Un père et son fils sont venus vers moi. Tous les deux avec du gel dans les cheveux, banane pour le papa, houppette pour le fiston, le même anneau à l'oreille. C'est le papa qui me demande, pendant que le fiston frotte la pointe de son Bic sous sa semelle.

— Ah non, j'en ai qu'un.

— On est venus pour un autographe, mais le stylo ne marche plus !

— Mince…

— Tu es fan, toi aussi ? poursuit le papa.

Tout de suite le tutoiement. Les fans sont une grande famille, une bande de copains qui vont ensemble au bal.

— C'est sûr !

— Nous, c'est pareil, lance le fiston en soufflant sur la mine de son stylo. C'est mon père qui m'a fait écouter quand j'étais petit, et depuis, je n'ai pas lâché. C'est de père en fils…

Il a, quoi, seize ans, et les yeux pleins de reconnaissance pour le papa qui lui a fait découvrir le rock'n'roll à la française, la musique qui se joue fort et souffle la liberté. Je suis sûr qu'ensemble, père et fils, ils ont monté le volume à fond, mimé des solos de guitare en chaussettes, et se sont tus quand Johnny parlait à la télé. Ce soir, le jeune regarde l'ancien avec des yeux grands comme le monde, fier d'avoir été présenté à Johnny.

— Pareil pour moi, c'est mon père, aussi, je lui dis.

Et nous étions tous les deux, le fiston et moi, des enfants fans de leur papa.

À l'heure qu'il est, il dort depuis longtemps, mon père. Je repense à notre coup de téléphone. Il était si heureux, je ne me rappelle plus combien de fois il a dit « bravo ». J'aimerais tellement que ça lui change la vie. Le soir, il est souvent fatigué, et il s'écroule sur le canapé. Pourtant, juste à côté, sur le mur de l'escalier, les médailles de ses marathons n'en finissent pas de grimper.

On continue de parler de Johnny, avec le papa et le fiston. Comme chaque fois, les mêmes impressions se ressentent et ressortent – sa gentillesse, son intelligence, sa liberté –, rapprochant les gens qui l'aiment d'une manière aussi forte que ses chansons.

— Avec lui, on n'est jamais seul ! lance le papa.

— Comme l'album ! je dis.

— *Jamais seul*, oui ! Bien rock, les guitares électriques et tout…

— Mais cet album, il n'a pas été compris…, continue le fiston.

— Il n'a pas eu un gros succès, se désole le papa.

— Je crois que ça vient des textes… On n'y retrouvait pas Johnny…, je dis, hésitant.

— Peut-être…

— Ouais… bizarre.

— C'est pour ça que tu écrivais, tout à l'heure ! Tu vas lui faire des chansons ! rigole le papa.

Je n'ai rien ajouté. Je voulais que l'on reste entre fans, à se raconter notre Johnny qui fait du bien aux pères et aux fils. Grâce à lui, peut-être que l'on s'entendra mieux et que, enfin, un jour viendra où l'on s'aimera comme des hommes. À un moment, on a rentré nos bouches dans le col de nos blousons, et puis chacun est reparti de son côté. J'ai laissé mon stylo au fiston. Lui et moi, on était un peu comme des frères.

★
★ ★

Il tient son cahier tout contre son cœur, un cahier petit format, mais lui est plutôt grand et fin. Il a juste un blouson en jean pas épais sur ses épaules, et il est déjà près de l'entrée, tout seul.

J'engage la conversation :

— Ça va, pas trop froid ?

— Ça tient chaud d'attendre quelque chose.

On se sourit, on s'est compris.

— T'es fan, toi aussi ?

— Ah, oui ! J'arrive de Bruxelles.

— De Bruxelles !

— Oh, ça va, c'est pas trop loin… J'ai un peu moins de deux heures de route.

— Quand même !

— Oh, après le concert qu'il nous a fait…

— Tu y étais ?

— Pas toi ?

— Non. Je l'avais déjà vu à La Rochelle, cet été.

— Ah, mais il faut y aller quand même ! Moi, là, j'ai déjà mes billets pour Paris et pour Bruxelles !

— Putain, t'es un vrai, toi !

— Ah, oui.

On se présente, le copain s'appelle Stéphane. Il me raconte que ce n'est pas la première fois qu'il fait ça. Il y a quelques années, il avait attendu Johnny dans le parking d'une salle de spectacle. Ce soir-là, les fans n'étaient pas très nombreux, et Johnny avait pris le temps de signer des autographes, de faire des photos et de serrer la main à tout le monde, avant de monter dans sa voiture.

— Il est vraiment gentil, conclut Stéphane.

— Sûr ! Un vrai gentil.

— Ça se voit, de toute façon.

— C'est dans ses yeux.

— Ah, oui. En tout cas, nous, on le voit, qu'il est vraiment gentil.

— On ne se trompe pas là-dessus.

— Ça, non. Nous, en Belgique, on l'aime ! Autant que vous, les Français ! Seulement, vous, en France, ça se voit plus, parce que vous êtes plus nombreux !

On se marre, et le cahier de Stéphane le Belge sursaute contre son torse en même temps qu'il rigole. Il ne le lâche pas.

— C'est pour quoi, ton cahier ?

Dès que je vois quelqu'un qui écrit, en terrasse ou sur un banc, je suis comme attiré, relié, et il m'arrive souvent de demander : « Vous écrivez quoi ? »

— Regarde.

Il l'ouvre. Les pages sont neuves, lisses et blanches, presque brillantes, tant il n'a touché à rien. De son pouce, il les fait défiler une à une sous mes yeux, comme s'il battait des cartes.

— Ma Douce m'a quitté il y a six mois. J'ai acheté le cahier en venant.

Il répète son geste, les feuilles une à une, du souffle dans le papier, comme pour que tout s'envole. Il le fait plusieurs fois, sans rien dire, un petit sourire qui se voit à peine sur sa mine désolée.

— Je vais écrire un nouveau chapitre de ma vie, et je veux qu'il commence avec Johnny. C'est lui qui va mettre son nom sur la première page, tout va recommencer avec lui !

Je n'ai pas les mots ; il n'y a pas de mot plus fort qu'un autographe de Johnny pour son cahier tout neuf et plein d'espoir. Alors, je lui tape dans le dos en lui disant « allez ».

— Ça va aller.

Stéphane est un peu gêné de s'être livré, et ses paupières font comme les pages du cahier.

— Et toi ? il reprend. Tu es aussi venu chercher ton autographe ?

— Non, non.

— Une photo, alors ?

— Non plus.

— Juste le voir ?

— Et un peu plus… C'est comme toi, c'est de l'écriture.

— Ah oui ?

— Je lui ai écrit des chansons.

— Tu lui as écrit des chansons !

— Oui.

Stéphane n'en revient pas, et son visage veut en savoir plus.

— Mais il le sait, Johnny ?

— Ben, non, justement, je suis venu pour lui donner !

Mon sac à dos du Mali ne fait qu'un tour pour lui montrer qu'elles sont là, les chansons, qui attendent sous la peau de bête.

— Ah, oui ! Mais c'est super, ça.

— On va essayer, hein… c'est seulement pour essayer.

— Ah, oui. Mais j'espère plus, j'espère que tu vas y arriver. Tu vas lui donner directement, comme ça ?

— Oui, de la main à la main.

— C'est super, ça ! J'espère que tu vas y arriver.

Il fait chaud au cœur, le Stéphane, oubliant sa peine pour vibrer avec moi.

— J'espère que pour toi aussi ça va marcher, je lui dis. Que tu l'auras, ton autographe !

— Ah oui. On va tout faire pour… Une nouvelle page qui s'écrit… comme une nouvelle chanson !

— Ouais ! Je te le souhaite du fond du cœur !

— Moi aussi, je te le souhaite : du fond du cœur !… Hé ! D'ailleurs, en parlant de ça, t'étais pas au concert, tu m'as dit ?

— Non, non, je n'y étais pas.

— Tu sais que Johnny… en exclusivité…

— Quoi ?

— Rien que pour nous, ce soir…

— Ben quoi ?

Stéphane prend le temps, comme s'il faisait une annonce à la télé.

— Il nous a fait sa nouvelle chanson !

— *Hein ?*

— Ah, oui ! Sa nouvelle chanson ! Ils l'ont jouée ce soir pour la première fois. Elle est bien, hein. Du rockabilly, comme avant…

J'écoute Stéphane, et mon cœur cogne, comme s'il pressentait quelque chose. Un animal pris au piège, qui voit venir le danger. Tout, jusqu'à maintenant, se déroulait si bien, sans accroc, sans encombre ; mais là, les baies vitrées de l'hôtel sont une grosse boule de cristal, dans laquelle je vois un bien mauvais présage. J'ai connu ça à la boxe, avant que la cloche du premier round sonne, quand la réputation du boxeur dans l'autre coin a des points d'avance et que son gabarit a déjà gagné par K-O. Je ne sens plus mes bras, je ne sens plus mes jambes, je n'ai plus qu'un seul muscle : le cœur. En fait, j'ai peur.

— Y avait le clip, derrière, sur un écran géant… Attends, ils ont dit que ce serait en ligne à minuit. Ah, faut que tu voies ça, si c'est pas déjà fait !

Stéphane sort son téléphone. YouTube.

— Attends, c'est comment, le titre, déjà ? *À l'amour* !

Il tape. « À l'amour ». Tous les deux penchés sur l'écran du téléphone, visages sous la lumière froide, j'ai le rouge et le blanc de YouTube dans les yeux.

— Je vais ajouter « Johnny », parce que je suis pas sûr du titre.

On ne dit rien, on attend. Le petit sablier égrène les secondes.

— Ah, voilà. Ah, oui ! *De l'amour.* C'est ça, le titre.

Le clip se lance. Noir et blanc. Guitare qui balance. L'ombre de Johnny. Danseurs en perfecto. Johnny, encore. Claquements de doigts. Déhanché. Pied de micro, et micro tête de mort.

— On n'entend pas bien, hein, me dit Stéphane.

Il monte le son, mais ce n'est pas mieux.

— Attends, prends-le. Moi, je la connais déjà !

Il me donne son téléphone, et je le colle à mon oreille. Elle est bien, la chanson, elle est vraiment bien. Elle envoie, elle swingue, même sur un petit haut-parleur. Je ne fais pas trop gaffe au texte, mais bien sûr que je n'aurais pas fait mieux. J'écoute et je bouge la tête. De temps en temps, je regarde les images du clip. Évidemment, ça me fait plaisir d'entendre son nouveau titre ; mais, je n'y peux rien, je sens des ongles qui grattent à ma porte, et sous mon torse, quelque chose se déchire. Toutes les nuits d'écriture dans la cave de la Tanière, les heures passées en tête à tête avec Johnny, comment on s'est rapprochés, comment on s'est parlé, comment on s'est compris. Je ne vois plus que des ombres de tout ce noir que nous avons partagé.

— Alors ?

— Ah ouais, bien, vraiment bien.

Je reviens au réel, et sur les baies vitrées de l'hôtel, mon reflet se balance, se déforme et finit par disparaître. Les mauvaises nouvelles, on les voit venir de loin. Même si Stéphane ne m'a encore rien dit, je sais déjà. Et alors que je cherche des yeux Mika :

— L'album sort dans un mois ! me lance Stéphane.

— L'album ?

— Le cinquantième !

Je suis sonné. Groggy. K-O. J'ai besoin des cordes, de me rattraper à quelque chose, de quitter le chaos et de retourner dans mon coin. Je revois le noir et blanc du clip, le noir et blanc de mes chansons. « Et si le 50e album de Johnny était écrit par un fan ? » tout au fond de mon sac. Je rends son téléphone à Stéphane, puis je m'éloigne de l'entrée, de l'enseigne, des portes et du porche où, tout à l'heure, on rigolait. Le nouvel album de Johnny sort dans un mois, et je me sens seul au monde au milieu des miens. Je prends mon portable, « 2:30 » clignote sur l'écran, et je relis le message de Diane. Qu'elle vienne dans le creux de ma main. Il faut vite que je l'embrasse. Ma *Sternstunde.*

20.

C'est du parquet, on peut marcher en chaussettes sans avoir froid aux pieds. Toute la nouvelle maison de Lulu est en bois, pour des histoires d'isolation. Plus besoin de chauffage, il y a une sorte de chaleur constante qui est maintenue, ou quelque chose comme ça. Mais quand je reviens lui rendre visite en septembre, il fait doux et je pense surtout aux termites et à leurs minuscules trous qui pourrissent tout.

— Alors, bien dormi, enfoiré ?

— Et toi, vilain ?

Voilà comment on se dit bonjour, avec Lulu, au réveil. Il est assis à la table du petit déjeuner, ses jambes croisées et poilues sous son vieux peignoir pourri, son bol de café, et des grosses bouchées de brioche qu'il enfourne en regardant des vidéos sur YouTube.

— Salut, Céline, je dis, poli, esquivant un peu.

Direct, elle m'envoie :

— Alors, pas trop dur ?

Derrière le plan de travail de la cuisine, fraîche et en forme, elle prépare le déjeuner ; ça fume dans la casserole, un bœuf bourguignon, je crois.

— Ben… c'est vrai qu'on a été petits joueurs, hier soir… Quatre heures du matin seulement…

— Vous n'êtes pas sortis, finalement ? me demande-t-elle en soulevant le couvercle.

Il y avait une soirée je ne sais plus où, et quelqu'un avait proposé à Lulu de venir. Lulu, il était chaud. De la bière et du sky, de la musique forte, il n'en fallait pas plus pour mon chien fou, qu'il tire la langue au vent et lèche chaque gamelle qui lui passerait sous le nez.

— Non… On était bien, tous les deux… Et puis, ça faisait loin…

— Ben alors, on se fait vieux ?

Céline, elle aime bien nous rappeler que l'on n'est plus tout jeunes, avec Lulu. Pourtant, lorsqu'on se retrouve, nos vingt ans reviennent au galop, et on peut tenir le coup toute la nuit à se raconter nos souvenirs.

— Mouais, reprend-elle. En même temps, je pense que vous auriez été mal à l'aise : deux vieux de quarante balais avec des jeunes de trente ans ! Des jeunes ! Des vrais jeunes !

— Bah, non… On leur aurait fait part de toute notre expérience… On leur aurait appris que le Label 5, c'est tellement dégueulasse qu'il faut le boire cul sec !

— Mouais… Je pense que vous n'auriez pas été à votre place…

— Bah, pourquoi ? Notre place, elle est là où on veut !

— Vous vous seriez vraiment sentis vieux…

À croire qu'elle le voudrait. La grande cuillère tourne dans la casserole, et la fumée de la cuisson fait perler de toutes petites gouttes sur le front de Céline. Lulu ne dit rien, il regarde des vidéos sur YouTube.

⁂

Hier, quand je suis arrivé et que Lulu est venu me chercher à la gare, on a filé à la ludothèque retrouver Céline et les enfants, deux petits débrouillards débraillés, des garçons, et une petite bouille en poussette, une fille. Déjà, dans l'escalier carrelé du bâtiment, je retrouvais l'âge où le seul avenir qui compte est la connerie que tu vas faire.

— Putain, bien, le bar où tu m'emmènes ! La classe, vilain !

— Arrête…

— Ah non, mais c'est le meilleur accueil que j'aie jamais reçu de ma vie ! D'habitude, ton pote, il vient te chercher, et la première chose que tu fais, c'est boire une bière avec lui… Toi, tu m'emmènes à la ludothèque ! Nan, mais je t'assure, j'en rêvais…

— Hé, je suis père de famille, moi, j'ai des responsabilités !

— Ah merde, alors. C'est pas de chance, ça ! Et à part tes responsabilités, ça va ?

On est entrés dans un endroit où les parents ont autant de charisme qu'un livre pour enfants. Des papas en poussette et des mamans à lunettes qui parlent doucement, comme s'ils avaient peur de casser quelque chose, alors qu'il n'y a que des poufs et de la moquette.

Et un baby-foot.

Ouaaais.

On a fait une partie avec Lulu et les deux petits, ambiance bistrot avec les commentaires, les « goooaaal » à chaque but, et les « chuuuuuut » de Lulu, parce que, quand même, on est à la ludothèque, et qu'il n'y a pas de meilleur endroit au monde pour se faire chier. Au moment de partir, Céline a mis la petite bouille, leur fille, dans les bras de Lulu et, pendu à chaque main, un petit débrouillard débraillé. Elle devait aller en ville s'acheter un short. Un short noir pour faire du sport. On est rentrés à dix-neuf heures – l'heure où, normalement, tu passes au sky – avec les enfants, la petite bouille qui pleurait dans son siège-auto, les deux petits débrouillards qui s'engueulaient sur la banquette arrière. Arrivés à la maison, les gosses sont allés à la douche, Lulu a préparé la plancha, moi, j'ai mis le couvert, et il a fallu que je l'insulte pour que l'on prenne un deuxième whisky. J'ai remarqué que plus la maison est grande, moins il y a d'apéros. Lulu a trois baraques. Je dis ça, je dis rien, mais j'ai l'impression que Céline s'arrange toujours pour que son mari ait plein de choses à faire au moment où son copain arrive. Par contre, une fois que tout le monde dort, Lulu redevient le chien fou qui ne veut pas aller se coucher, sort une bouteille de gnôle pleine de poussière, et regarde sur Copains d'avant quelles filles du lycée il aurait bien aimé baiser.

⋆

⋆ ⋆

J'ai bien saucé mon assiette. On a pris le dessert, des crèmes à la vanille, j'en ai bouffé deux. On débarrasse tout ça, c'est l'heure de la sieste pour la petite bouille, on m'offre un dessin avec un chemin qui va jusqu'à la maison, un soleil, un nuage, et le plus grand des garçons va chercher sa guitare pour nous jouer un joli morceau en arpèges. Ce ch'tiot, il est un peu manouche. À s'amuser dehors avec des marteaux et des tournevis, à taper sur des planches toutes pleines de clous, à démonter un moteur tout plein de fils.

J'aime bien voir ses ongles noirs se poser sur les cordes avec sa coupe de cheveux comme s'il venait d'enlever son casque de mob. En plus, il joue bien. Les doigts sérieux sur les cases, mais le regard à jouer de l'électrique.

— Et toi, tu joues toujours ? me demande Lulu.

— Bah, j'en fais pas assez ! En plus, je joue toujours les mêmes accords...

— Ben alors, il faut s'y mettre ! lance Céline de derrière l'évier, finissant de nettoyer la casserole.

On boit le café. Lulu est assis à table, cheveux encore mouillés, jean, chaussettes, et comme tout à l'heure, il regarde des vidéos sur YouTube.

— Et sinon, t'écris toujours ?

Sans lever les yeux de l'écran. Question pratique. Passe-moi le sel. Y a pas un portable qui sonne ? C'est toi qu'as pété ?

— Bah oui, mon copain, c'est vital, ça ! Bien sûr que j'écris toujours... Pff... vilain !... *Tifécalistovilystratu...*

— Quoi ?

— Nan, je disais : *tistédéfolumanidératu...*

— Arrête, t'es con...

Lulu me confiait hier soir que, avec la fin des travaux dans la nouvelle maison, les deux autres en location, plus le boulot, les enfants, « les semaines sont des tunnels », et il n'a plus le temps de faire ce qu'il aime : lire des livres, regarder des films, fumer une clope. D'ailleurs, il s'est mis à la cigarette électronique.

— Et l'écriture, ça marche ?

Les yeux toujours rectangulaires.

— Ça ne marche pas, mon Lulu, ça décolle !

Maintenant, j'ai des phrases toutes faites en guise de réponse. Souvent, les questions sont les mêmes, alors à force, on emboîte les choses facilement, comme des casseroles ou des Tupperware, afin que tout s'accorde à merveille sous le même toit dans le meilleur des mondes : les voitures, côte à côte, les bureaux, dos à dos, le ménage, moitié-moitié. Et dans le lit, méli-mélo ?

— Et comment ça se passe, les ateliers d'écriture, là, que tu fais ?

— Ben, ça se passe bien... C'est beau de voir des gens qui écrivent alors qu'ils pensaient que ce n'était pas fait pour eux...

Je parle et Lulu garde ses yeux YouTube, se gratte la cuisse sous la table ; mais je continue, on ne sait jamais :

— Les gens racontent leur histoire... Tout le monde a une histoire...

Je ne suis pas sûr que ça l'intéresse, il a des « mouais, mouais » que je ne lui connais pas.

— Et sinon, t'es payé comment ? T'as un contrat ?

Nous y voilà.

— Aaah, Lulu !

— Quoi ?

— Dire que tu as lu tout *Les Rougon-Macquart*...

— Quoi ?

— Toi, me poser cette question ! Bientôt, tu vas encore me demander si j'arrive à en vivre.

— Nan, mais je sais pas, moi, je sais pas comment ça fonctionne, ça m'intéresse...

— Mais sinon, ça va, tu arrives à en vivre ? me lance Céline, toujours là, comme l'éponge sur le rebord de l'évier.

À croire que lorsqu'on est en couple depuis longtemps, on finit par se ressembler, par devenir l'autre, par penser pareil et dire les mêmes choses.

Mon pote devient sa copine.

Devant Céline, le plan de travail de la cuisine intégrée aux coloris blanc et gris taupe est passé au produit détergent. Tout à l'heure, en mettant le couvert, j'ai vu qu'il y avait de grands tiroirs qui glissent tout seuls, immenses. Je me suis dit que j'allais tomber sur des choses inimaginables que l'on ne trouve pas ailleurs, plein d'ustensiles étranges dont on se demande à quoi ça peut bien servir, mais non. Rien de spécial. Il y avait juste un couteau avec une lame en plastique, mais très coupante – c'est vrai qu'il n'y en a pas partout.

— Bah oui, j'arrive à en vivre, Céline ! Bien sûr que ça me tient vivant ! Hé ! Quatre heures du matin, cette nuit ! Quatre heures du matin ! C'est pas être en vie, ça !

Le frigo ne fait pas de bruit et le four est propre. La plaque chauffante répond au doigt et à l'œil, resplendit de lumières au simple contact de la peau. Un espace plus que pratique, confortable, je trouve, accueillant, où l'on a plaisir à passer des heures, et qui rend la vie tellement plus facile. Mais je ne veux pas jouer à la dînette. Je ne veux pas jouer à la marchande. Je suis comme à la cave, j'écris. Gauche-droite-gauche. Boxe sans la garde. C'est la première fois que j'ose répondre en chambrant aux questions de flic et que je me fous de ce que l'on va penser de moi.

— Oui, d'accord, mais attends, à un moment donné, il faut quand même bien manger ! poursuit Céline.

— Euh, ouais… ça va, c'était très bon, ton bœuf bourguignon !

Céline met en route le lave-vaisselle, et Lulu m'appelle pour regarder une vidéo marrante de Pierre Billon en sweat dans la neige.

— Tiens, tu vois, on parlait de Johnny, hier soir… Lui, il a écrit pour Johnny. Le gars est drôle quand même.

— Ah, mais Johnny, c'est le top ! enchaîne Céline. Moi, j'adore ! Attends, il a fait que des tubes !

— Non, il n'a pas fait que des tubes, je dis à Céline. Il a chanté plus de mille chansons ! Tu ne peux pas faire que des tubes quand tu as enregistré plus de mille chansons !

Sur l'écran, la vidéo ne va pas jusqu'au bout. Dans la cuisine, le ménage continue. Moi, je parle plus fort que d'habitude et je me tiens droit. On prend quelques centimètres quand le cœur se redresse.

— Ah, non. Je ne suis pas d'accord avec toi. Moi, je trouve qu'il n'a fait que des tubes ! rétorque Céline, les mains au chaud sous l'eau tiède.

— Arrête, Céline, t'y connais rien, rapplique Lulu en jouant au bon beauf de mari.

Et puis là, je ne sais pas pourquoi, je ne l'avais pas prévu, est-ce parce qu'on en parlait ou, va savoir, parce que ça nous change, la liberté, j'ai lâché le morceau :

— Vous savez, j'ai écrit une chanson pour Johnny.

— T'as écrit quoi ? me répond Lulu en tournant la tête.

— J'ai écrit une chanson pour Johnny…

— Ah, ouais ? Tu as écrit une chanson pour Johnny ?

Son doigt sur l'ordi s'arrête une seconde.

— Tout un album, même.

— T'as écrit un album pour Johnny ? fait Céline en relevant les yeux du plan de travail.

— Bah, ouais.

— Attends… les paroles et la musique ?

— Non, que les paroles ! Mais… treize chansons, quand même !

— Et tu vas en faire quoi ? demande Lulu, bouche bée devant l'écran, prêt à l'avaler.

— Ben, je vais lui donner, vilain ! Qu'est-ce que tu veux que j'en fasse ?

Lulu a toujours les jambes sous la toile cirée, et Céline les mains dans le torchon. Ça ne dit pas grand-chose, alors je sors un refrain que j'ai écrit, j'en choisis un qui parle des femmes. Céline aime bien Johnny, peut-être qu'elle sera touchée, et peut-être même qu'elle pourra me dire si elle le voit en train de le chanter. Moi, je ne le chante pas, je ne sais pas faire, mais je le récite, avec le ronron du lave-vaisselle :

— « Être fort comme une flamme, être fort sans les armes, être fort de toute son âme, être fort… comme une femme. »

Céline me regarde. Lulu me regarde.

— Attends, tu peux le redire ? elle me demande.

Je recommence. Le ronron derrière moi.

Elle bouge le menton, et Lulu se lève pour prendre son blouson et mettre ses chaussures. Il faut y aller, un covoiturage m'attend à la gare. En passant près de moi, il fait :

— T'as écrit un album pour Johnny.

Et il file dans le couloir.

Je reste seul avec Céline, toujours derrière le plan de travail. J'arrange ma chemise, remonte mon jean.

— Alors, tu comptes partir à Paris ? s'intéresse-t-elle.

— Eh oui.

— Tu vas rencontrer du monde… Ou bien tu connais déjà des gens là-bas, peut-être ?

— Oui, oui, je connais déjà des gens là-bas.

— Tu pourras aussi rencontrer d'autres personnes, avec les sorties, tout ça…

— Oui, on verra…

— C'est Paris… Ce n'est pas la même vie que nous… Nous, la semaine, on travaille, il y a les enfants. Le week-end, on essaye de voir des gens, mais c'est toujours les mêmes amis…

— Tu sais, moi, c'est pareil.

— Oui, mais toi, tu vas faire de nouvelles rencontres, avec tout ce qu'il y a comme sorties… Nous, c'est toujours la même chose, tandis que toi, c'est un peu la vie d'artiste, la vie parisienne…

— Oh, tu sais, la vie d'artiste… Je bosse, comme tout le monde.

— Oui, mais attends, c'est un autre monde, c'est à part, enfin, moi, je le vois comme ça.

Je ne sais plus trop quoi dire. Je suis pressé que Lulu, mon chien fou sans collier, revienne, parce que les cuisines trop intégrées, moi, ça me met mal à l'aise. Je voudrais être ailleurs, je ne sais pas où, mais loin du lave-vaisselle.

— Nous, par exemple, nos amis, c'est pratiquement que des profs…

Céline, penchée au-dessus de l'évier, se rince une dernière fois les mains.

— Toi, tes amis…

Elle ferme le robinet et reprend le torchon.

— C'est surtout des rêveurs, non ?

Elle m'a regardé en disant ça. J'ai vu dans ses yeux bleus qu'il y avait une lessive à faire tourner.

21.

— Petit sky japonais, la classe, mon copain.

Franck laisse ses épaules répondre à sa place : comme un petit le fait pour dire « ch'ais pas », il les redresse une seconde. C'est normal pour lui de faire plaisir à son ami en lui servant le meilleur des whiskys. On est tous les deux, le verre à la main et la clope au bec, sur sa petite terrasse à l'abandon, mauvaises herbes et dalles déchaussées. Il a l'air triste, Franck, mais il me dit que c'est la fatigue. En plus, il a plu et il va encore pleuvoir.

— Ben alors, vilain ?

— Ben ouais, ben ouais.

Comme d'hab, j'en fais mon sac de frappe, petits coups dans les côtes et les épaules. Mais ça ne va pas fort, il ne dit pas grand-chose.

— Je suis crevé.

Il tire sur sa cigarette, les yeux baissés. C'est comme s'il regardait à l'intérieur de sa tête, comme s'il regardait en arrière.

— Ben, mon copain !

— Je bosse, je bosse… Je commence à sept heures trente, je finis à vingt et une heures.

Il a des cernes, mon Franck. Mais j'ai l'impression qu'il y a autre chose. Une tristesse qui ne veut pas s'en aller.

Avec sa femme, il y a un moment déjà, ils se sont séparés et ont quitté la maison, garde alternée des deux enfants, et les rêves de vie de famille se sont arrêtés là. Ça a été dur, même pour un gardien de hand qui n'a pas peur d'un ballon arrivant à cent trente kilomètres-heure sur penalty. Franck a fait ce qu'il fallait face à ce que l'on a tous connu. Laisser le temps au temps, continuer le sport, déménager, attendre que le mal passe. Bien sûr, comme son cerveau tourne tout le temps à plein régime, il s'est posé un tas de questions, a essayé de comprendre, sans mauvais esprit, sans désir de vengeance. Il est revenu sur ces vingt dernières années, il a fait le bilan, comme on dit, courageux et digne, tel un gardien qui a effleuré la balle mais s'en va la chercher au fond des filets.

Puis, il a passé le concours de chef d'établissement et, forcément, « charbonneur » acharné comme il est, il l'a décroché. Aujourd'hui, il ne travaille plus seulement en veste de costard, il porte aussi la cravate.

— Ben, qu'est-ce que tu veux, on n'a pas le choix, il me fait.

On attend la fin de la clope. Son verre est à moitié plein, moi, j'ai déjà vidé le mien.

— Ouais, pas le choix… On en reprend un autre ? Il te reste quelque chose dans ton tonneau, mon saint-bernard ?

— Oui, oui, j'y vais, j'y vais.

Il prend mon verre et part dans la cuisine pour le remplir.

— Et le tien ?

— Ça va, ça va.

Faut que je lui remonte le moral, à mon copain. Qu'il y ait quelqu'un pour lui, vu qu'il est tout le temps là pour les autres. Si je lui demande s'il va bien, s'il s'est complètement remis, il me répondra « oui, oui », et on ira manger. Alors, je vais lui dire pour Johnny. Ça le changera, ça lui fera du bien, une occasion de rigoler.

Il revient. Grand guerrier qui est allé chercher les vivres.

Je mate ce qu'il a mis dans mon verre.

— Eh ben ! Il a beau être japonais, ton sky, ce n'est pas un whisky de sumo, hein !

— Quoi ? Tu en veux plus ?

— Mais non, allez, viens, on trinque !

Tchin-tchin.

Je lui fais, avec une tape dans le dos :

— Bah oui, comme tu le dis, tu n'as pas le choix : faut venger ton père, hein !

Il a haussé les épaules comme tout à l'heure, une seconde, pour dire « ch'ais pas ». Et il a tiré sur sa clope en creusant les joues. Quand il a recraché la fumée, il a soufflé plus fort que les autres fois. J'espère qu'il est toujours là, mon copain, qu'il n'a rien oublié de ce qu'il était.

— Hé...

— Quoi ?

— J'ai un truc à te dire.

— Quoi ?

J'aurais aimé qu'il me sorte une connerie du genre : « T'es enceinte ? » Mais non. J'aurais peut-être dû lui faire deviner, que l'on joue, que l'on s'amuse – tu brûles, tu brûles, donne-moi un indice. Mais non.

— J'ai écrit une chanson pour Johnny.

Il relève les yeux une seconde, comme il hausse les épaules.

— Ah, ouais ? Tu as écrit une chanson pour Johnny ?

Comme son frère, pareil, la même réaction.

— Oui ! Tout un album, même.

Nos regards se croisent à peine. Joues creusées sur la clope, Franck souffle encore. Il regarde les dalles déchaussées, les mauvaises herbes. Il ne dit rien, on entend un peu de pluie qui tombe de la gouttière sur la terrasse.

— C'est bien. J'ai lu une biographie sur Johnny, par un type qui l'a côtoyé à un moment…

Il sait si bien faire, Franck, parler en bout de table sans jamais se prendre au sérieux. Mais là, il ne m'a pas posé de questions. Il n'a pas vibré avec moi. Je n'ai pas entendu la cloche sonner. J'aurais aimé. Que se ramène un peu de folie, et reprendre un troisième sky. Que l'on s'imagine à Saint-Trop' sur le yacht de Johnny avec du champagne ou du champagne. Mais c'est ma faute, aussi. Peut-être que j'aurais dû en dire plus, commencer par raconter l'histoire, l'écriture, le recueil ; mais j'ai tellement l'habitude que ça n'intéresse personne, l'encre, le papier… Pourtant, Franck, il a toujours tout compris, même avant que je lui explique. Ce n'était sans doute pas le bon moment, il est fatigué ou il a, au fond de lui, un reste de tristesse qui ne s'en va jamais, comme la dernière goutte au fond du verre.

— Bon. Je crois que le jarret est prêt.

Sur la petite terrasse défoncée, on n'a pas pris la route pleins phares. Il a vendu son Alfa, mon copain, pour acheter une « familiale ».

22.

Hôtel-casino Barrière, Lille
Samedi 10 octobre 2015
3 h 49

Du bleu dans la nuit. On lève tous la tête en même temps, éparpillés que l'on est sur le parvis, car personne ne les a vus arriver, les gyrophares. Grosse voiture noire de la BAC, coup de frein sec, et la caisse s'arrête net, presque de la fumée sous les pneus. Personne ne descend.

— Bon. On y va ?

— On y va.

Mika et moi, on se regarde et on tire en même temps sur nos clopes. Nous sommes sous le porche à quelques mètres de l'entrée de l'hôtel, on avance sans se presser. La chance, on n'a rien prévu, rien calculé, mais deux places nous attendent tout près des portes vitrées automatiques, alors que, sur le parvis, le monde se précipite comme à l'ouverture de la salle de concert. Dingue, quand même ! Seulement quelques pas à faire, tranquilles, la clope au bec, pour rejoindre nos places réservées. Il y a des choses qui ne s'expliquent pas, dans cette histoire, une douce force qui nous accompagne jusque sous l'enseigne.

Un fourgon déboule et freine derrière la voiture des flics. Les portes arrière s'ouvrent brusquement, et débarque une bande de costauds en costard, chemise bleue et veste grise : le service de sécurité. Des « Johnny ! Johnny ! » jaillissent déjà de la foule qui s'est rassemblée, nos visages attendent, le regard tremblant. Mika tire son phone de sa poche, appuie sur l'écran, et là :

— Merde ! J'ai plus de batterie ! Pas grave, j'ai mon appareil photo, il ajoute, les doigts déjà sur sa banane.

— Ça va aller ?

— Ouais, ouais, t'inquiète.

Mais ses yeux ne sont pas rassurés.

Il enfile la lanière de son appareil autour de son poignet, et appuie sur le bouton « *on* » pour ouvrir l'objectif. Moi, je fais tourner mon sac à dos du Mali pour le ramener sur mon ventre, et glisse ma main dedans. Je jette encore un coup d'œil à Mika, mais il y a autour de lui comme un grand vide auquel il se rattrape en se mordant les lèvres.

Les costauds en costard s'avancent. Ils sont sept, et les mecs semblent connaître leur boulot sur le bout des doigts. Celui qui a l'air d'être le chef ouvre la foule, bras écartés, et, apparemment, le type est du genre ordonné :

— Vous formez deux rangées, une de chaque côté !

Ça tombe bien, c'est ce qu'on était en train de faire ! Tout le monde l'a pensé, personne ne lui a dit. Il n'est pas là pour rigoler, le chef, le cerveau coup de boule et le pif qui sent tout ; mais ses lunettes de vue peuvent finir par terre, comme n'importe quelle paire de lunettes.

N’empêche, on l’écoute, on s’écarte, telle la foule du Tour de France lors d’une montée de col.

Dans la file de droite, il y a surtout des chasseurs prêts à faire feu avec leurs flashs. Dans la file de gauche, il y a surtout des fans, les yeux pleins d’étoiles. C’est là qu’on est, avec Mika. Deux rangs. Deux camps. Deux clans. D’un côté, il y a du cœur sous le tee-shirt ; de l’autre, juste le « clic-clac » du selfie. On ne leur en tient pas rigueur, aux chasseurs, c’est l’époque qui veut ça. De l’image et de la lumière. Des visages et des fantômes. Mais il est difficile parfois de distinguer qui est qui, parce que, à l’heure du smartphone, tout le monde ou presque est armé et veut sa photo. Il faut dire aussi que les deux rangées se sont faites ainsi naturellement. Depuis le début, les chasseurs se rassemblent à cet endroit et ne bougent pas, contrairement aux fans, qui ne tiennent pas en place et ont besoin de se parler. En tout cas, c’est drôle comment les choses de la vie se disposent. La plupart des chasseurs sont là où brillent les étoiles de l’hôtel ; la majorité des fans attend dans l’ombre, presque dans le noir. Mais Mika est avec nous. Mec authentique et entier, il fait ça pour l’aventure et la route, trouver partout de l’humain, jusque sous les paillettes. Je me tourne vers lui. Il a l’air inquiet. Tête baissée sur son appareil, peut-être qu’il a le trac. Son regard se relève puis retombe aussitôt, comme s’il avait voulu me dire quelque chose.

— Le passage au milieu reste libre ! Vous m’entendez ? Le passage au milieu reste libre ! Reculez ! Reculez !

Le chef s’adresse à nous. Il fait des allées et venues dans la travée centrale, et garde un œil sur tout ce qui bouge. La foule fait ce qu’on lui dit, recule encore, mais Mika et moi, rien, *nada*, on ne lâche pas un centimètre. Johnny, on ne le verra jamais d'aussi près. Un moment important à vivre nous attend, alors on ne peut pas bouger, on ne veut pas bouger : j'y suis, j'y reste, VIP sur le pavé. Je regarde encore Mika. Son appareil photo monte et descend sur son ventre à chaque respiration.

Pendant que le chef de la sécu accompagne ses mots de gestes de la main, les six autres costauds en costard se plantent par deux devant chaque rangée : au début, au milieu, à la fin. Tours de contrôle. Miradors. Je m'attendais à des machines de muscles, mais, vus de près, les mecs ressemblent plutôt à des pots de protéines. L'un d'eux s'amène de notre côté et se place tout près de la porte vitrée. Gueule de poing serré et gauche-droite-gauche dans le regard ; un battement de cils et ça part. Il me mate de la tête aux pieds, et je sens que mon sac en bandoulière avec ma main à l'intérieur prête à dégainer quelque chose ne lui plaît pas. De la poésie, du papier, de l'encre. Je ne dis rien, respire à peine, silence de mort, mais *rock is not dead.*

⋆
⋆ ⋆

Ils ont l'habitude, les chasseurs.

Ils savent exactement où se placer pour avoir une chance d'attraper la star et de l'emporter dans un selfie. Paparazzi ! Il est là, lui aussi ! Au tout début de la rangée d'en face, vraiment au tout début, le premier. Il espère avoir Johnny avant tout le monde, et rien que pour sa pomme. Avec son gros objectif à la Pinocchio, on dirait un photographe en bas des marches du Festival de Cannes. Appareil entre les mains, il fait des vérifications, contrôle que tout est prêt, bien accroché, appuie sur des boutons, concentré, il ne dit rien. Réglage. Œil fermé. *Sniper.* Il souffle. Réglage. Œil fermé. *Sniper.* Il souffle encore. À côté de lui, son fils le regarde faire et semble un peu perdu, avec les deux casques de moto, un à chaque bras. Je vois enfin son visage. Un visage d'enfant qui se réveille, doux et fragile, et que l'on a tiré du lit. Heureusement, les nanas en doudoune – les nanas en doudoune ! – sont à côté de lui, et la plus proche caresse les cheveux du petit.

Et puis, il y a Jérôme. Je l'aperçois, au milieu, bien plus grand que les autres, en bon chef de bande, une main sur le phone et l'autre dans la poche. Tranquille, à la Johnny. Je repense à sa fierté toute joyeuse et toute simple d'avoir fait un temps partie de la sécurité de l'idole. Chasseur qui ne fera jamais de mal, il attend, immobile. Des deux côtés, l'ambiance est sage, respectueuse, et même si ça s'agite un peu derrière, c'est plus l'excitation qu'une mauvaise intention.

Je me mets sur la pointe des pieds et regarde autour de moi, cherche des têtes que je connais, quelqu'un que j'aurais croisé tout à l'heure. J'aimerais voir une dernière fois les gens avec qui on s'est rapprochés, avec qui on s'est serré les coudes, parce que bientôt, tout va prendre fin, et il n'y aura plus jamais de jour comme celui-ci. Le papa et son fiston, où est-ce qu'ils sont ? Je ne les vois pas. On a partagé la même histoire, Johnny de père en fils, et c'était un peu comme si papa était là. Où êtes-vous ?

On dirait qu'il y a, dans les mains qui se tendent de notre côté, plus de stylos et de papiers. Pour l'autographe. La dédicace. Le geste à l'ancienne. Hé ! Il y a un type qui retire le bouchon de son stylo avec les dents et relève la manche de son blouson pour un tatouage à l'encre du Bic. À même la peau. Du vrai de vrai.

Y a-t-il une place meilleure qu'une autre ? C'est sans doute ce que chacun se demande. Celles et ceux qui sont au premier rang, peu importe la file, ont le plus de chances, voilà la seule certitude pour le moment. Avec Mika, exactement comme on arrive à atteindre la porte des loges sans avoir de badge, quelques dieux ou autres nous ont fait pousser des ailes jusqu'à la toute fin de la file. Au bout du bout, quitte ou double. Ou il s'arrête, ou il s'en va. Mais Johnny fera son dernier pas ici avant d'entrer dans le hall. Là où se termine le pavé froid et où commencent les dorures de l'hôtel. Entre paillasson et tapis rouge.

⋆

⋆ ⋆

— Dis, tu pourras me prendre en photo avec lui ? me demande Mika, les yeux gênés.

La phrase a résonné fort, je ne m'y attendais pas. Il me montre son appareil photo numérique encore attaché par la lanière à son poignet, moi, je serre déjà le recueil dans mon sac. Je ne suis pas doué pour ce genre de choses, les machines, les « *on/off* » et tout le bazar. Mais on a partagé. Cigarettes et chewing-gums, les photos, les coups de fil. Tout un après-midi, toute une soirée, une nuit, à attendre, à espérer, à croire que les vœux les plus fous peuvent être exaucés, que dans ce monde sage comme une plage en fond d'écran certains écoutent encore le grain de sable qui se balade dans leur tête. Il ne peut rien nous arriver, tout va bien se passer, personne ne peut se mettre en travers de nos rêves, alors :

— Dis-moi comment ça marche, parce que je ne suis pas bon du tout là-dedans.

Mika retrouve ses bonnes joues et ses yeux tendres, me montre, soudain rempli d'assurance, le gros bouton sur lequel il faut appuyer, le zoom, s'il y a besoin ; et pendant qu'il m'explique tout ça, je ne peux m'empêcher d'entendre une petite voix qui me dit : « Fais gaffe, ne rate pas ton moment ; Johnny à un mètre de toi, tu ne le reverras plus jamais de ta vie. N'oublie pas que tu as des chansons à lui remettre. » Elle a raison, la petite voix : ça ne se reproduira pas de sitôt.

— Tu vas voir, c'est facile, me dit Mika.

J'espère que je vais pouvoir m'occuper des deux. La photo, le recueil, il faut que je sois à la hauteur. Mika me fait confiance, et c'est la seule chose à laquelle je dois prêter attention.

— Tu sais, avec l'appareil photo, je ne peux pas voir si je suis bien dans le cadre, comme avec le téléphone, et je ne veux pas me planter au moment de viser…

C'est vrai. Quel con. Je n'y avais pas pensé. Mon copain a besoin de moi. Il s'agit là de son ultime cliché, le plus précieux, celui qu'il attend depuis toujours ; on n'aura qu'une seconde, une prise, *one shot*, un flash, pas plus. Alors la petite voix, je lui dis « tais-toi », et je m'en remets au moment présent. À deux, on est moins seuls ; ensemble, on est plus forts. Johnny est avec nous, et ça se verra sur la photo de Mika.

— Je te le passerai au bon moment, me dit Mika.

J'ai sorti de mon sac à dos ma main qui serrait les chansons, et j'ai laissé le recueil.

Tous les uns contre les autres, blousons, anoraks, bonnets, écharpes, un seul et même frisson nous traverse. Je me retourne pour voir le monde derrière, et là, à quelques mètres… mais oui, c'est Stéphane ! Stéphane le Belge ! Sa grande silhouette ! Beau comme pour un mariage, il attend son autographe, cahier tout neuf qu'il porte contre son cœur. Je lui souris, mais il ne me voit pas. Je fais un geste de la main pour qu'il vienne, mais il regarde ailleurs. Sérieux, sourcils froncés, on dirait qu'il est encore dans son histoire avec sa Douce et qu'il n'ose pas foncer pour la rattraper. Je l'appelle, il ne m'entend pas ; alors, je guette comme lui le bout du pavé. D'ailleurs, tout le monde a les yeux au loin. Même chez les chasseurs, on sent que quelque chose a changé. Ils ont l'air plus fébriles, ne sachant plus comment se tenir, sur quel pied danser. Il n'y a plus d'ego, de posture, fini de savoir qui aura le plus de trophées sur son mur Facebook ; en face, il n'y a plus que des gosses en plein rêve, qui tiennent leur smartphone à deux mains comme un doudou. Au fur et à mesure que les heures passaient, et maintenant que l'attente prend fin, beaucoup ont pris conscience de la magie qui émane de cette interminable nuit. Chaque lumière de phares nous plonge un peu plus dans une atmosphère irréelle ; et peut-être, peut-être que d'eux-mêmes, au moment de prendre la photo, ils n'iront pas mettre leur visage sous le flash, se souvenant de leur chambre d'ado où ils accrochaient des posters.

*

* *

L'impatience monte d'un cran et ça commence à pousser derrière. Mes boots en profitent, rampent discrètement pour gratter quelques centimètres, si bien que je me retrouve collé au type de la sécu à l'entrée. Épaule contre épaule, sa veste contre mon cuir, je ne sais pas qui pousse qui, mais ça fait des courants d'air dans les portes automatiques, qui s'ouvrent, se ferment, s'ouvrent, se ferment, au gré de ses sautes d'humeur. Bien sûr, l'excuse, c'est que ça se bouscule dans les rangs ; mais lui et moi, on règle aussi gentiment nos comptes, à la « je te tiens, tu me tiens par la barbichette ».

Le chef, lui, continue ses allées et venues, le pas lent et sûr, un seul muscle tendu de la tête aux pieds. Je ne sais pas pourquoi, je sens que je suis repéré. Il s'éloigne doucement, mais je suis certain que ce type a des yeux dans le dos. Me voilà dans le collimateur de la sécu. C'est presque normal : je fais partie des plus calmes et je n'ai ni téléphone, ni appareil photo, ni de quoi faire signer un autographe. Et puis, je suis au plus près de l'action : l'entrée de l'hôtel, c'est la sortie de secours pour Johnny en cas de problème. Avec Mika, tout au fond de la file, derniers sur la liste, nous sommes ceux qui tireront le rideau quand les portes vont se refermer.

Épaule contre épaule. Mon cuir contre sa veste. Les portes automatiques, toujours aussi folles, s'ouvrent et se ferment par à-coups. Je reste concentré, comme la fois où j'attendais mon tour dans le coin du Ring des Kings. Sans rien dire. Sans savoir la suite. Et pourtant. Je sens quelque chose. Une sorte de sixième sens à la Diane. Je n'y peux rien, ce n'est pas de la prétention ou un excès de confiance, c'est juste que je suis comme un enfant qui n'arrive pas à dormir la veille du grand match. Le sac ouvert avec le maillot qui dépasse, allongé dans son lit, il est déjà sur le terrain.

Autour, seule l'impatience crève le silence, le monde sur la pointe des pieds, comme la trotteuse qui tourne en rond. On sait qu'il n'y en a plus pour très longtemps ; la prochaine voiture qui arrivera, ce sera lui. C'est l'affaire de quelques secondes. Dans la file d'en face, Paparazzi n'a plus que l'œil noir de son objectif. Son fils cherche à mettre ses mains dans ses poches, mais, le pauvre, les casques lui pèsent sur les coudes, et une nana en doudoune lui réchauffe le dos comme une maman. Je me retourne, Stéphane le Belge n'a pas bougé, cahier sur le cœur et encore amoureux. Mika a libéré son poignet de la lanière de son appareil. Derrière nous, loin derrière, il y a le muret avec le vide, les camions de livraison, et tant de souvenirs qui resteront. Je ne vois plus les grands bâtiments de verre, la nuit les a avalés et les recrachera au petit matin. Je pense au père et à son fiston, un stylo pour deux. Je pense à mon père, qui a relu chacun de mes textes et m'a dit : « C'est vraiment du Johnny. » Je ne l'explique pas, mais c'est ainsi, je sais que je le fais aussi pour lui. Pour la révolte qui le fait battre, la liberté qui le fait vivre ; pour sa jeunesse et mon âge adulte, que l'on se rapproche enfin, père et fils, et que, une fois pour toutes, il aime l'homme que je suis.

— Le voilà !

Quelqu'un a crié.

Des phares plus brûlants que les autres mettent le feu à la nuit. Un moteur plus fort crache de la fumée dans le froid. Ça y est, cette fois, c'est sûr, c'est lui. La caisse arrive vite et s'arrête en douceur tout au bord du pavé. Elle attend, silencieuse et immobile, fauve et féline, tellement *black* qu'elle brille dans le noir. Stop. Plus rien ne bouge. Personne n'ose dire un mot : le silence est tel que l'on se croirait dans une église. Tremblote dans les guibolles. À cet instant, on oublie portables, tablettes et smartphones ; ces machines qui, pourtant, nous mettent en marche chaque jour n'ont plus aucune importance : Johnny, on veut le prendre dans les yeux.

Les mecs de la sécu se raidissent et le costaud à mes côtés presse son épaule contre la mienne – à moins que ce ne soit moi qui écrase mon cuir contre sa veste. Les portes automatiques qui ne savaient plus où donner de la tête tout à l'heure, je crois qu'elles sont restées bloquées tellement notre bras de fer les a poussées à bout. On se massacre du regard, comme deux boxeurs avant le premier coup de gong. Les silhouettes alentour semblent immobiles, le temps est à l'arrêt, quand, soudain, une voix magistrale, comme celle de l'arbitre qui rappelle que c'est lui qui tient le match, nous ramène sur le pavé :

— S'il doit se passer quelque chose, c'est lui qui viendra vers vous…

Ça a pris deux secondes au chef de la sécu pour le dire, deux secondes pendant lesquelles il a réussi à fixer tout le monde, un par un, droit dans les yeux.

Il y a eu un court silence et puis, je le jure, ce n'est pas qu'une impression, son regard s'est arrêté sur moi, comme s'il me suspectait de quelque chose.

— Et pas l'inverse.

Je n'ai pas baissé les yeux.

⋆

⋆ ⋆

La porte arrière s'ouvre.

Silence.

Une botte en cuir se pose sur le sol.
Sursaut dans le cœur.
Une seconde.
Deux secondes.
Trois secondes.
Elle reste là.
Je sors doucement le recueil de mon sac.
— Tiens !
Mika me tend son appareil. Je suis surpris, je ne m'attendais pas à ça maintenant, je pensais que ça serait au dernier moment ; mais, quand nos yeux se croisent, je comprends qu'il sait ce qu'il fait. Lui aussi sent quelque chose. Je range mes chansons et je prends l'appareil.
— Mets la lanière, on ne sait jamais.
Chapeau et veste à franges, il sort lentement. Démarche au ralenti du mec qui n'a plus rien à prouver. De la moto entre les jambes et la cigarette entre les doigts. Il se tient un peu courbé, la fatigue sans doute, quatre heures du matin, deux heures de concert ; mais les épaules toujours rock'n'roll, il avance. À chaque pas qu'il fait, notre cœur bat plus fort. Il doit y avoir une bonne vingtaine de mètres entre la voiture au bord du trottoir et les premières personnes au début des deux rangées, mais je le jure sur la tête de mes chansons, le silence a duré tout ce temps. Une apparition. Au fur et à mesure qu'il approche, que sa silhouette grandit, plus vivante, plus vraie, on le voit quitter les photos, les posters, les pochettes de disques ; il devient l'homme que l'on attendait, loin des projecteurs et des écrans géants, sans rien ni personne entre nous, « de la chair à la chair », rien que nous. On sent tout ce qu'il a accompli dans sa manière de mettre un pied devant l'autre. Il a tout fait, tout vu, tout vécu, tout bu, tout fumé,

tout brûlé, comme un boxeur qui a pris des coups mais se relèvera toujours. Une dernière fois, il tire sur sa cigarette, avant de la jeter par terre. Et puis :

— Bon, on va faire vite, parce que je suis crevé !

23.

— *Johnny !*

Quelqu'un a lancé ça quelque part. Et puis, plein, plein de « Johnny ! » sortent, brillent et rebondissent avec les flashs dans tous les coins, dans tous les sens, comme le multibilles au flipper. Droite ? Gauche ? Où va-t-il aller en premier ? Tout devant à droite, il y a Paparazzi. Tout au fond à gauche, il y a nous. Au milieu, le monde entier, et chacun veut son *extra ball*. Merde. Il file à droite et l'autre, armé depuis longtemps, l'a déjà mis en joue avec son grand objectif. Son fils, avec ses deux casques aux coudes, relève le menton et ouvre de grands yeux pour voir venir la légende. Johnny s'arrête, ne prend pas la pose, mais reste là, naturel, comme s'il attendait la suite. Qu'est-ce qui se passe ? Rien. Il ne se passe rien. Paparazzi retire son appareil de l'œil comme une vieille poussière, se démène et s'acharne sur lui. On dirait que ça ne marche pas.

— Il a plus de batterie, me confie Mika.

— Putain, c'est con.

Je dis ça, mais je suis content.

— C'est sa femme qui va prendre cher, ce soir…

— Hein ?

— C'est elle, à la maison, qui recharge le matériel. Ce qu'il va lui mettre en rentrant, j'en suis sûr…

— Enfoiré.

Je ne suis plus content et je m'en veux de l'avoir été. Paparazzi. Sale con qui ne se sent plus pisser avec son grand objectif. Un lâche qui frappe sa femme quand elle ne fait pas les choses comme il faut, comme il le veut, comme il n'a qu'à le faire lui-même. Le petit regarde Johnny s'en aller, et lui n'a même pas posé sa main sur la nuque pour son fils. Il traficote encore son truc, un dernier flash qui finit par terre, dans une flaque.

Johnny continue sur la même file. Je me dis que s'il commence à droite, il terminera à gauche ; c'est sûr, il ne peut pas rester que d'un côté. Oh ! Les nanas en doudoune. À chacune, autographe sur le cœur dans les coutures, et la dernière, en rouge, laisse un baiser sur la main de Johnny lorsqu'il rend le marqueur. Super. Je suis heureux pour elles, elles sont gentilles, elles sont drôles, elles sont chouettes ; et la première, qui tout à l'heure caressait les cheveux du fils de Paparazzi, fait un bisou sur le front du petit. Des femmes et des mamans, fortes et aimantes, les nanas en doudoune.

Il avance. Le pas lent comme un *lonesome cowboy*. On le photographie, il prend le temps, s'arrête parfois, ou continue, ça dépend. Les visages qui l'ont vu s'illuminent, ceux qui l'attendent sont inquiets. Ça y est ! Il traverse l'allée centrale et vient vers nous, suivi de près par le chef de la sécu qui voit tout, des yeux infrarouges sous les lunettes, des drones dans le regard, comme ses collègues.

L'arrivée de Johnny de notre côté fait son effet, elle attise, elle attire, et dans mon coin, ça pousse encore un peu plus. La masse de gens, les portables et les bras en l'air, on dirait un premier rang bondé en concert. Un type est en train de prendre une photo d'une main ; de l'autre, il couvre sa bouche, tellement il n'en revient pas. Le type, la photo, ça y est, c'est fait ; Johnny, il arrive, sa démarche, un ange, un diable, je suis un fauve, un mec normal…

— Hé ! Johnny ! Johnny !

Une voix de fille venue de derrière. Il s'arrête, se retourne, revient sur ses pas. Merde. Enfin, merde… C'est attentionné de sa part de faire demi-tour, mais s'il reste trop longtemps chez nous, il risque de finir le bain de foule en face, avant de rentrer dans l'hôtel. J'essaye de me mettre sur la pointe des pieds malgré le costaud sur mes côtes. Je crois que Johnny signe un autographe, je ne sais pas trop, je ne vois pas ce qu'il fait, je l'ai perdu. Mais soudain… son chapeau ! Il se remet en route et reste près de notre rangée. Il avance. Les mains se tendent et l'effleurent. Il n'y a plus que quelques mètres jusqu'à l'entrée, mais les « Johnny ! Johnny ! » venus de l'autre côté reprennent de plus belle. « *Johnny ! Johnny !* »

Il s'arrête. Il se retourne. Fait un écart vers le centre de l'allée, et ça y est, il s'en va, il s'en va… Je ne bouge pas, reste immobile dans mon coin, comme sur le Ring des Kings. Je ne sens plus la veste du costaud contre mon cuir. Je serre l'appareil de Mika dans une main, l'autre reste sur mon sac, tout près du recueil. Je ne dis rien, je ne l'appelle pas, un grand silence résonne en moi. Qu'est-ce qu'il a pu se dire ? Qu'est-ce qu'il a pu se dire dans sa tête ? Il y allait, vers l'autre rang ! Il y allait ! Je l'ai vu s'y diriger et ne jamais revenir ! Pourtant. Il a lancé un dernier regard vers nous, puis il nous a rejoints et il est resté de notre côté. La rangée des fans. Je ne peux pas le dire autrement, pardon, mais je le sentais. Je sentais qu'il allait se passer quelque chose de fabuleux, que tout était écrit comme dans un conte de fées. Ou une chanson dans un sac à dos.

⋆

⋆ ⋆

Il serre la main à Mika. Il me tend la main aussi. Je cherche son regard sous son chapeau, Johnny le garde baissé ; je prends quand même ses yeux en pleine figure. « Que du bleu. » Ils sont allés au loin, ça se voit, tout là-bas, tout au bout, et ils sont revenus. Parce qu'ils en redemandent. Du bleu qui brille pour des yeux qui brûlent. Et qui n'ont pas fini de rêver.

La photo. Mika m'envoie un coup d'œil et je comprends direct. Sans autorisation et sans rien voir de ce qui se passe, je quitte le rang et me mets au milieu de l'allée. Le costaud à côté de moi ne réagit pas, les autres mecs de la sécu laissent faire aussi. Johnny se penche sur le fauteuil de Mika et passe son bras autour de ses épaules. Mika a son regard tendre, ses bonnes joues, il est heureux.

J'appuie.

Rien ne se passe.

Une deuxième fois, j'appuie.

Une troisième fois.

Putain ! Ça ne marche pas ! Bordel, je vais tout gâcher, son moment, son instant à lui, sa seconde d'éternité, je vais tout foutre en l'air. Je me redresse comme un con :

— Ça marche pas !

L'appareil photo au bout des doigts, je me fais tout petit sous le regard de tout le monde. Je suis tout seul dans une bulle prête à éclater.

On me tape dans le dos.

Je me retourne.

Le chef de la sécu.

Il va m'ordonner de sortir de là, me pousser de son ombre hors de l'allée centrale, je vais dire « non », et ses lunettes de vue vont finir par terre.

— Donne, je vais le faire.

Il me tend la main et je lui tends l'appareil. Du premier coup, le petit oiseau sort dans un éclat de lumière. Il s'envole au-dessus des bâtiments de verre qui, toute la journée, ont dit à nos reflets que, ici, on n'était pas chez nous, avec nos joues mal rasées et nos rêves d'enfant.

Johnny se redresse et serre encore une fois la main de Mika, son autre main lui prend chaleureusement le bras. À grandes enjambées, je retourne d'où je viens, glisse mon bras entier dans mon sac à dos, sors mes chansons et retrouve l'épaule du costaud. Esquive, je lui passe devant, il est moins une ; je glisse le recueil entre les portes automatiques, comme un dernier coup pour l'honneur avant que le gong sonne, quand Johnny fait son dernier pas sur le pavé.

Il le prend de ses deux mains et s'arrête une seconde pour lire la phrase d'accroche. Ma bouche s'approche de son oreille, je n'ai jamais été aussi près – « si loin et si près », comme dirait papa. Et dans un dernier souffle avant que tout se termine :

— Johnny, j'aimerais écrire votre cinquante et unième album.

Et les portes en verre se sont refermées.

Deuxième partie

24.

Été 2016, j'arrive à Paris.

Normalement c'est les vacances, mais je dois trouver une piaule. Connexions à répétition dans les cybercafés du coin, et quand on voit le nombre de consultations pour chaque annonce, on se dit qu'il y a autant de chances d'obtenir une visite que de trouver une « copine » qui travaille encore sur les trottoirs de Pigalle. Les immeubles sont des mâchoires immenses, et Paris recrache le peuple de l'autre côté du périph. Moi, avec mes fiches de paye d'ateliers d'écriture, mes droits d'auteur de rien du tout, je suis loin d'avoir les chiffres qu'il faut pour que l'on me file les clefs. Je vise toujours mon Paris préféré, mon Paris Nord, coupe-gorge et baisers dans le cou. Des kebabs et des sex-shops, des friperies et des couturiers, des cordonniers et des coiffeurs, des bars-tabacs où l'on joue aux courses et des épiceries ouvertes toute la nuit.

C'est au bistrot et à l'église que je vais en premier quand j'arrive quelque part. Ici, ils me rappellent Saint-Savin. Le même comptoir où se disent des mots rares que l'on n'entend plus ; le même autel où le silence attend et souhaite la bienvenue. Sur le zinc. Sur un banc. Trinquer.

Prier. Être ensemble. Au bord du verre ou du fond de l'âme. Comme Santa Maria à Pigalle tient bon au milieu des peep-shows, la flèche du clocher de mon village ne se laissera pas faire. Il y a encore du monde qui croit en autre chose qu'Internet. Dans les églises, on ferme les yeux pour voir le ciel. Dans les bistrots, on attend quelqu'un en parlant tout seul. Malheureusement, à Paris Nord apparaissent toutes sortes de boutiques bizarres, des magasins bio, des cafés bien sages, et à chaque coin de rue, la même tête en bonne santé et raisonnable. Mais plus une copine, peuchère, plus une copine. Moi, j'aimais bien dire bonjour à leurs clins d'œil sur le trottoir.

Je tombe rue de Clignancourt. Jacques Mesrine est mort à quelques mètres de là. Toujours, j'y pense quand j'y passe. Criblé de balles au feu rouge avant la longue ligne droite qui mène à la liberté. Aujourd'hui, c'est jour de marché. De la viande saignante. Du poisson la pupille ronde. Des poulets rôtis. Derrière leurs étals, les gars lancent des beuglantes au moins cher, et les gens promènent leur cabas à roulettes plein à craquer. Des Blancs. Des Arabes. Des Noirs. Des Asiatiques. Il y a le monde entier, et le monde entier emmerde Benetton. On vit ensemble. Obligés. Pas le choix. Forcés. De se toucher, de s'effleurer, de se bousculer, quand on est toute l'année les uns sur les autres dans des appartements minuscules aux murs pas épais. Mais on laisse passer une petite vieille avec sa canne, on se pousse pour une maman et son bébé sur le dos.

Je suis content d'être dans la fosse. J'ai passé les premières heures de la matinée à mater des annonces de logements, à transmettre des pièces jointes pires qu'un casier judiciaire, le monde derrière un écran, en cas d'urgence, briser la vitre. Mais ici, porte de Clignancourt, Paris Nord, je me sens bien comme sur la place de mon village un jour de foire. Certes, chez moi, plus personne ne s'arrête au stand des chaises à rempailler, alors qu'ici, les sacs du « Tout à 2 euros » ne prennent pas la poussière ; mais dans le fond, c'est pareil : on s'arrête pour parler de la pluie et du beau temps et prendre des nouvelles, on avance avec un peu de l'odeur de l'autre, parce que, au final, on termine tous le poulet avec les doigts. Elle est longue, la rue, elle est grande, immense, et au bout, il y a les Puces. La débrouille. La démerde. Un grille-pain sur un carton. C'est ce que j'aime ici, tout n'est pas rangé comme il faut, mais les corps sont là et bien là, et le cœur fait encore du bruit. J'avance et tant pis, je m'en fiche de toutes ces piaules et de leurs propriétaires qui ne veulent pas de moi. Ici, ce sont les miens. Quartier populaire, je t'aime, comme j'aime mon village. Oui, on s'étrangle, on s'étouffe, on tousse à s'arracher le fond de nos gorges, il y a des crachats par terre et on se marche sur les pieds ; oui, les murs ont des oreilles et l'œil est au carreau, on fait gaffe, on se méfie, le flic en civil tâte le melon, mais au moins, on se respire, on se renifle, on sait encore se sentir. Des nuits jusqu'au bout du mégot et des manches retroussées au petit matin. Les doigts pleins de boulot, de shit ou de jeux à gratter. La peau trouée par l'acné, le tabac, l'alcool. Des pas rasés, parce que c'est comme ça. On est loin des visages sans histoire derrière un écran si vide, gueules de Google et pommes d'Apple. Ici, les seules grandes enseignes que tu vois sont sur les survêts et les baskets calés contre le mur. L'élégance. La classe. Dans un boubou où tous les drapeaux de l'Afrique ondulent sur les hanches ; dans un bleu de travail et ses taches de plâtre, capuche sur la tête et cigarette sous la capuche. Ici, on cause et on rigole, on s'arrange et on se renseigne, le vendeur aide le petit vieux à trouver les deux, trois sous dans le fond du porte-monnaie, on peut prendre un café en terrasse et rester pendant deux heures. Que c'est bon de retrouver la vie. Des olives et du soleil. Des clopes à l'unité. Des chaussettes dans des claquettes.

Passage du Mont-Cenis.

J'aime bien ces petites ruelles qui mènent ailleurs. J'ai tourné la tête sans réfléchir, il y avait des plots en fer qui empêchent les voitures de passer. Petite rue de village avec un rayon de soleil. Je la prends. Il y a un bistrot avec une lumière chaude qui traverse la vitre et donne envie de rentrer. Flipper et baby-foot, drapeaux français, portraits du Che. Le Stéphanois. En plus. Avec mon père, on aime bien Saint-Étienne et on est allés déjà deux fois voir un match à Geoffroy-Guichard. C'est marrant de les trouver sur mon chemin, ce bar et ses deux tables rondes qui font la terrasse. Je ralentis le pas et regarde la clientèle à l'intérieur. Surtout des hommes, que des hommes, même, accoudés au comptoir, la causerie avec des tasses à café sur le zinc. J'ai envie d'entrer, mais la petite rue m'appelle, avec ses maisons pas plus hautes que ça, trois étages sous les toits, et ses portes d'entrée de la taille d'un homme ; c'est rare, en plein Paris. J'avance et, les unes après les autres, elles m'accueillent, avec leurs sonnettes, leurs boîtes aux lettres ; il y a même un paillasson. Elle est vide, la petite rue, et au milieu, dans le caniveau qui va d'un bout à l'autre, on pourrait jouer aux billes. Ou bien faire un foot, avec des pulls par terre. Je lève la tête : d'ici, on voit encore le ciel, du linge qui sèche, des fenêtres ouvertes, chaleur d'été. Tout au bout, de grands bâtiments me disent que la ville revient, alors je marche lentement. Les fleurs poussent dans les jardinières, c'est comme si les voitures étaient parties loin. Même le dimanche ne fait pas cet effet-là, quand les volets sont fermés et qu'il y a un week-end de trois jours. Les façades s'écartent, s'agrandissent, et un avion dans le ciel tire un trait au-dessus de la petite ruelle. J'arrive au bout.

De grands bâtiments me font face, seule une route nous sépare. Murs ocre et toits pointus, on dirait des cabanes. Grilles en fer et grandes baies vitrées, on dirait un ministère. On distingue à l'étage des sièges de bureau, une photocopieuse. En bas, un accueil, un comptoir, quelqu'un qui attend derrière. Sur le trottoir, un vigile, sa cravate, et sur le mur, un panneau : « Warner Music France ».

C'est la maison de disques de Johnny !

Je prends le truc en pleine tête ! Je marchais avec le vent, sans savoir où j'allais, j'ai tourné dans cette petite rue qui me rappelait mon village, et je tombe sur la major qui s'occupe de Johnny ! C'est dingue la vie, comme elle t'emmène où tu veux aller sans avoir besoin de GPS.

Il doit y avoir dans tous lcs coins des caméras qui enregistrent tes faits et gestes pour les foutre dans une boîte noire ; faut pas que je traîne trop longtemps, le vigile pourrait bien me remarquer. Déjà, je marche le nez en l'air, c'est étrange. Alors si je reste là, rêveur éveillé, c'est bizarre. En tout cas, il a l'air en pause, le vigile, clope et portable, quelques coups d'œil quand même, c'est peut-être le moment d'y aller. Je peux entrer comme ça, chez Warner, et dire : « Bonjour, j'aimerais voir Bertrand Lamblot. »

— Bonjour, j'aimerais voir Bertrand Lamblot.

J'ai passé les portes vitrées automatiques, et le vigile qui fumait dehors m'a suivi pour revenir à sa place. Dans le hall, des plantes vertes et un portique de sécurité.

Le jeune au comptoir de l'accueil a une raie sur le côté, et un drôle d'air quand je lui fais ma demande. Je remarque que derrière le portique qui sonne en cas de fer, de lame, de flingue ou de poésie, il y a de beaux jardins, des carrés de pelouse où l'on s'allongerait bien. Le jeune cligne des yeux pour faire une mise à jour, et puis :

— Euh... Vous avez rendez-vous ?

— Non.

— Ah. Mais c'est qu'il faut avoir rendez-vous.

— Alors... J'avais remis des textes pour Johnny à Bertrand Lamblot il y a quelque temps, et je me disais que, aujourd'hui, peut-être, j'aurais pu le rencontrer.

— Ah. Mais c'est qu'il faut avoir rendez-vous.

Le jeune est sur répondeur. Peuchère, il fait le job, mais là, c'est un peu trop pour lui, un boy qui débarque droit dans les yeux et qui demande à rencontrer le directeur artistique.

— Attendez, je vous explique..., je dis en insistant gentiment.

À côté, le vigile redresse les épaules, au carré, comme son portique.

— J'ai donc donné des textes pour Johnny à Bertrand Lamblot juste avant un concert en octobre, à Lille... Et là, j'arrive aujourd'hui à Paris et je tombe par hasard

– mais vraiment par hasard ! – sur la maison de disques de Johnny, où Bertrand Lamblot a son bureau !

— Je comprends bien, mais si vous n'avez pas rendez-vous...

— Et si vous l'appeliez ?

— Écoutez, je ne sais pas s'il est arrivé...

— Vous ne savez pas s'il est arrivé ?

— Non, je ne l'ai pas vu passer, mais il y a une autre entrée...

— Peut-être que vous pouvez l'appeler pour vérifier ?

— Écoutez...

Si ça se trouve, il est en stage, le jeune. Je le mets mal à l'aise, avec sa petite veste et sa grande cravate, et je ne veux pas. Il fait son taf, avec ce qu'il faut de sérieux et de par cœur. Ce n'est pas que je pratique le coup de pression, non, j'ai plus l'air d'un illuminé sorti de nulle part, mais parfois, les yeux qui brillent trop fort, ça peut faire peur. Comme disait Jacques Mesrine qui n'est pas mort : « Un homme qui ne se laisse pas impressionner est un homme dangereux. »

— Bon. Je vais y aller, mais avouez quand même... Je donne des textes pour Johnny à Lille il y a quelques mois, j'arrive à Paris aujourd'hui, et je tombe sur sa maison de disques ! C'est un signe, non ?

Le jeune n'a rien dit. M. Portique non plus. J'ai dit au revoir et je suis reparti tout content. La rue de Clignancourt m'attendait, ma porte de Cli-Cli, mon village, où tout le monde se cause et où l'on n'a peur de personne.

25.

C'est un signe.

J'ai trouvé une piaule dans la rue parallèle à celle où Johnny est né ! Je ne le savais pas quand je l'ai visitée. Sixième étage sans ascenseur, W-C sur le palier, j'ai fait le tour du propriétaire d'un coup d'œil à gauche, d'un coup d'œil à droite, un lit, un bureau, un évier, une douche, et je me suis dit : je veux habiter ici, à Pigalle, avec Diane. Qu'elle me rejoigne bientôt et le plus souvent possible.

La première fois que je suis sorti, le jour où le propriétaire m'a remis les clefs, j'ai tout de suite repéré le Balto, un bar-tabac en bas de chez moi. C'est là que Pigalle commence. Je suis allé faire des courses et j'ai pris la rue des Martyrs, parallèle à la mienne. Une rue bien rangée, où rien ne dépasse : les magasins ont de jolies vitrines et les habitants de belles lunettes. Beaucoup de gens pressés marchent en solo, avec leur téléphone ; pas mal de jeunes couples se promènent avec papa derrière la poussette. Les boutiques de vêtements sont sobres et sans mannequins, les tenues pour les femmes ont beaucoup de couleurs et des boutons qui s'attachent jusqu'en haut. Je m'ennuyais un peu sur le trottoir, et puis soudain, je suis tombé sur un panneau, un tout petit panneau près d'une haute grille : « Cité Malesherbes ». Cité Malesherbes ! C'est là que Johnny est né ! Ici ! Dans l'un de ces bâtiments élégants traversés par une grande allée, où poussent maintenant des haies de lauriers et des bureaux d'assurances. Tous les volets étaient fermés, mais je suis resté derrière la grille et je l'ai imaginé poussant ses premiers cris. Il est là, mon blouson noir.

C'était le premier jour. Quelle joie de découvrir que Johnny et moi, on était voisins ! Je me souviens d'avoir gardé le sourire jusque dans l'interminable queue à la caisse du Carrefour. Car même si aujourd'hui tout a bien changé, et qu'il ne reste sans doute presque plus rien de juin 1943, je me dis qu'un vent de liberté a soufflé ici. Johnny a dû prendre cette rue des dizaines de fois, la descendre l'après-midi et la remonter tard dans la nuit, vu qu'un peu plus bas, le square de la Trinité était le rendez-vous des jeunes rockeurs de l'époque ; le Golf-Drouot n'est pas loin non plus, la salle de ses débuts sur scène, là où il est tombé pour la première fois à genoux.

Oui, c'était le jour de mon arrivée à Pigalle, il y a quelques semaines, début juillet. Mais depuis, même si l'effet de surprise pétille encore, et que dans la rue des Martyrs, je prends toujours le trottoir qui passe devant la cité Malesherbes, on ne peut pas dire que j'ai récupéré le blouson noir de Johnny. J'habite un quartier qui longtemps a joué de la jambe croisée comme du couteau papillon, et mon boulot d'écriturier que je voulais hors la loi est devenu une vraie profession de bureau : je démarche pour les ateliers d'écriture, les lectures, les rédactions de portraits. J'habite le quartier des filles de joie et des guitares, mais je passe mon temps à la bibliothèque. Pour le Wi-Fi. J'ai lâché Internet à la maison, ce sale monstre qui te rentre sous la peau, t'empêche de regarder en l'air et de viser la lune. Les choses avancent, mais Paris, du moins ce qu'il en reste, je n'en vois pas grand-chose. Le Paname, Paname, il se vit en faisant le mur dans des rues où brille une enseigne de bar, comme la lumière au bout du tunnel. Une échappée belle. Heureusement, les salles de concert aux noms qui font du bruit m'attendent sur le boulevard. J'ai pris un abonnement aux Trois Baudets. Salle mythique. Les débuts de Brel, un maladroit qui ne tient pas en place, de Brassens, un timide que l'on écoute. Deux ou trois fois par semaine, je vais voir des concerts sans faire gaffe à la programmation, des artistes de chanson française pas encore connus, des gens pouvant créer la surprise. Sauf que, même si parfois des groupes donnent envie d'un rappel, dans l'ensemble, l'inattendu et l'imprévu sont restés dans les loges. C'est de la chanson française toute mignonne. Quand elle joue du piano, on dirait qu'elle a peur de se casser un ongle. Quand elle fait du rock'n'roll, on dirait qu'elle a peur de jouer trop fort. À l'entracte, les lumières se rallument sur scène, et dans les fauteuils rouges, le public rallume son portable. Souvent, je bâille, et assis bien au chaud, moi aussi, je sors mon carnet, mon stylo. J'écris toujours pour Johnny, de temps en temps, une chanson que j'envoie par la poste à l'attention de Bertrand Lamblot, maintenant que je connais l'adresse. Je continue de rêver quand je cherche des mots, comme le soir je cherche une enseigne de bar-tabac qui brûle encore. C'est là que vont les solitaires, ceux qui ont perdu leur femme et qui n'ont pas de chien à promener. Je colle mon carnet sur des comptoirs où des gars du bâtiment, des représentants et une copine qui ont fini leur journée se retrouvent côte à côte. Et je marche. Je marche dans mon Paris Nord. De la place de Clichy à la porte des Lilas, jusque tard le soir, où je reviens à mon Pigalle-Pigalle, retrouve les photos de femmes des années 80 dans l'entrée des peep-shows, les rideaux épais des sex-shops avec leurs vitrines et la dentelle en solde, les épiceries, les bancs, les bières, les « coke, haschisch, beuh » sur le trottoir, des mecs tout seuls à œil rincé, des racoleurs usés, leurs cartes fatiguées :

— Hé, jeune homme ! Ça vous dit, un p'tit verre ? Y a des belles filles sympas !

J'attends au passage piéton. Je réponds avec le sourire :

— Non, ça va, merci.

— Allez…

— Non, non, ça va.

— Une prochaine fois ? Tiens, prends la carte, c'est juste là.

— Ça va, ça va, merci.

Le type a le front dégarni et les joues creusées, il est habillé comme un gars qui s'en fout.

Je lui fais :

— Dites, vous travaillez depuis longtemps dans le quartier ?

Il ferme un œil, traque le flic en maraude. Mon jean. Mes baskets. Mon crâne rasé. Souvent, dans les coins où les pétards se roulent appuyé contre un mur, on me prend pour un « civil », question d'habitude. Mais là, le type rouvre son œil :

— Oh, oui ! Ça fait, oh là, plus de vingt-cinq ans !

— Vingt-cinq ans ? Ah, mais alors, vous connaissez Pigalle comme votre poche !

— Ah, ça, oui !

C'est marrant, il a mis la main dans sa poche.

— Et alors, vous en pensez quoi, de ce que ça devient, le quartier, les nouvelles boutiques, tout ça ?

— Qu'est-ce que tu veux ! C'est la vie ! Les temps changent… Ah, c'est vrai que c'est plus pareil, non, c'est plus pareil qu'avant !

— C'est quoi qui change le plus ?

— C'est les gens ! Qu'est-ce que tu veux, je suis là avec mes cartes, mais les gens, ils rentrent pas ! Ils passent, juste.

Ses petits yeux s'ouvrent XXL, comme s'il revoyait les fesses des copines sur le trottoir.

— C'est dû à quoi ?

— Internet ! C'est Internet qui a tué le « bizness » ! Maintenant, les gens cliquent, et la fille, ils l'ont à la maison !

Les bras ballants, il a regardé passer le monde. Des couples bras dessus bras dessous, des touristes en groupe qui rigolent.

— Moi, j'ai pas Internet.

— Ah ! Ben viens, alors !

— Ah, non !

— Bah, pourquoi ?

— Parce que la fille, moi aussi, je l'ai à la maison.

Il m'a tapé dans le dos et j'ai traversé. Je ne lui ai pas dit combien elle me manquait.

26.

Je n'ai pas envie d'y aller, ce soir, aux Trois Baudets. Le concert est à vingt heures, il est moins cinq et je viens de manger, digestion, clope et café. Mais, finalement, même si c'est pour voir un artiste qui te fait une explication de texte avant chaque chanson, avec un public qui applaudit du bout des doigts, tant pis, j'y vais.

Ça fait déjà près d'un an que je suis à Paris. C'est un soir de début de semaine comme un autre, mais c'est un soir de mai. Les gens sont plus heureux avec le soleil, boivent des verres dehors, le sourire, une cigarette. Il commence à faire chaud sur le boulevard, et aux kebabs, les mecs transpirent derrière la viande en regardant passer les filles.

Personne ne m'attend, mais je suis en retard ; je passe devant le dernier sex-shop avant les Trois Baudets, ses mannequins en petite tenue dans la vitrine, et une femme emmitouflée qui fait la manche contre le mur. La salle de concert fait l'angle. Moi, j'arrive par le boulevard et ses enseignes. De la rue perpendiculaire descend un grand gars, larges épaules et sac en bandoulière. On se retrouve nez à nez devant l'entrée, tellement nez à nez que je lui tiens la porte. Coup d'œil rapide. Je le reconnais. Son regard d'aigle, sans doute : Bertrand Lamblot, le directeur artistique.

Ça tape dans la poitrine. J'étais à la bourre, je ne voulais pas venir, et là, boum, comme par magie, je tombe sur le directeur artistique de Johnny. Dix secondes avant, c'était trop tôt ; dix secondes après, c'était trop tard ! À partir de cet instant, plus rien n'existe. En bon flic en civil que je suis, eh bien… je le suis. Il prend son entrée, descend l'escalier. Je prends mon entrée, descends l'escalier. Le long des marches, de grandes baies vitrées laissent passer le soleil. Je suis cinq mètres derrière lui. Premières portes battantes. Le sas, le noir. Deuxièmes portes battantes. La salle, les lumières. Par chance, le concert n'est pas commencé et il n'y a pas grand monde. Je vois Bertrand Lamblot assis au milieu. Il a posé son sac à côté de lui. Je me place deux rangs au-dessus, et les lumières s'éteignent.

Je me souviens que c'était une chanteuse et que ça avait l'air bien. Mais moi, appuyé sur l'accoudoir, j'ai les deux yeux sur les larges épaules du directeur artistique calé dans son fauteuil. Autour, le public est sage. Nuques attentives bien droites et mains à plat sur les cuisses. J'ai le cœur qui cogne plus fort que la grosse caisse sur scène. Le concert n'est qu'une seule et même longue chanson, tant je suis pressé de savoir la suite de l'histoire. Entre les rayons des projecteurs, je traque chaque mouvement qui annoncerait un départ précipité de Bertrand Lamblot. Les Trois Baudets ont retrouvé ce soir quelque chose de Brel et de Brassens. Tous les virages sur la route, quand Jacques écrivait dans la voiture entre deux villes. Tout le trac de Georges, quand la sueur lui piquait les yeux en concert. J'ai du mal à y croire. Que le destin, la vie, le hasard, le Bon Dieu aient pu réunir l'eau, l'air, la terre, le feu pour que ce genre de coïncidence se produise. Ça, c'est du rock'n'roll. De l'imprévu, de l'inattendu. Des choses qui arrivent alors qu'il ne se passait rien avant. Une corde de guitare qui casse, mais le solo continue. Un refrain repris par la salle, quand le chanteur ne sait plus. Ça y est ! Les lumières se rallument. Je me redresse et ne lâche pas du regard Bertrand Lamblot. Sûr, je suis un flic en civil. C'est l'entracte, les gens consultent leur portable. Qu'est-ce qu'il va faire ? Rester sur son siège ? Sortir fumer une clope ? S'en aller carrément ? J'ai un œil dans son dos, l'autre sur chacun de ses gestes. Il chope la lanière de son sac et se lève. Faut que je sois dehors avant lui, car sinon, c'est comme si je lui courais après, et ce n'est pas du meilleur effet. Tant pis, si je me prends un vent ; tant pis, si j'ai l'air d'un con. Tant pis. On n'a qu'une vie et c'est peut-être ma chance. Je bondis de mon siège à mon tour, me donnant l'air tranquille, et, à grandes enjambées, je traverse mon rang où, heureusement, j'étais tout seul. Je descends les quelques marches, passe les premières portes battantes, le sas, le noir, les deuxièmes portes battantes, je les retiens par politesse, par réflexe, si jamais il y a quelqu'un… Et il est là. Épaules larges et regard d'aigle.

*

* *

— Bonsoir. Excusez-moi, vous êtes Bertrand Lamblot ?

— Oui. On se connaît ?

Il plisse les yeux et me tend la main.

— Euh… Oui, on s'était vus devant l'hôtel à Lille, le soir du concert de Johnny. Je vous avais remis des textes.

Soudain, son regard d'aigle disparaît, laissant la place à des yeux ronds. Ses épaules se font plus petites, et il se tape sur le front avec sa main, la même main ferme qui a serré la mienne deux secondes plus tôt.

— Oh ! C'est un truc de dingue qui est en train de se passer !

Normalement, ce serait plutôt à moi de dire ça, mais Bertrand Lamblot le répète, avec sa main qui reste sur son front et ses yeux si grands ouverts.

— Putain, c'est un truc de dingue, ce qui est en train de se passer !

Des spectateurs sortent de la salle, ils ont sans doute des sacs à main et des portables, mais comme en avance rapide, tout va très vite, je ne vois plus rien, pour la première fois de ma vie, je fais du saut à l'élastique.

— Bah, pourquoi ?

C'est la seule chose que j'aie trouvée à dire.

Je ne comprends rien et m'efforce de rester debout, droit, stoïque, alors que, à l'intérieur, il y a une météorite qui s'approche de la Terre à la vitesse de la lumière. Bertrand Lamblot me répond lentement, et c'est comme si je voyais chaque mot sorti de sa bouche s'écrire en l'air dans le silence :

— Pas plus tard que la semaine dernière, je parlais de vous avec Maxim Nucci.

J'entends des trompettes et des trombones, des cuivres plus brillants que n'importe quel soleil, la fanfare de mon village débarque aux Trois Baudets, avec ses képis de travers et ses fausses notes qui s'envolent ! Je ne pige vraiment plus rien, mais ce n'est pas grave, comme quand tu danses tout seul sur la piste à cinq heures du matin.

— Nan ?

Bertrand Lamblot se redresse, retrouve un peu de ses épaules et son regard.

— Votre recueil… Le jour où vous me l'avez remis, le soir même je l'ai donné à Maxim Nucci, qui l'a gardé avec lui. Bon, l'album est sorti, le cinquantième, vous vous souvenez… Je ne pouvais pas vous le dire quand on s'est vus devant l'hôtel… L'annonce se faisait le soir même, ça m'embêtait pour vous, mais…

— Oui, oui, je me souviens.

— Et puis, après la sortie de l'album, Johnny demande de nouvelles chansons à Maxim – il l'appelle, souvent –, et à ce moment-là, il est un peu en panne d'inspiration, il n'a rien à lui proposer… Et je crois qu'un jour, par hasard, chez lui, il retombe sur votre recueil dans un tiroir et il se plonge dedans…

J'écoute, comme un enfant à qui on raconte une histoire pour qu'il fasse de beaux rêves. Transporté, les yeux en l'air qui imaginent.

— Plus tard, il m'a redonné votre recueil, en me disant : « Tu devrais lire ça, y a des trucs pas mal. »

Tellement abasourdi, je n'arrive pas à suivre tout le chemin qu'a parcouru le recueil, qui l'a donné, redonné à qui, mais je comprends qu'il est passé de main en main dans l'entourage proche de Johnny.

— Bonjour, Bertrand !

Retour sur terre. Deux filles avec les cheveux au carré s'arrêtent, échange de bises. On se fait un signe de tête.

— Alors, ça va ? demande l'une d'elles, main dans les mèches.

Je me mets à l'écart, mon temps est écoulé ; le passage d'une comète, ça ne dure qu'une seconde et c'est tous les soixante-dix ans.

— Écoutez, il vient de se produire un truc de dingue ! Il y a, quoi, un an et demi, la personne qui est là… Comment vous vous appelez déjà ?

— Boris.

— Boris m'a remis des textes pour Johnny devant son hôtel ; et là, aujourd'hui, je le croise complètement par hasard.

— C'est dingue ! dit l'une des deux filles en me regardant.

— Euh… oui.

Je ne sais pas trop quoi répondre, je reste là, un peu perdu et en pagaille, enseigne de Pigalle allumée en plein jour.

Elles sourient toutes les deux. Je souris. Bertrand Lamblot aussi. Ils parlent de cette histoire et moi, je reste là, je n'entends plus grand-chose. Purée, mais d'où ça sort, tous ces astres si bien alignés ? Les filles me disent au revoir, je les regarde s'en aller avec le soleil dans l'escalier.

— Vous avez mon e-mail ?

— Euh, non.

— Prenez-le et envoyez-moi des chansons.

Nous avons tous les deux sur nos visages un air émerveillé, conscients que nous vivons un moment irréel, alors que, à côté, la vie continue, avec les gens qui attendent que l'on prenne leur commande au bar.

— Je ne veux pas vous donner de faux espoirs, il n'y a rien de sûr, me dit calmement Bertrand Lamblot.

Moi, je ne pense à rien d'autre qu'à maintenant. Enfin, il y a du son et du rock'n'roll à casser les sièges rouges. Du brut, de l'intense, du brûlant, comme seul l'être humain peut le faire quand il ne maîtrise plus le cours de l'histoire et que le vivant est plus fort que lui, plus fort que tout.

J'ai une seconde de lucidité, qui me souffle que c'est le moment de partir pour que tout reste intact, que j'emmène avec moi l'inexplicable avant qu'il retombe. Mais il faut que je dise quelque chose, une dernière parole. Finir en beauté.

— Euh...

Les yeux de Bertrand Lamblot attendent la suite. Même ses lèvres veulent m'aider.

— J'aime le chanteur, mais j'aime l'homme, aussi. J'ai le sentiment de le connaître et d'avoir les mots pour lui, de pouvoir lui écrire les chansons qui lui colleront à la peau.

Je bats des cils en même temps, peut-être même que je lâche un postillon. Bertrand Lamblot ne dit rien. Je ne sais pas comment il le prend, il doit en voir des tonnes, des gens qui se donnent l'air de s'ouvrir le cœur quand il s'agit de se placer. Mais le bonhomme sait qui est en face de lui. Il a le flair, l'instinct, cette force qui saisit ce qui ne se voit pas, et il sent bien que, pour moi, c'est un rêve, juste un rêve et rien d'autre.

On se serre la main avec un sourire béat, puis je reprends l'escalier qui mène au hall, avec la baie vitrée pleine de soleil. Je me retourne et fais un signe pour dire au revoir.

— J'espère que vous allez réussir à trouver le sommeil..., me lance Bertrand Lamblot.

Je mets la main sur mon cœur pour dire qu'il bat, qu'il bat.

— Nous faites pas une attaque maintenant, ça serait dommage !

Je sors en rigolant. J'ai la tête qui tourne. Dehors, je vois le monde autrement. Les copines du boulevard sont revenues sur le trottoir, avec leurs jambes nues contre le mur, et des marlous jouent du couteau papillon en attendant que la nuit tombe. Je marche sous les enseignes et

Pigalle redevient Pigalle, même les mollards par terre se prennent pour des étoiles. Je marche dans tout le quartier, évitant les piétons avec leur portable, libre, animal sauvage au milieu du Wi-Fi. Les souvenirs me suivent : l'hôtel avec Diane, la boxe et la cave, l'attente avec Mika… Je marche sans savoir où je vais, prenant des routes que je connais par cœur mais que je redécouvre, avec toute cette histoire qui n'est plus seulement la mienne, mais celle de toutes les personnes qui m'ont accompagné jusque-là, que j'ai croisées sur la route et qui m'ont donné de la force. Nos joies partagées et nos tristesses ensemble. Je n'y suis pas encore, non, mais c'est possible d'y croire, tout simplement ; d'être soi et de vivre comme on est. Je marche et je revois mon village, mon Saint-Sav', ses bals sous parquet et ses bandes rivales qui se matent. Le juke-box. C 24. Le baby-foot et les bérets. Non, rien n'est fait, mais je me rapproche de lui, peu à peu, on n'est plus si loin, on est même tout près. Oui, il faut que je lui raconte, et en premier, qu'il sache enfin, qu'il devine que c'est aussi pour lui que je le fais ; alors, je rentre pour l'appeler. Mon père.

27.

« Bienvenue, Linconscient !
Vous avez 1 nouveau message. »

« Marc L. Musique pour J. Hallyday. 2 juin 2017 à 13:27 »

« Cher Monsieur,

Je suis éditeur de musique.

Bertrand Lamblot m'a parlé de vous et de la coïncidence de votre rencontre.

Il se trouve que j'ai proposé à Bertrand une musique pour J. Hallyday, et nous avons pensé que vous pourriez essayer d'écrire un texte dessus.

Dites-moi si ça peut vous intéresser, et je vous enverrai la musique.

Bien cordialement,

Marc L. »

Alors là.

Tout seul à ma table de la bibliothèque du quartier, je reste bouche bée devant l'écran d'ordinateur. Je relis plusieurs fois le message et, de nouveau, se télescopent les astres. Je tourne la tête à gauche, je tourne la tête à droite, les gens travaillent, consciencieusement, silencieusement, rien ne bouge à part les doigts sur les claviers. J'ai envie de crier : « *Je vais écrire une chanson pour Johnny !* » Peut-être que tout le monde ferait « *Ouaaais !* » et se mettrait à danser comme dans un clip ?

Je m'abstiens.

« 2 juin 2017 à 15:49 »

« Bonjour, monsieur,

Je vous remercie pour cette proposition, et c'est avec grand plaisir que je vous dis oui.

Bien à vous,

Boris Lanneau »

Et j'attends.

« Vous avez 1 nouveau message. »

« Re(1) : Marc L. Musique pour J. Hallyday. 2 juin 2017 à 16:02 »

« Voici la musique.
Bon week-end. »

Je branche le casque. « *Play* ». J'écoute. Piano, violon, ballade. Exactement comme Johnny aime quand il ne fait pas de rock'n'roll. Tiens, il y a quelqu'un qui chante. En italien ! Voix témoin pour m'indiquer la mélodie. Oui, un Italien qui chante avec grains de sable et coucher de soleil dans les cordes vocales. Je fredonne l'air dans ma tête au milieu de tous ces étudiants qui révisent, un peu trop fort, sans doute, car, devant moi, une fille redresse ses lunettes et me fusille d'un regard agacé. Il fait beau par la fenêtre, ciel bleu qui n'en finit pas ; je transfère la musique sur mon téléphone, range mes affaires et trace ma route. Dehors. C'est là que s'écrit une chanson pour Johnny.

*

* *

J'ai mon carnet, mon stylo, la musique en « *repeat* » dans les oreilles, un sandwich, aussi. Je marche dans mon Paris-Pigalle, à la recherche de l'inspiration. Sur quoi je vais bien pouvoir écrire ? Piano, violon, ballade. Une musique faite pour les râles de Johnny, comme s'il était dans le cou d'une femme. Johnny fragile, celui qui se laisse prendre dans les bras. Johnny dehors, derrière la vitre, et la pluie qui roule sur ses joues. Mais on est en juin. Pas encore en été, pourtant, déjà, le soleil déshabille les filles, épaules nues et short en jean, ballerine qui se balance en terrasse au bout du pied. Même en plein après-midi, les gens marchent plus tranquilles, semblent moins pressés et, à l'approche du week-end, certains ont osé les claquettes. Lunettes de soleil, on se voit déjà en vacances, à la plage, à la mer, mojito à la paille, et on mangera plus tard. Heureusement, il y a toujours mes enseignes rouges qui clignotent comme une minijupe en cuir, et mes épiceries qui ont fait le plein de bières dans les frigos. J'avance au milieu du boulevard, sur une sorte de long et large trottoir, terre-plein en béton qui s'étend, avec des bancs, des arbres, des kiosques et des W-C publics. C'est là que se retrouvent nuit et jour tout plein d'âmes en peine, qui font tourner des joints avec un pack à leurs pieds. Sur un banc, tout seul, je vois un gars et son gros ventre, chemise ouverte sur un marcel, plus trop de cheveux, les coudes sur le dossier et une canette à la main.

Je m'assieds à côté de lui, enlève mes écouteurs et commence à m'envoyer mon sandwich. Le monsieur boit à petites gorgées et regarde les voitures passer. Je ne sais pas pourquoi, mais je sens quelque chose.

— Excusez-moi, monsieur.

Il tourne la tête.

— Vous aimez bien Johnny ?

Rien ne change sur son visage, il n'a pas l'air surpris.

— Johnny ? Ah, oui. Qui n'aime pas Johnny !

Je souris, comme pour lui dire que je le savais. Il continue :

— Oui, oui, je l'aime bien. Je l'ai même vu en concert, euh… trois fois ! Euh… Oui, c'est ça, trois fois. Une fois à Bercy – ça, c'était la dernière –, une autre fois, c'était à Rouen, et puis le fameux Pavillon de Paris en 79.

— Ouah !

— Ah non, c'est quelqu'un, Johnny…

Il est à nouveau dans la fosse, comme en 79, et ses yeux brillent de mille feux en regardant la scène.

— Oui, c'est quelqu'un… C'est quelqu'un qui a toujours chanté ce qu'on était, nous…

Son pouce caresse la canette.

— Nous qui sommes tout en bas… Comment dire… Il est comme nous, mais en même temps, il nous fait rêver.

— Oui…

— Oui, c'est vrai. Et pourtant…

— Pourtant, on pourrait le croiser là.

— Il viendrait avec nous sur le banc, ça le dérangerait pas !

Il lève sa canette et trinque en l'air.

— Dites. Si Johnny devait chanter une nouvelle chanson, vous aimeriez que ça parle de quoi ?

Ma question ne l'étonne pas. Il boit une gorgée, regarde au loin les voitures. C'est fou comme Johnny rapproche et fait parler deux inconnus sans qu'ils se méfient l'un de l'autre.

— Je vous demande ça, parce que j'écris une chanson pour Johnny, là. On m'a envoyé une musique et je dois écrire dessus.

Je sors mon carnet, mon stylo de ma poche.

— C'est un éditeur d'une maison de disques qui me l'a envoyée. C'est pas sûr que ça marche, mais faut que j'essaye.

Il me regarde, normal, et je vois qu'il me croit.

— Je dirais…

Entre sa bière et ses mains, il cherche.

— Ben, il a vu la mort de près plusieurs fois. Même maintenant, ce qu'il vit encore, avec la maladie… Chaque fois, il s'en est sorti… Il a failli partir, toujours il est revenu ! Oui, c'est ça : « je suis parti, mais je suis revenu » ! Un revenant ! Oui, le Revenant… Ou… le Miraculé !

On continue de parler. Un sandwich, de la bière et des clopes, heureux de passer ce moment ensemble, comme si l'on se connaissait, éternelles retrouvailles, jusqu'à la dernière gorgée. Je n'en reviens jamais, quand j'écoute les gens qui aiment Johnny… ils le perçoivent si bien, ils en parlent d'une manière si belle. Sur un banc, devant les voitures qui passent, des mots aimants, chaleureux, semblant tomber du ciel tant on n'a plus l'habitude de les entendre. J'ai laissé les pigeons manger les miettes à mes pieds, et j'ai tendu la main pour dire au revoir.

— Je m'appelle Boris. Et vous ?

— Redouane.

— À la prochaine, alors.

— Oui. Et j'espère que ça va marcher. Tu me diras, hein, je suis souvent là, sur ce banc ou sur un autre.

J'ai fait « oui » d'un signe de tête, et je suis parti sans remettre mes écouteurs, pour entendre encore Redouane. Il avait commencé à écrire. C'est lui qui avait commencé à écrire.

Je traverse mon Paris Nord de long en large. Montmartre et ses escaliers, ses pochoirs bohèmes sur les murs. L'eau qui coule dans les caniveaux à Barbès, « Marlboro bled, Marlboro bled », à la station de métro. Je marche, carnet, stylo à la main, les feux passent du rouge au vert, les gens attendent au passage piéton avec leur téléphone. Pourtant, ce n'est plus exactement pareil. J'écris une chanson pour Johnny ! Ce n'est pas seulement un texte, il y a une musique, un directeur artistique, un éditeur et… ce rital, certes sympathique, mais qui prend toute la place dans mes oreilles ! J'ai beau essayer de faire comme s'il n'existait pas, il revient comme un France-Italie en quart de finale de la Coupe du monde. Il chante bien, c'est vrai, mais il y a dans sa voix, trop chaude, le prochain tube de l'été. Le ciel est d'accord avec moi, et des nuages noirs s'amènent, de plus en plus épais. Je voudrais qu'il pleuve fort, prendre l'eau sur le coin de la figure et entendre la foudre.

Gare du Nord, les gratteurs de clopes sont devant l'entrée. Plus loin, à côté de la longue file de taxis qui attendent le client, des clochards ne demandent plus d'argent et restent dans leurs flaques d'alcool. « Je suis parti, mais je suis revenu. » Redouane, Johnny. Le Revenant, le Miraculé. Combien d'hommes et de femmes sont partis et ne reviendront jamais ? Des gens qui ont tout perdu et restent accroupis, les yeux par terre. Paris. Ville où l'on peut finir tout seul sans un regard, à vivre avec ses monstres, à insulter les fantômes qui nous hantent et des femmes au corps de rêve. Et si Johnny n'avait pas eu la scène ? Enfant de la balle sur la route, il était à bonne école pour être sous les feux de la rampe ; mais si le succès n'avait pas été au rendez-vous ? Si le show s'était terminé avec les Halliday, ses cousines, Menen et Desta, et Lee, son « père de cœur », sur la piste ? S'il n'était pas allé plus loin que l'entracte avec sa guitare ? Il a tellement de démons, notre Johnny. Son père, déjà. Qui est sorti acheter des cigarettes et qui n'est jamais rentré. Sa mère, partie vivre sa carrière de mannequin, et qu'il n'a fait que croiser. Est-ce qu'il aurait tenu le coup ? S'il chante si souvent l'amour, c'est qu'il en a manqué ; et s'il le chante si fort, c'est qu'il n'en aura jamais assez. Ce n'est qu'un homme, Johnny. Comme ces âmes qui parlent toutes seules parce qu'elles n'ont plus personne.

Ça y est, ça tombe. Nuages lourds de pluie et éclairs en pagaille. Ça ne va pas durer, mais les gens courent, et certaines filles ont enfilé leur petit blouson en jean qu'elles avaient laissé en équilibre sur leur sac à main. Je me mets à l'abri sous un kiosque à journaux, et regarde une couverture de magazine sur Johnny. Chemise ouverte, il sourit à peine, on ne voit pas ses yeux sous ses lunettes noires. Oui, il ne va pas bien, il nous l'a dit. Bien sûr, on a peur pour lui, on est inquiets ; mais comme le dit Redouane, il s'est relevé tellement de fois que l'on a confiance, il va y arriver. C'est vrai que, contrairement à plein de gens qui n'ont pas les moyens de se faire soigner, ne serait-ce que les dents, les yeux, lui, il est suivi par les meilleurs médecins pour sortir vivant de ce combat. L'argent n'a jamais été un problème pour Johnny. Ce n'est pas tant qu'il ait toujours été riche, c'est plutôt qu'il n'en a rien à faire. Le fric est juste un moyen d'être libre et de faire plaisir aux copains. Jamais de sa vie de rockeur il ne s'est embêté à compter. Alors oui, son train de vie est loin d'être le même que le nôtre ; n'empêche, Johnny, c'est le chanteur des « peuchère ». Notre chanteur à nous, les « pas grand-chose », les « paye pas de mine », parce que l'on a plus souvent perdu que gagné.

Le « nouveau monde », on n'y entre pas, on l'encaisse. Ce que l'on pense, ce que l'on ressent, il n'y a personne pour l'écouter ; sauf quand un micro traîne sur le trottoir et qu'il y a du sang et des larmes, une victoire en finale à commenter. Nous, on ne nous voit pas dans la foule.

Alors, on tient en se serrant les coudes au premier rang en concert. On garde le ticket bien fort au creux de sa main, et on s'en va applaudir celui qui a défié le destin. Quelque part, Johnny, il nous a vengés. Il est allé arracher tout ce que la vie nous a refusé. Le droit de prendre la parole, de dire et de crier, de ne plus avoir de comptes à rendre. Il aurait pu finir comme nous dans un bar après le boulot, mettre quelques sous de côté pour partir une semaine en vacances, et faire rêver les gosses avec une toile de tente où l'on peut se mettre debout ; mais il a changé les règles. Celles qui imposent d'attendre son tour. Battre les cartes, couper le jeu, ce n'est pas pour lui. Le type fait tapis au premier coup et, en face, tout le monde se couche. Alors, Johnny qui gagne depuis plus de cinquante ans, c'est un peu nous qui gagnons avec lui. Et sans jamais tricher. Animal sauvage qui fascine, il n'a pas besoin d'en rajouter pour exister. Le silence lui suffit pour être là. Nous aussi, on existe en silence. On ne ressemble pas aux vainqueurs que la télé et les autres montrent à longueur de journée, mais Johnny, lui, il nous ressemble. Un homme comme tout le monde. Un fragile qui sait être fort.

Après le concert, de retour à la maison, on ne se couche pas tout de suite. Assis sur un coin de fauteuil, on regarde dans le noir le ticket déchiré et on attend la prochaine fois. Pour jouer encore. Comme Johnny assis dans sa loge, une serviette autour du cou, fume sa cigarette le regard baissé et attend la prochaine date.

Je remonte sur mon Pigalle-Pigalle. De nouveau, il fait beau et les filles offrent leurs épaules au soleil, enroulent dans leurs doigts la pointe de leurs cheveux que la pluie a ondulés. Je m'arrête au Balto. Il n'y a pas grand monde, à cause du temps sans doute, juste deux habitués au comptoir, avec chacun leur rosé. Le patron est derrière le bar, son épouse aux cigarettes. J'aime bien cet endroit, encore un lieu dans Paris qui me rappelle mon village. Déjà, le chef est sympa, poignée de main chaleureuse et toujours le mot gentil, il te sert impeccable ton demi, avec le collier de mousse en haut du verre et le petit bol de chips qui fait plaisir. On sent qu'il est content de te recevoir. Il reste toujours une place au comptoir, où les clients causent de ce qu'il y a sur BFM, de ce qu'il y a dans le journal, disent du mal des politiques et du bien des grands chanteurs qui ont émerveillé Paris. Des titis, des vrais. Oui, il y en a encore et ils sont là. Des gars qui ont connu l'époque des copines sur le trottoir. Des gars qui tremblent quand ils te racontent Gainsbourg en concert. Des gars supporters du PSG, mais qui n'ont jamais pu aller au Parc. Des « tout seuls », aussi, dans un coin sur un tabouret avec des jeux à gratter, des chiffres dans des cases. La télé est allumée sur un match de tennis. Au comptoir, tout le monde a les yeux relevés, même si, au fond, tout le monde s'en fout. Dehors, c'est un peu comme dedans, il fait beau malgré la flotte qui est tombée. Sur le trottoir, les jambes des filles claquent plus fort que l'orage de tout à l'heure. Je bois tranquillement ma bière au bar, carnet et stylo tout près du verre, sur la vitre, un rayon de soleil sèche les dernières gouttes de pluie. Et puis, soudain, dedans, il fait plus beau que dehors : un des habitués, aux joues rouges et aux lunettes tristes, seul avec son verre au bout du comptoir, dit à la patronne :

— Comme tu es belle dans la lumière du soir.

J'ai bu une gorgée, j'ai ouvert mon carnet et j'ai commencé à écrire.

« Je suis comme tout le monde »

Je ne suis qu'un homme, entre les caresses et les coups
Je suis comme tout le monde, je fais ce que je peux

On n'est rien tout seul, il y a nos ombres, il y a nous
Et comme tout le monde, on se fait si vieux

Tout au bout de ces jours sans soleil
La lumière du soir est la plus belle
Et brille
Encore

Je suis comme tout le monde, le cœur abîmé
Un homme et son ombre, si loin et juste à côté

Je suis comme tout le monde, le cœur prêt à cogner
Un homme et son ombre qui ne se croisent jamais

On est encore là, entre le noir et le gris
Et je crois que l'on ne s'est pas tout dit

Car sur nos visages, il nous reste de la vie
Tous ces rêves que l'on n'a pas finis

Tout au bout de ces nuits sans sommeil
La lumière du jour est la plus belle
Et brûle
Si fort

Je suis comme tout le monde, le cœur abîmé
Un homme et son ombre, si loin et juste à côté

Je suis comme tout le monde, le cœur prêt à cogner
Un homme et son ombre qui un beau jour vont briller

Oh, comme tout le monde
Comme tout le monde
Je suis comme tout le monde
Prêt à briller

28.

« Quand j'arrive »

Sauf que là, je n'y arrive pas.

C'est une nouvelle chanson, et il me manque une phrase ! Une phrase, une seule ! J'ai tous mes couplets, le texte est quasiment fini, mais il me manque une phrase, rien qu'une toute petite phrase pour le refrain !

On a tous marché sous un ciel sans fin
On a tous cherché de meilleurs lendemains
Mais la vie nous rattrape et le temps nous échappe
On se dit : c'est rien
Et l'on attend son heure, on aimerait être ailleurs
Mais c'est si loin
Tout au fond de nous...

Quand j'arrive...

Une phrase.
Une toute petite phrase.

J'ai reçu ce mail il y a trois jours :

« Bertrand Lamblot. Musique pour JH. 21 juillet 2017 à 11:19 »

« Bonjour,

Johnny a sélectionné cette musique et donc, nous cherchons un texte en français.

Bonne écoute et bises.

Bertrand Lamblot »

« Bises » ?
Bertrand Lamblot qui me dit « bises » ? Oui, il me dit « bises ».
J'ai compris seulement après que c'était sans doute un mail collectif, envoyé à plusieurs auteurs. Mais rebelote. Tambours du Bronx dans le torse. Je n'avais pas eu de nouvelles concernant *Je suis comme tout le monde*, la chanson précédente ; j'avais là une seconde chance. La musique dans le téléphone, casque sur les oreilles, je suis retourné dans les rues de mon Paris Nord, carnet, stylo à la main. Cette fois, c'est rock, et ça vient de Los Angeles. Riff de guitare qui monte et batterie qui bastonne. J'ai marché, j'ai écrit, tenant au courant toute la famille, et me voilà à Saint-Savin pour finir le texte et trouver cette dernière phrase du refrain !

Assis sur le canapé avec Stéphanie et Olympe, ma frangine et ma petite nièce, on a chacun notre texte imprimé. On cherche. On essaye. Il y a quelques idées qui viennent, mais rien qui mette tout le monde d'accord. Dehors, c'est l'été, portes-fenêtres grandes ouvertes, ciel bleu et plein soleil, fin de matinée avec la ratatouille sur le feu. Stéphanie se tient le front entre pouce et index, Olympe répète les « quand j'arrive » sur la musique qui sort de mon téléphone.

— Quand j'arrive, le monde vient à moi !

J'ai dit ça comme « Eurêka ! », bondissant du canapé.

Mais immédiatement, je vois bien dans les yeux de Stéphanie que c'est loin de faire sensation. Elle essaye quand même, mais non, ça ne l'emporte pas ; et elle a raison.

Ma sœur, elle s'y connaît. Déjà, elle aussi, elle fait partie de la race des sensibles, ces bêtes indomptables qui ressentent tous les battements. Les artistes sont pour elle des compagnons de route, des gens importants dans sa vie – la tournée des musées à Paris ou Nostalgie à fond dans la voiture, elle aime les deux. Aussi douce qu'électrique, les pieds bien sur terre mais rêveuse dans son coin, elle peint des toiles où les moutons se prennent pour des nuages. Son coup d'œil sait vibrer, trembler jusqu'aux larmes devant un film, un tableau, une chanson ; et puis, elle a le regard averti de celle qui sait, qui a appris, qui connaît des tas de références, mais jamais là pour se la raconter. Avant tout, elle ressent.

Je me souviens, après le concert de Johnny à La Rochelle. Au milieu de la foule qui s'en allait sous le feu d'artifice, Stéphanie et moi, sans trop se concerter, on avait couru vers l'accès aux loges, derrière la grande scène. Dans mon sac, déjà, plusieurs recueils attendaient. Il n'y avait pas autant de chansons qu'aujourd'hui, et certains textes n'étaient pas aboutis, mais il fallait le tenter. Les rues étaient pleines de monde, des festivaliers avec une bière, des touristes avec une glace, des terrasses où il faisait encore chaud. Stéphanie était devant, les cheveux détachés, et souvent, elle se retournait et me souriait. Comment avions-nous fait, je ne sais pas, mais aidés par la confiance que sa douceur inspire, nous avions réussi à esquiver barrages et services d'ordre, sans badges, sans passes, sans rien, que nos souffles et nos cœurs battants. Avant tout le monde, Stéphanie avait aperçu les musiciens qui rejoignaient le car avec leur matériel sous le bras. J'avais hésité, je n'y étais pas allé tout de suite, et les barrières de sécurité s'étaient refermées. Dommage. Mais jamais je n'oublierai ce moment fou avec Stéphanie, où l'on courait comme des enfants, où l'on s'amusait comme un frère et une sœur.

Plus tard, on avait retrouvé papa qui nous attendait, assis sur la place, près d'une fontaine ou d'une statue, je ne me rappelle pas exactement ; il avait l'air de ne pas trop nous en vouloir.

On a tous marché vers des rêves sans fin
On a tous cherché le creux d'une main
Même si on prend des coups, il y aura toujours
Le cœur ou rien
Et même sur les genoux, on ira jusqu'au bout
Les yeux au loin
Tout au fond de nous...

Quand j'arrive...

— Tu es sûre ?

— Oui, Bobo.

— Olympe, tu viens essayer quand même ? On ne sait jamais.

La petite, ni une ni deux, ramène sa bouille près du téléphone.

— Tu vois, quand c'est le refrain, là, et qu'on entend la batterie, tu dis…

— Je sais : « Quand j'arrive, le monde vient à moi » !

— Euh… Oui, c'est ça.

Elle pige vite, la petite. Comme sa mère. Tu lui mets des plants de patates dans les mains, elle te fait pousser des fleurs, un ukulélé, elle te fait un solo de guitare. Olympe se lance, et effectivement…

— Y a le *e* qui coince ! Le *e* de « monde » ! elle remarque, tranquille, assise sur l'accoudoir, comme si elle était dans la cabine de studio.

Tous les trois, on remet le nez dans nos feuilles. Papa est dehors en train de casser la butte de terre, une montagne qui date de la préhistoire, quand il a fait construire sa maison et que la pelleteuse a recraché des tonnes de cailloux. Je dis « montagne », car avec mes yeux d'enfant, oui, elle était énorme ; on grimpait dessus pour jouer aux cow-boys et aux Indiens. Ça fait tellement longtemps qu'elle est là, cette butte de terre. Mon père m'avait envoyé taper dedans tout un été pour récupérer les pierres qui devaient servir à remonter les murs autour du champ. Le champ, il appartenait à mes grands-parents, Anatole et Jeanne, qui étaient paysans. Ils en avaient deux, ce n'est pas beaucoup ; ils en ont donné un à mon père et l'autre à son frère. Chacun a fait bâtir sa maison dessus. Donc, juillet-août, je ne sais plus de quelle année, je devais avoir treize ou quatorze ans, mon père m'a mis entre les mains une pioche, une pelle, la brouette, et m'a demandé de faire un tas de pierres d'un côté, et d'étaler la terre dans le buisson. Bonnes vacances. Ce n'était pas une punition, mais sa manière de m'apprendre à travailler. Je me souviens d'avoir passé beaucoup de temps à regarder la butte, appuyé sur le manche de la pioche, à regarder la brouette, appuyé sur le manche de la pelle. De temps en temps, dans un coup de colère, je pétais tout, la butte et les cailloux, j'envoyais la terre au ciel, et le soleil se foutait de ma gueule. Bah, oui. Les copains étaient à la piscine, la serviette sur la pelouse, à regarder les filles se mettre de la crème sur les jambes ; il y avait de quoi rager. J'ai démissionné avant la fin de l'été, je ne sais plus comment. Papa m'a sans doute menacé de me priver de sortie jusqu'à la rentrée de septembre, sans finalement le faire. Reconnaissant du geste, j'ai certainement ramassé les haricots tous les jours, des rangs interminables, sous la chaleur, avant l'heure d'ouverture de la piscine municipale. Après tout ça, aujourd'hui, entre cette butte de terre et moi, ce n'est pas le grand amour, il y a comme un rejet ; et me voici presque allongé dans le frais du canapé, alors que je devrais être dehors, avec mon père. Mais quand je le vois s'empêcher de vivre parce qu'il est tout le temps débordé, c'est vrai que je n'ai pas envie de le rejoindre au milieu de toutes ces corvées. Souvent, je lui propose de l'aider, même si, je l'avoue, c'est à contrecœur. Je préfère rester avec mes écrits. La plupart du temps, mon père me dit « non, ça va », et je retourne, content, à mes feuilles. Mais je culpabilise et reviens vers lui, insiste parce que ça me rend triste de le voir dehors avec son vieux pantalon, sa vieille chemise, ses vieilles chaussures. Alors, il souffle et cherche des yeux ce qu'il pourrait bien me faire faire. Oui, j'ai du mal à lui donner un coup de main, parce que, quand il travaille dans le champ, j'ai l'impression que mon père se punit. D'avoir quitté son milieu. Fils de paysans sans le sou, il est devenu instituteur. Ça s'est fait presque comme ça. Un jour, son frère et sa belle-sœur, Michel et Mimi, sont venus le chercher pour aller passer l'examen d'entrée en sixième – c'est vrai qu'il se débrouillait bien avec le porte-plume. C'était nouveau, dans la famille, quelqu'un à l'aise avec les écritures et qui était à sa place sur les bancs de l'école. D'autres enfants s'occupaient seulement du poêle au fond de la classe, et le maître n'en attendait rien de plus. Il a pris le car avec Mimi, donc, et son père à lui, Anatole – un grand sensible lui aussi, un autre fou-gentil, le premier à avoir eu une moto au village, on ne saura jamais comment. Il est parti passer l'examen, sans trop savoir pourquoi, les adultes l'avaient décidé pour lui. Le front contre la vitre, il regardait défiler les arbres le long de la route, ne se doutant pas de ce qui allait lui arriver. Mais il a réussi et tout s'est enchaîné. Le collège. Le lycée. L'internat. Le bac en 68, « le plus beau », comme il le dit. Décrocher le bac l'année de la révolution, tout un symbole pour ce fils de paysans parti de rien, qui allait se retrouver instituteur, derrière un bureau sur une chaire, là où l'on en connaît des choses, là où l'on parle bien. Mon père n'a jamais pu se faire à l'injustice : échapper à un destin d'enfant pauvre a fait grandir en lui l'instinct de révolte. L'envie coriace de changer le monde. De se battre pour celles et ceux qui n'ont pas eu de chance.

— Le monde me tend les bras !

Les poings serrés, les bras levés, comme un jour de victoire, papa rentre en short et torse nu dans la maison, ses baskets toutes défoncées aux pieds. On redresse la tête en même temps, Stéphanie, Olympe et moi, et nos visages brillent avec le soleil de midi à travers les portes-fenêtres. Papa a laissé tomber la pioche et la pelle pour venir nous dire qu'il avait trouvé, en tapant dans la butte de terre, en ramassant les pierres une à une, et en les mettant de côté pour remonter les murs autour du champ que ses parents lui ont donné, que nos grands-parents nous ont laissé ; nous dire qu'il avait trouvé la phrase qu'il manquait. Dans l'entrée, il reste quelques secondes les poings en l'air ; devant lui, il y a toutes ses médailles de marathons accrochées au mur de l'escalier, les affiches du Che, et un tableau avec une charrette et des bottes de foin.

— Le monde me tend les bras ! il a répété.

Et il a soufflé en laissant retomber ses poings.

Papa avait gagné.

« Quand j'arrive »

On a tous marché sous un ciel sans fin
On a tous cherché de meilleurs lendemains
Mais la vie nous rattrape et le temps nous échappe
On se dit : c'est rien
Et l'on attend son heure, on aimerait être ailleurs
Mais c'est si loin
Tout au fond de nous...

Quand j'arrive
Le monde me tend les bras !
Quand j'arrive
Le monde me tend les bras !
Quand j'arrive
Le monde me tend les bras !
Quand j'arrive
Le monde me tend les bras !

On a tous marché vers des rêves sans fin
On a tous cherché le creux d'une main
Même si on prend des coups, il y aura toujours
Le cœur ou rien
Et même sur les genoux, on ira jusqu'au bout
Les yeux au loin
Tout au fond de nous...

Quand j'arrive
Le monde me tend les bras !
Quand j'arrive
Le monde me tend les bras !
Quand j'arrive
Le monde me tend les bras !
Quand j'arrive
Le monde me tend les bras !

29.

Il s'est fait beau.

Réflexe de prolétaire qui respecte le travail, il se fait toujours beau quand il va bosser. Tee-shirt noir, jean noir, baskets noires. Derrière le micro, il se tient debout et bien droit. Sur le pupitre, il y a la feuille, avec le texte écrit en gros, des notes, des barres, des traits, un stylo. Sa jambe bouge en rythme, une main tape sur sa cuisse, l'autre est dans la poche. Refrain.

Tout à l'heure, assis à sa petite table de travail dans la cabine de régie, un doigt sur les paroles, il a murmuré chaque phrase, il les a lues plus qu'il ne les a chantées, pour que ce texte devienne le sien, pour y mettre tout ce qu'il est. L'enfant de la balle. Le blouson noir. L'amoureux passionné. Le timide des plateaux télé. Le rockeur bien de chez nous. Pour y mettre ce qu'il est dans la vie de tous les jours, aussi, quand il arrive au studio, prend un café et discute avec l'équipe de choses et d'autres, mais jamais de ce qu'il va faire. Il laisse venir le moment, et c'est lui qui décidera.

Dans ces minutes qui précèdent le passage au micro, avant que l'ingé son appuie sur « *record* », il est traversé de secrets que lui seul connaît. Il reste sur sa chaise, la silhouette penchée en avant, les coudes sur les cuisses, comme s'il basculait vers un ailleurs, un monde où personne d'autre que lui ne va. Boxeur dans son coin. Les yeux au loin, le visage immobile, ses lèvres effleurent les mots. Ce monde, c'est celui où l'on ressent, où bat ce que l'on a de plus intime, de fort et de profond, comme dans ces nuits où l'on n'arrive pas à dormir et que l'on s'autorise à rêver en regardant le plafond. Tout autour, l'équipe s'affaire, appuie sur des boutons, plonge machinalement la main dans un paquet de chips. On attend, on a tout le temps, le fauve se fait les griffes. Et puis, peu à peu, ses lèvres se taisent. Ça y est, les mots sont à lui. Johnny se lève et dit : « On y va. »

Pas de réglage, tout est prêt. La musique à fond dans le casque comme dans la caisse. Il a sa petite bouteille d'eau et boit une gorgée. Il ne se chauffe pas la voix, juste quelques raclements de gorge. Un geste de l'ingé son à travers la vitre, batterie, basse, guitare, piano, c'est parti. Même s'il ne bouge pas beaucoup, le bonhomme est physique. C'est lui contre le micro. Volonté de vaincre. Donner le meilleur de soi-même. Aller au bout du bout. Il est sur le ring. Recule quand il pousse sa voix, se rapproche quand il chante tout bas. Comme toujours, on sait qu'il ne fera que deux ou trois prises. Habité, envoûté, il va toucher la magie, d'une main dans la poche.

Tout à l'heure, il va revenir à sa petite table de travail dans la cabine de régie, reprendre sa place sur sa chaise, la silhouette penchée en avant, les coudes sur les cuisses, écouter sans rien dire. Si c'est bon pour tout le monde, la journée se terminera en parlant d'autre chose. À un moment, il lancera : « Je vais y aller. » Et il s'en ira.

Personne ne le sait encore, mais c'est la dernière fois que Johnny s'est retrouvé derrière un micro, la dernière fois qu'il a chanté. L'ultime chanson de cinquante-sept ans de carrière. La seule chanson écrite par un fan. La chanson de tous les fans.

30.

« Vous avez 1 nouveau message.
Message reçu le 19 septembre 2017 à 10:13. »

« Bonjour, Boris. Bertrand Lamblot. Pouvez-vous me rappeler dès que vous avez ce message, s'il vous plaît ? Mon numéro est le 06… Merci, à très vite. »

Boum. Je me réveille, fin de matinée, j'ai passé une bonne partie de la nuit à écrire, et c'est avec un message du directeur artistique de Johnny sur mon répondeur que je commence ma journée.

Qu'est-ce qui se passe, mais qu'est-ce qui se passe ? Je tourne en rond chez moi avec la brosse à dents dans le pot à couverts, mon cuir et ma veste de costard sur le même cintre, les paires de baskets et les moutons sous le lit. J'ai le pouls à dix mille et j'entends des cris de mouettes dans la capitale.

Le téléphone vibre à nouveau. Encore Bertrand Lamblot. Un SMS, cette fois :

« Bonjour, BORIS. Bertrand Lamblot dans vos messages. Pouvez-vous me rappeler, je vous prie ? Cordialement. »

Badaboum. Pogo dans la piaule ! Les Post-it aux murs, les portes de placard, la couette et l'oreiller. Mais qu'est-ce qui se passe, qu'est-ce qui se passe *encore* ? Et ce « BORIS » en majuscules dans ma petite chambre toute minuscule ! Je ne tiens plus en place, je tourne, je vire, je me demande ce qu'il y a. Il faut que j'appelle. Est-ce que je prends une douche, histoire d'être plus frais ? Je ne prends pas de douche, je reste dans mon jus, ma sueur, mon encre, sortie de scène. C'est fou comme tout se passe sous le crâne. Parfois, quand je n'arrive pas à écrire, je me sens à l'étroit, l'impression que les murs se resserrent et que je vis en tout petit, rideau fermé pour ne rien voir de mes feuilles blanches. Et puis, il suffit d'une nuit d'écriture ou d'une nouvelle inattendue, comme maintenant, et l'horizon revient. J'appelle.

— Bonjour, monsieur Lamblot…

— Boris ! Bonjour. Vous allez bien ?

— Oui, je vous remercie, ça va.

Je fais gaffe à ne pas respirer trop fort, j'écoute.

— Bon. Je ne voulais pas vous faire de fausse joie, c'est pour ça que je ne vous ai pas appelé avant.

Oh, là, il va se passer quelque chose de fort… et je suis en short, torse nu et en claquettes.

— Maxim Nucci et Yarol Poupaud ont composé sur l'un de vos textes, cet été…

Ouch !

— Et Johnny a enregistré la chanson.

Silence sur la ligne.

« Et Johnny a enregistré la chanson. »
« Et Johnny a enregistré la chanson. »
« Et Johnny a enregistré la chanson. »

— Allô ?

— Oui, j'écoute.

— C'est *Tomber encore.*

Diane.

Sa chanson.

Notre chanson.

— Allô ?

— Oui, oui, j'écoute.

Encore un long silence. C'est comme si Johnny frappait à ma porte, et j'ai un gros tas de vaisselle dans l'évier.

— Il faudrait que l'on se voie pour que… vous l'écoutiez.

Je suis sonné. Je ne comprends pas ce qui m'arrive. Il y a les Post-it devant moi, mon bureau, mes feuilles, mes carnets, mon ordi, le lit, la couette, l'oreiller. Il y a la douche, le frigo, le four, l'évier, la fenêtre, le ciel, le soleil, les mouettes. Tout semble toujours à sa place, c'est-à-dire bien en bordel, tout le monde la main en l'air, et pourtant. Je reste debout, immobile et tremblant. Est-ce que c'est moi qui tourne, est-ce que ça tourne autour de moi ? Je suis comme à la fenêtre d'un train à l'arrêt en gare, quand, sur le quai d'en face, un autre train démarre, et qu'on ne sait plus qui est en marche. On a convenu d'un rendez-vous, on s'est dit au revoir, et on a raccroché.

Le téléphone encore à la main, j'ai composé le plus vieux numéro que je connaisse, celui qui n'a pas changé depuis que je suis tout petit. J'ai pris une grande inspiration pendant que ça sonnait, et puis j'ai soufflé :

— Allô ? Papa ?

31.

— Je vous invite à vous asseoir pour patienter.

La fille de l'accueil chez Warner, cheveux tirés, joli chignon, me désigne le canapé rouge dans le hall. Mais je reste planté là, debout devant le comptoir, je ne bouge pas. Peut-être parce que je n'aime pas que l'on me dise ce que j'ai à faire ; peut-être parce que M. Portique est toujours à son poste et me mate encore de travers ; peut-être parce qu'il y a de ça un an, on n'a pas voulu laisser passer mes rêves. Pourtant, sur le canapé, il y a – mais oui, c'est bien lui ! – Ben-J des Nèg' Marrons et ses grandes jambes en baggy qui attendent. Je pourrais y aller et faire la causerie, on se dirait que « le temps passe et passe et passe et beaucoup de choses ont changé », mais non, je reste là. La fille se demande pourquoi, répond au téléphone, se demande encore pourquoi, M. Portique plisse les paupières. Tout à l'heure, quand je suis arrivé par le passage du Mont-Cenis, la petite rue avec les jardinières de fleurs et Le Stéphanois, Bertrand Lamblot était devant moi, à une dizaine de mètres, épaules larges qui ouvrent les portes de Warner. Mais comme aux Trois Baudets, je n'allais pas lui courir après ; alors j'attends, le tic-tac de la pendule dans les jambes. Sur le canapé près des plantes vertes, Ben-J regarde son téléphone. Quelqu'un vient le chercher, un jeune tout propre qui s'occupe sans doute du rap à l'un des étages. J'attends, debout et sans bouger. De grandes baies vitrées donnent sur des carrés de pelouse avec des allées qui mènent à des bureaux en verre. Ici se décident des carrières, se dessinent des horizons, des contrats « *million dollar baby* » avec des disques d'or dans le sourire. J'arrive avec mes baskets qui ont marché sur les trottoirs de Pigalle, les chemins de terre de Saint-Sav', et j'aperçois Bertrand Lamblot qui vient à ma rencontre, pas très bien coiffé et en chemise froissée. Tout va bien.

— Vous voulez un café ? me demande Bertrand Lamblot.

— Oui, je veux bien.

Je reste seul dans son bureau. C'est un bureau tout simple avec un ordinateur, des disques sur des étagères et des photos encadrées aux murs. Je remarque l'une d'elles, plus grande que les autres, avec Johnny en tee-shirt et toute une bande qui l'entoure. C'est un jour d'été, devant les portes d'un studio, la fin de l'enregistrement d'un album, sans doute. Johnny a un grand sourire et tient deux gars par les épaules. Il a l'air heureux. Heureux d'avoir ses copains près de lui, heureux d'avoir accompli quelque chose. Tout le monde plisse les yeux à cause du soleil, mais lui les a grands ouverts. Souvent, les photos sur les couvertures des magazines nous montrent un Johnny mélancolique avec le regard au loin, un Johnny entre chien et loup, qui aimerait être ailleurs ; et c'est lui, c'est sûr, du bleu dans les yeux et l'orage sous le crâne. Mais, depuis l'annonce de sa maladie, c'est un Johnny affaibli, abattu, que l'on nous montre ; un

Johnny qui souffre, un Johnny sous la pluie. Des photos prises derrière un buisson par des gens qui n'en ont rien à faire, de lui et de sa famille. C'est ignoble de s'emparer du désespoir, de la détresse d'une personne, de les imprimer à des dizaines de milliers d'exemplaires et de les placarder sur les murs. Dire qu'il y a des journalistes et des rédacteurs en chef qui ont commencé leur journée avec un café, en se demandant quel cliché d'un homme malade et malheureux ils allaient mettre en couverture. Alors, au moment où je vais écouter la chanson, ça fait du bien de retrouver un Johnny magnifique, un soleil éclatant qui sort du studio. Oui, ça fait du bien de le voir ainsi, car on ne sait pas trop, on s'inquiète, on a peur, et je me suis demandé, en venant, si j'avais le droit de poser tout simplement la question à Bertrand Lamblot : « Et Johnny, comment ça va ? » Comme on prend des nouvelles de quelqu'un que l'on aime et que l'on n'a pas vu depuis longtemps, un copain sur la photo.

— Asseyez-vous.

Bertrand Lamblot revient et me tend mon gobelet. Je m'assieds, mets un sucre et tourne pendant des heures la touillette dans le café. Il s'installe en face, allume son ordinateur, monte le volume sur les enceintes. Rien ne sort encore et on ne se dit rien – silence qui précède les grands moments.

— Vous pouvez faire ce que vous voulez… Si vous avez envie de pleurer, vous pouvez pleurer…, me dit Bertrand Lamblot.

Et là, je ne comprends pas. J'ai beau faire passer cette phrase dans tous les circuits de mon cerveau, j'avoue que ça ne percute dans aucune case. Ça se voit sans doute sur mon visage, car :

— Ce que je veux dire, c'est que j'ai eu des auteurs qui, en écoutant pour la première fois une chanson qu'ils avaient écrite pour Johnny, se sont mis à pleurer…

— Ah… Euh… Ben… on va voir… Des larmes de joie, peut-être.

L'ordi est prêt. Quand Bertrand Lamblot fait tourner son fauteuil pivotant pour mettre la main sur la souris, nos yeux se croisent une ultime fois par-dessus le bureau, parmi les piles de disques. Dernier regard d'aigle, et il appuie sur « *play* » et monte encore le son, fort. Batterie, basse, guitare, piano. Johnny. « Je ne vois plus que toi. » Mes mots. C'est moi qui ai écrit ça, une nuit ; Diane venait de croiser ses jambes. J'écoute, les yeux baissés, la voix puissante du bonhomme. Je sens mon cœur battre plus fort, ma respiration qui s'accélère. Je me dis qu'il va bien y avoir un passage où j'entendrai quelque chose qui n'est pas de moi ; ce n'est pas réel, je suis en train de rêver. Et puis, non. Du début à la fin, la voix de Johnny et mes mots. Il a mis sa force, ses râles, sa gorge et tout son coffre de rockeur dans ce que j'ai écrit pour lui. À un moment, il s'est planté devant le micro avec mon texte sur un pupitre et une main dans la poche. À un moment, ses yeux ont suivi les mots que j'avais cherchés, rayés, corrigés, raturés. À un moment, on a été ensemble. Et je souris en bougeant la tête au rythme de la musique, comme si cela devait arriver, comme si c'était normal.

Refrain.

— Vous voulez la réécouter ?

— Non. Une fois seulement, une fois, ça suffit…

Dans le bureau, tout est silence. L'ordi, les piles de disques, les photos. On ne se dit rien, avec Bertrand

Lamblot ; tous les deux, nous savons qu'il n'y a pas de mot à mettre sur l'instant. Je n'ai pas touché à mon café, je reprends la touillette, et les choses se remettent en marche. Bertrand Lamblot sort une feuille qu'il me présente : « Tomber encore » est écrit tout en haut. Le texte a été saisi en gros caractères pour que l'on puisse bien voir : c'est la feuille qui a servi lors de l'enregistrement ! Johnny l'a eue entre les mains, il a relu plusieurs fois les paroles, les a peut-être suivies du doigt.

Tous les deux calés dans nos fauteuils, on parle de cette histoire complètement folle, de la rencontre aux Trois Baudets, qui était comme un signe.

— Votre manière de faire a été très respectueuse. Vous n'avez pas insisté, vous ne nous avez pas relancés par téléphone, par mail... On a apprécié ça.

Je suis surpris de cette confidence, et ça me touche. Parce que Bertrand Lamblot confirme ce que je pense depuis le début et que je tiens de mes parents : rester soi-même, ne pas tricher, c'est ça qui rapproche vraiment les gens.

— Vous savez, c'est aussi parce que vous avez été curieux, vous et l'entourage de Johnny, vous avez été ouverts. Et ça fait plaisir, de voir que, même au sommet, il y a des gens qui s'intéressent à ce que peut faire un inconnu.

— Justement, Johnny aime bien rencontrer ses auteurs...

Silence.

— Donc, on va organiser une rencontre prochainement.

Ouch !

— Ça ne durera peut-être pas longtemps, mais au moins pour faire connaissance. Ça vous va ?

— Oh oui, oui...

J'ose une blague :

— Même si vous avez besoin de quelqu'un pour faire le café au studio, ça me va.

— Le café, on le fait nous-mêmes.

J'avais oublié : épaules larges et regard d'aigle.

— Et vous faites partie de l'équipe des auteurs de Johnny. Vous êtes un auteur de Johnny.

Bertrand Lamblot met ses mains derrière sa nuque et pivote dans son fauteuil ; je garde les miennes jointes et sages. On cause avec plaisir, comme deux gars qui se rendent compte qu'ils ont un ami en commun et qu'il est juste à côté, là, sur la photo, qui leur sourit.

32.

Mercredi 6 décembre 2017. Papa a l'habitude de se lever tôt, mais ce matin, il se lève encore plus tôt que d'habitude. Il est cinq heures. Il prend son café, et puis, pourquoi pas, il allume la télé pour voir ce qu'il y a à cette heure-ci, lui qui ne la regarde que le soir. Un bandeau rouge en bas de l'écran, des lettres noires accrochent ses yeux : « Johnny Hallyday est mort à 74 ans. »

Papa n'y croit pas, non, il n'y croit pas ; ou il ne veut pas y croire. Il se dit que c'est une fausse nouvelle, une info non vérifiée, parce qu'il faut aller de plus en plus vite et que, parfois, les médias aussi se trompent. Johnny était rentré chez lui il y a quelques jours, c'est qu'il allait mieux. Papa en avait même parlé avec des copains. Les journalistes à l'antenne ont le visage figé, la diction froide. Dans leur bouche, les mots se bousculent et sonnent le glas : maladie, cancer, hôpital, décès, famille, obsèques. Des mots qui nous concernent tous et que l'on n'aime pas entendre. Il se passe quelque chose de grave.

Papa reste debout, se tient les mains et regarde. Il est censé lire le journal, puis ranger la vaisselle d'hier soir, et enfin, aller ouvrir la porte aux poules ; mais il reste campé devant la télé, dans le noir du salon, raide, immobile. Il attend que quelque chose se passe et que tout redevienne comme avant. Des images de Johnny sur scène défilent sur les écrans. La présentatrice raconte en boucle le peu d'informations qu'elle a. La dépêche AFP qui est tombée à deux heures du matin, les proches qui devraient arriver à Marnes-la-Coquette, la France qui est en deuil. Et papa est tout seul.

Il sait maintenant que c'est vrai.

Son grand copain de jeunesse est parti. Il ne le reverra plus.

C'est avec lui qu'il passait ses samedis soir, une fois l'ampoule éteinte, l'oreille collée au transistor, sous le gros édredon. C'est avec lui aussi qu'il est allé au bistrot, le baby-foot et les bérets dans les buts, le juke-box et les filles d'Aubade qui dansaient le twist après le travail. C'est avec lui qu'il a fait ses premiers bals, quand les copines venaient, timides, accompagnées de leurs mères qui restaient assises sur le banc. À la télé, on revoit des images de Johnny quand il était jeune. Il souriait, il avait la vie devant lui, Sylvie posait sa joue sur son épaule, tous les garçons et les filles voulaient leur ressembler. Papa a le cœur qui se serre, il repense à tout ça, les années 60, quand sont arrivés les premiers frigos et les premières machines à laver. Les radiateurs électriques et les robinets d'eau chaude. Les cuisines intégrées et les meubles en Formica. Seuls les propriétaires de belles fermes et les paysans qui avaient vendu leur domaine pour venir s'installer dans les bourgs avaient accès à ce nouveau confort. Papa et ses parents, Anatole et Jeanne, n'avaient pas les moyens de changer leur quotidien. On mettait encore le jambon à la cave, on se lavait toujours dans un bac en fer. Forcément, Johnny apportait la part de rêve qui manquait ; à peu près au même âge, il menait une vie à laquelle aucun jeune d'ici ne pouvait prétendre. C'est pour cela aussi qu'on l'aimait : toujours bien coiffé, toujours bien habillé, il dansait comme s'il n'avait peur de rien. Les poches vides, on ne pouvait pas lui ressembler ; par contre, sa musique pouvait nous faire marcher dans ses pas. À la campagne, Johnny et le rock'n'roll arrivaient comme le loup qui sort du bois.

Son premier transistor, papa l'a eu en cadeau pour sa communion. D'un vert olive avec des boutons dorés. Johnny le suivait partout – jusqu'aux cages à poules et aux lapins qu'il fallait soigner –, tous les jours, à dix-sept heures, avec « Salut les copains ». Son premier tourne-disque, c'est sa belle-sœur, Mimi, qui lui a offert pour le brevet. Papa, qui déjà pensait tout le temps aux autres, avait choisi un disque de Charles Aznavour pour faire plaisir à Mimi, et deux d'Enrico Macias parce que Jeanne, sa maman, l'aimait beaucoup. Plus tard, il a acheté son premier quarante-cinq tours de Johnny. En 63, chez Dupuis, l'électricien qui avait son magasin d'électroménager. À côté des gros téléviseurs, des lourds aspirateurs et des dernières machines à coudre, il y avait *Tes tendres années*, *Elle est terrible*, *Poupée brisée*. C'est ainsi que papa a pris le vent du rock'n'roll en pleine figure, alors qu'une page de l'histoire se tournait. La jeunesse desserrait la cravate, elle voulait vivre libre, elle voulait vivre fort, la mort était si loin.

Une journaliste est en duplex à Marnes-la-Coquette, devant le portail noir de la propriété. Elle ne peut pas dire grand-chose, et elle répète ce que personne ne veut entendre. « C'est ici que Johnny Hallyday s'est éteint. »

Il y a beaucoup de lumière et de couleur, dans cette télé, beaucoup de bruits sur cette chaîne d'info qui balance l'actualité ; et pourtant, les journalistes sur le plateau ont une mine sincèrement triste sous le maquillage et les projecteurs. Papa ne bouge pas, toujours debout devant le poste, les mains jointes comme un enfant sage. À cette heure-ci, il y a surtout des anciens qui sont réveillés, et parmi ceux qui ont appris la nouvelle, il y en a beaucoup qui ont le sentiment que quelque chose prend fin, et qu'elle s'arrête ici, leur jeunesse. Une jeunesse qui aura duré si longtemps, avec un Johnny qui se relève sans cesse pour remonter sur scène, qui se remet toujours du pire, qui ne baisse jamais les bras. Papa se souvient, à Bercy, Johnny avait eu du mal à casser sa guitare, il s'y était repris à trois fois, mais finalement, il l'avait eue. Rien ne pouvait le mettre à terre, à part lui-même, comme aux arènes de Poitiers, quand il se roulait au sol avec son pied de micro, et que la Marie-Laure, une copine, gueulait « assis, assis » à tout le public, debout dans les gradins. Un sentiment de solitude saisit en ce moment tous les gens qui avaient la force de tenir tant que Johnny était là. Le copain qui leur parlait dans les chansons, il vieillissait avec eux ; mais toujours, il les accompagnait, il ne les lâchait pas. Même après, une fois marié, avec des enfants sur les bras, la quarantaine qui passe et ta femme qui s'en va. 1987. L'album *Gang*, que lui a écrit Goldman, il tournait en boucle dans la Renault 11. On a usé la bande, tellement on l'a écouté. Je me souviens, les trajets sur la nationale toute droite, avec la nuit qui tombait. Le ciel était rouge et, de chaque côté de la route, les champs s'étendaient à perte de vue. On roulait, et il n'y avait plus d'horizon, tant on avait l'impression d'aller loin. Papa allait voir la femme qu'il aimait, et moi, j'étais content parce qu'elle avait la télé couleur. On ne se disait rien, Johnny nous causait. Je faisais mes débuts sur le siège passager, et c'était moi qui retournais la cassette pour changer de face. Papa montait toujours le son sur ses chansons préférées.

« Alors, qui c'est qui appelle l'autre en premier ? »

On se le disait aux repas du dimanche, mais toujours en rigolant – comme si Johnny pouvait mourir un jour ! Papa va jusqu'au téléphone ; par la fenêtre, le jour n'est pas encore levé. Il fait mon numéro. On ne sait jamais ; peut-être pense-t-il que je suis du matin, ou plutôt, que je ne suis pas encore couché. Il tombe directement sur le répondeur, et puis, sans rien dire, il raccroche. Pourtant, grâce à Johnny, jamais un père et son fils ne s'étaient autant parlé.

33.

J'ai le front contre la vitre et je me retiens de pleurer. C'est l'heure de pointe dans le RER qu'il faut emprunter pour se rendre à Marnes-la-Coquette, on rentre à la maison après sa journée de travail, mais j'ai trouvé une place assise. Je me fais peut-être des idées, mais on dirait que les visages ne sont pas les mêmes, on dirait qu'ils cherchent un regard, une présence, quelqu'un qu'ils connaîtraient. Bien sûr, il y a toujours des yeux sur le portable, et on sait quels sont les titres du jour en première page, mais je me demande ce que les gens ressentent. Est-ce qu'ils ont l'impression, quand dehors les quais de gare défilent, qu'une partie d'eux-mêmes s'en va ? Est-ce qu'ils ont le sentiment que quelque chose est en train de disparaître, qu'il manquera toujours quelqu'un quand on allumera la télé ? Au fond du wagon, un monsieur au téléphone pleure, appuyé contre la barre. Il a un drapeau Johnny accroché par-dessus son sac à dos. Je sens les larmes monter. Depuis le début de la journée, je ne fais que ça, me retenir de pleurer.

Je l'ai appris tard ce matin, parce que j'ai écrit toute la nuit ; quand j'ai allumé mon téléphone, il y avait plein de messages. Mais surtout, il y en avait un de papa sur mon répondeur, qui ne disait rien. Toute la pudeur de la campagne. Comme quand un ancien nous quitte sans prévenir, avec seulement une lettre posée sur la table pour dire qu'il ne faut pas laisser se perdre le vin dans le tonneau au fond de la grange. Je suis resté longtemps chez moi dans le noir, derrière le rideau, je n'y croyais pas. J'ai relu les messages, j'ai réécouté le silence de mon père et son téléphone qui se raccroche mal.

Et puis, je suis sorti. Il fallait que je le voie.

Au Balto, les gars au comptoir avaient tous le nez sur l'écran ; le patron pareil, sa femme aux cigarettes aussi, tout le monde. C'était l'heure du café après le repas de midi et le bar était rempli. Les visages étaient blêmes et sans un mot. On aurait dit que l'impossible s'était produit. Tout semblait à l'arrêt. La machine à café. La caisse enregistreuse. La pompe à bière. Comme dans les films où il y a eu une catastrophe naturelle, la vie avait du mal à se remettre en marche. Que des masques. À peine le bout des doigts, au bar, qui roulait l'emballage du sucre en boule. Même les clients venus acheter des cigarettes mettaient plus de temps que d'habitude. La télé repassait en boucle les images, et on tournait la petite cuillère sans regarder la tasse. J'ai pris un café et je suis parti.

Je descends du RER et, sur le quai, j'entends *L'Envie*. Un type avec une bière et un poste avec des piles. Il lève les bras et chante la cigarette au bec. Je vais vers lui, on se fait l'accolade, et puis on cause un peu ; mais le gars est bourré, trop bourré, il n'en peut plus. Alors, on se quitte en se disant « on est ensemble, on est ensemble ». Je sors de la gare, je me dépêche, je dois y aller ; je ne peux pas être ailleurs qu'auprès de lui. Dehors, il y a un parking, un début de centre-ville, une brasserie. Pour aller à Marnes-la-Coquette, il faut prendre le bus, je ne sais pas lequel. On peut aussi y aller à pied, mais les panneaux de direction ne me disent pas comment. De nouveau, j'entends Johnny à travers les petites enceintes. Le type au poste. Il discute avec un autre gars, je les rejoins.

— Allez, venez, je vous paye une bière !

Il veut nous inviter, mais vraiment, il est trop bourré.

— Non, non, merci. Je veux juste savoir comment on fait pour aller à la maison de Johnny.

C'est lui que je regarde, le type au poste, il sait. Je m'adresse à ses yeux rouges, car l'autre, c'est sûr, n'en a aucune idée.

— Je lui demandais la même chose, me fait l'autre, justement.

Alors, je lui dis :

— Vous y allez aussi ?

— Oui.

— Vous êtes fan aussi ?

— Oui.

Je me sens con.

À aucun moment je n'ai pensé qu'il avait autant besoin que moi de se rapprocher de Johnny. Il est en caban, costard, attaché-case. Et il est noir.

On marche, avec Christophe. Il ne parle pas beaucoup, moi non plus, mais on est bien ; enfin, on est contents de faire connaissance et d'avancer d'un même pas, étonnamment tranquille, avec la nuit qui tombe. On ne sait pas trop où l'on va, c'est comme si quelqu'un d'invisible nous montrait la route. Un parking, une voie ferrée, et puis, le bois du parc de Saint-Cloud, avec ses arbres sans feuilles et son chemin qui monte. J'aime bien l'allure de Christophe. Son costume n'est pas à la mode et on voit la couture de ses bas de pantalon. Il marche une main dans la poche de son caban et l'autre sur son attaché-case, petite mallette épaisse avec un code pour ouvrir. Nous entrons dans le bois vide et, sous nos pieds, la terre est humide. Christophe m'explique qu'il est venu ici dès qu'il est sorti du travail, car il ne pouvait pas faire autrement, il fallait qu'il soit là. Autour de nous, le soir enveloppe la campagne, et l'on suit les nuages derrière les branches. Tout est silencieux.

Alors que l'on s'enfonce dans les bois et que les arbres veillent sur nous, je demande à Christophe :

— Et toi, ça te vient d'où, Johnny ?

— De ma mère. Elle l'écoutait beaucoup à la maison et j'ai grandi avec lui.

— C'est marrant, moi, c'est mon père. Il a tous ses premiers disques, les quarante-cinq tours, les trente-trois…

— Souvent, ça vient des parents.

— Oui. Tu as quel âge, toi ?

— Quarante.

— Moi aussi, quarante.

Deux enfants dans la forêt avec leurs souvenirs qui reprennent vie. Le brouillard comme un fantôme, les troncs fins comme des squelettes. On dirait un bois de brigands. Le sentier grimpe, sinueux, c'est étrange d'être si près de Paris et d'avoir le sentiment de reprendre les chemins de terre de sa campagne, d'aller à la rencontre de son histoire, quand la ville te bouscule sans dire pardon. Nous sommes un peu comme ces enfants perdus qui doivent traverser des épreuves dans les films. Nos pas font craquer les feuilles et les branches mortes. Il a l'air en paix, Christophe, toujours une main dans la poche de son caban et l'autre sur son attaché-case. Je pense que, dans sa mallette, il n'y a pas d'ordinateur portable, mais des papiers et des stylos rangés sous des rubans élastiques. Quelque chose chez lui que l'époque n'a pas pris. Le calme de la nuit et l'écoute de la lune. Le bout rond de ses chaussures et les longues boucles de ses lacets. Avec Christophe, on oublie la tristesse et que l'on est loin de chez soi.

— Je n'y croyais pas, ce matin. Je n'avais pas encore ouvert les yeux quand la télé l'a annoncé, me confie-t-il.

— Moi non plus, je n'y croyais pas. Je suis descendu dans le bar de ma rue pour voir si c'était vrai.

— Ça fait comme un vide. Rien n'a changé autour de toi, mais il manque quand même quelqu'un.

Nous arrivons devant un portail qui annonce l'entrée de la ville, et pénétrons dans un parc bien rangé avec des bancs et des poubelles, des graviers qui nettoient nos semelles. On avance et on tombe sur une grande rue où des lumières tournent. Il y a tellement de camions, de phares, de caméras, de fils, que les silhouettes qui passent n'ont plus d'ombre. Que des journalistes.

Et la tristesse est revenue.

34.

Ils sont tous là. Des paraboles sur les toits des camions et des écrans derrière les portes coulissantes. Ils font des duplex et rendent l'antenne, regardent leur téléphone. D'autres sont accroupis contre les murs et tapent sur leur ordinateur.

Avec Christophe, on avance en faisant gaffe de ne pas passer dans le champ des caméras, parce que certaines d'entre elles se délectent des écharpes et des drapeaux qui ont du chagrin, cherchent le supporter un soir de défaite, le fan au bord des larmes qui finira l'interview en criant « Johnny ! », le poing serré dans le tee-shirt. On se l'est dit en arrivant, on n'aime pas ces ambiances où il y a tout le temps un œil sur toi. Et il y en a partout, des yeux.

Une jeune journaliste vient vers nous, sa queue-de-cheval tire tout son visage en arrière. Elle sourit trop.

— Bonsoir, excusez-moi. Vous êtes des fans de Johnny ?

— Oui.

— Je peux vous poser quelques questions ?

— Non.

Et elle est repartie en quête de quelqu'un d'autre, la queue-de-cheval comme une manche à air. Nous, on a continué, marchant parfois sur des câbles. C'est bizarre, ces deux mondes côte à côte le temps d'un soir, l'un qui n'a plus de voix et l'autre qui commente ; l'un qui est invisible toute l'année et l'autre que l'on voit tous les jours à la télé. Ce qui est étrange, c'est de les voir attendre ensemble, ces deux mondes qui d'habitude ne se croisent que lors d'une inondation ou d'une grève des trains. Au milieu des bruits, des bips et des sonneries, les visages des journalistes sont blêmes, jaunes et froids comme la mort ; mais ce sont les lumières qui font ça. Des caméras, des projos, des iPhone. Ni chair ni chaleur, si jamais l'un de nous pleure en chantant, seulement des micros à perche qui se ramènent comme les mouches au-dessus d'un cadavre. Avec Christophe, on ne dit rien, on observe, on écoute, et la lune derrière les branches, tout à l'heure, dans le bois, nous manque. Est-ce qu'ils savent, est-ce qu'ils ont senti, les journalistes, que le gars, tout là-bas, derrière le portail noir au bout de la rue, c'est lui qui nous tenait en vie ?

Il ne se passera rien ce soir, devant les murs de la propriété. Mais il fallait que l'on soit là, simplement, silencieusement, derrière les barrières de sécurité, comme au chevet de quelqu'un de la famille. C'est une histoire qui se termine, et on veut être là pour écrire la fin. On se cause, on se raconte comment on a appris la nouvelle, ce matin, de bonne heure, en prenant le café. Personne n'y croyait, on s'est tous dit que, non, ce n'était pas possible ; on pensait tous que ça n'arriverait jamais. Et puis, c'est arrivé.

Ça y est, nous sommes devant le portail noir. C'est marrant, il y a une résidence HLM juste à côté de l'entrée. Des gens se sont accoudés aux barrières, et des gendarmes surveillent, les mains derrière le dos. Le garde du corps de Johnny est à l'entrée et vient chercher des bouquets de fleurs qui arrivent un par un. Ce sont surtout des femmes qui les apportent. Elles font vite, elles ne s'attardent pas, essuient leurs joues d'un geste rapide, retournent dans le noir, disparaissent. J'ai l'impression que les hommes ont besoin de se faire voir, de chanter, de crier et de plonger la tête dans leurs mains devant les caméras, alors que les femmes souffrent en silence, ne font que passer, avec une fleur qu'elles ne reverront jamais, mais dont elles se souviendront toujours.

— Je vais y aller, moi, me dit Christophe. J'en ai assez vu. Tout ce monde, les caméras…

— Je comprends, moi, c'est pareil, mais je vais rester un peu. J'ai besoin d'être là, avec les gens. En tout cas, c'était bien de te connaître et de vivre ce moment avec toi.

On s'est regardés, et puis, j'ai ajouté :

— Le premier jour sans Johnny.

— Il sera toujours là.

On s'est dit au revoir et Christophe est parti, une main dans la poche de son caban, l'autre sur son attaché-case. Il a filé au milieu des fausses lumières, et personne n'a fait attention à lui. Pourtant, il était l'homme qui avait tout compris.

*

* *

Je marche, esquivant caméras et lumières, et j'entends un monsieur qui raconte à un journaliste d'improbables anecdotes dignes d'un livre des records.

— La première fois que j'ai vu Johnny, c'était en 67, à l'Olympia. J'étais au poulailler, parce que c'était les places les moins chères.

C'est son œil passionné, au monsieur, qui me plaît. Il brille plus que tous les projecteurs réunis dans la nuit ; il est avec la lune, son œil.

— Johnny commençait à chanter *Les Coups* en faisant tournoyer son micro, et il le rattrapait d'une main.

Une fois le journaliste parti, je vais le voir, et il se présente comme ça :

— Moi, c'est P'tit Loup.

Le bonnet jusque-là et l'anorak jusqu'en haut, quand il parle, P'tit Loup, il a quelque chose d'habité, le visage tout feu tout flammes et le sourire sans fin. Il me raconte tout. Il n'a rien oublié. Les dates. Les lieux. Les détails. Au moins cinq cents concerts dans les pattes.

— Si ce n'est pas six cents !

Et les yeux bleus de son idole, qui ont vécu mais qui en veulent encore.

— En 68, avec un copain, nous sommes allés au Palais des sports. On s'est faufilés au premier rang, debout sur les fauteuils qui, bien sûr, n'ont pas résisté. C'était l'euphorie ! On avait même arraché des bouts de tissu pour s'en faire des bandeaux !

C'est comme si le concert avait eu lieu hier. Il ne s'arrête pas, le regard étincelant et des crépitements dans la voix. Son doigt battant la mesure, il explique la moindre petite chose avec passion, et chaque histoire en appelle une autre. Il nous ramène le Johnny rock'n'roll, P'tit Loup, celui de la scène et de la sueur, le mauvais garçon, le blouson noir, le chef de bande qui emportait toute la jeunesse pour vivre fort et vite. Me voilà debout avec lui et son copain sur les fauteuils au premier rang.

— Dans les années 80, quand Tino Rossi a fêté son jubilé sur la Seine à Paris, Johnny a chanté sur une péniche entre deux ponts…

Autour de nous, des caméras cherchent le bon angle, cadrent le portail noir, le panneau « Propriété privée » ;

les lumières blanches des projecteurs font des trous dans la nuit. Heureusement, avec P'tit Loup, on n'est pas dans le viseur, ils nous tournent le dos et c'est tant mieux.

— Malgré l'interdiction de stationner, les voitures s'étaient garées partout, et nous, on est montés dessus pour mieux voir ! continue P'tit Loup.

Les journalistes parlent en direct, s'appliquent, la main qui ponctue et le sourire qui conclut. Même après avoir dit « Coupez ! », ils restent dans la lumière des projecteurs, sortent leur portable. Avec P'tit Loup, nous restons dans le noir, juste sous la lune.

— À la fin, les toits des voitures étaient retenus par les sièges, et les capots par les moteurs !

Il se souvient de tout. Comment il a suivi Johnny en tournée en intégrant l'équipe des *roadies*. Un badge récupéré par-ci, une main serrée par-là, sa gentillesse faisait le reste. Il apportait son aide au démontage, poussait les caisses roulantes dans les semi-remorques. Quand on suit Johnny, quand on marche dans ses pas, il nous donne de sa force, de son audace, de sa peur de rien, et l'on fait des choses que l'on ne ferait pas en temps normal, dans une vie sans Johnny.

Il y a les morceaux que l'on connaît par cœur et les refrains que l'on reprend quand il nous tend le micro, mais il y a bien plus encore. Ni son double ni son ombre, au-delà du fan et de l'idole, Johnny nous aide à redevenir indomptables, à jouer nos vies comme un solo de guitare. P'tit Loup se souvient, ce soir-là, à Chartres :

— Là, on me dit que ce n'est pas valable, mon badge, et on me demande de sortir. Bon. Je suis allé manger à la cafétéria de Carrefour et après, je suis retourné devant le chapiteau. J'aurais voulu passer par en dessous, mais il y avait des maîtres-chiens…

Avec Johnny, on est plus intrépide, limite hors la loi.

— Un fourgon de police est arrivé, je me suis précipité au-devant des policiers, car j'espérais pouvoir entrer en même temps qu'eux…

On devient Gavroche, doux voyou, gentil mauvais garçon.

— Pas de chance, ils ne sont pas entrés… Mais ensuite, une camionnette est arrivée, avec des personnes handicapées ; il y avait une dame qui sortait une chaise roulante avec une fille…

On va au-delà des limites du raisonnable, parce que le cœur bat plus fort que la raison.

— J'ai emmené la chaise roulante avec la fille dessus…

Débrouillard.

— Et je criais « Place ! Place ! »…

Malin.

— Dehors, il neigeait, les gens m'ont laissé passer…

Prêt à tout.

— Je suis entré dans le chapiteau sans problème.

Johnny réveille notre part de folie.

P'tit Loup n'a rien de la tenue rock'n'roll, cuir et tatouages. Il n'a pas teint ses cheveux en blond et ne les a pas tirés en arrière. Par contre, Johnny lui a jeté plusieurs fois son peigne et sa serviette en concert, même son tee-shirt avant de monter sur scène. La liberté de P'tit Loup s'habillera de ces ornements pour sortir de la vie de tous les jours. Il a pris le car, le train et le bateau pour suivre les tournées, il a marché des kilomètres et des kilomètres, il a fait du stop, jusqu'à monter dans la voiture d'un mec qui conduisait d'un seul œil en pleine nuit !

Il y a eu aussi les heures à chercher un endroit pour dormir après un concert, derrière la porte d'un immeuble ou dans une cage d'escalier, parce que l'hôtel était trop cher. Des nuits entières à errer dans les rues en attendant le premier train. Ces moments-là, P'tit Loup les raconte en rigolant. Même le froid, même la pluie, tout était bien. La gentillesse des gens qui te proposent une couverture.

Toutes ces aventures le mèneront loin. Un jour, parce qu'il commence à être reconnu de tous, il est engagé dans l'équipe pour vendre le programme.

— J'étais payé à la pièce et tous les frais étaient à ma charge, mais... je me sentais tellement privilégié !

Il a vu Johnny plusieurs fois dans les loges, pour lui remettre des fleurs. Il a assisté au tournage du clip du *Chanteur abandonné* après une date à Caen. Il a eu un article dans le journal et il a chanté *Requiem pour un fou* à la radio. La vie sur la route avec Johnny l'a rendu heureux. Quand il criait : « Le programme ! », le public criait avec lui.

— J'ai un grand respect et une admiration sans bornes pour tous ces fans inconditionnels qui suivent Johnny ! Ils passent des heures entières, le jour comme la nuit, par tous les temps, à patienter pour être sûrs d'être au premier rang. Certains apportent même la tente !

Il a vécu les concerts annulés les soirs d'orage, et le « C'est la mort dans l'âme... » de Jean-Claude Camus. Il a fait le figurant dans *Jean-Philippe* et on lui a proposé de revenir ; aujourd'hui, il en est à vingt-six films.

— J'ai même figuré dans le téléfilm *La Bête curieuse*, avec Laura Smet.

En ce jour de deuil, P'tit Loup ramène de la vie. Son histoire, elle est rien qu'à lui, mais en la partageant, elle devient celle de tous les fans. Grâce à Johnny, on a été plus forts, on a eu le courage d'être nous-mêmes, on a affirmé ce que l'on était. Des timides qui aimeraient bien qu'on les écoute, des fois. Johnny, c'est un ami pour qui on fait des kilomètres, pour qui on dort dehors, pour qui on reste sous l'orage. Il nous prête son peigne, sa serviette, son tee-shirt, et cet ami, on le console, parce que lui aussi, il a besoin de nous :

— Quand tu écoutes Johnny chanter, tu as l'impression qu'il pleure.

C'est ce qu'il a dit, P'tit Loup. Et puis, il est rentré.

Troisième partie

35.

Samedi 9 décembre 2017. C'est son dernier concert.

Une petite scène a été installée devant l'église de la Madeleine, et les musiciens jouent les chansons que l'on connaît tous. Sur la façade est accroché un immense portrait en noir et blanc où Johnny a le sourire. On dirait que tout le pays s'est donné rendez-vous sur les Champs-Élysées. Les trottoirs, pourtant gigantesques, sont remplis de monde, et sur les écrans géants apparaissent nos visages, nos regards, nos doigts qui essuient nos yeux. Beaucoup sont arrivés la veille et ont passé la nuit dehors, assis dans le froid sur un pliant – on ne pouvait pas manquer ça. Son dernier concert. Et les musiciens jouent. Et le public chante.

Tous, on est venus pour la même chose : dire au revoir à notre copain. Il y a des drapeaux accrochés aux barrières, des « Merci, Johnny ! » qui disent que ça ne finira jamais, des écharpes que l'on brandit en l'air. Un type debout sur un caisson électrique fait le chef d'orchestre, le bonnet de travers. On les connaît, tous ces visages, on les a vus ces derniers jours à la télé ; ce grand blond avec son piercing à l'oreille et son regard doux qui ne se remet pas. On est venus entre copains, en couple, en famille, en voiture, en train, en camping-car, en cuir, en anorak, lunettes sur le nez ou Ray-Ban au fond des yeux, peu importe ; tout le monde est là, avec ses cheveux blancs ou sa vie qui ne fait que commencer, une rose à la main. Un jeune homme dit qu'il en est à quarante-six concerts, espère qu'un autre va venir, qu'un autre va suivre, encore une tournée. Sur la scène, les musiciens jouent, et sur les trottoirs, le public chante. Il fallait que l'on vienne, il fallait qu'on lui dise, à notre Johnny, combien on l'aime, combien il compte, combien il a toujours été là, dans les bons comme dans les mauvais moments. Oui, il y a tout le monde. Des gens bien habillés et d'autres qui ne font pas trop attention, des looks que l'on remarque – parce que Johnny est libre, on le sera nous aussi –, avec un bouc long comme ça ou des tatouages qui n'en finissent pas. Les musiciens jouent, le public chante, les bras se lèvent, les mains applaudissent, les lèvres se trompent dans les paroles et rigolent après. Soleil d'hiver, le ciel est bleu et la lune est restée pour retenir la nuit. Tout en haut d'un bâtiment, un drapeau français a encore du souffle.

Depuis le début, un monsieur garde sa visière sur les yeux quand la télé passe près de lui. On attend tous avec « le cœur qui bat un peu trop fort », comme dit une dame. Il va arriver, c'est pour bientôt. Ce n'est pas que l'on trouve le temps long – oh non, on est bien, là, tous ensemble. On attend notre copain, mais on ne sait pas encore, on n'imagine pas, que, après, on ne le reverra plus. Il fait froid, bon Dieu qu'il fait froid, mais il fait encore beau.

Un autre jeune, la trentaine, parle à une journaliste :

— Je me sentais obligé d'être là aujourd'hui pour le remercier, parce qu'il a sacrifié sa vie pour nous, son public.

Il a sur lui une couverture de survie, et il raconte tous ces moments où il a entendu la voix de son idole qui lui disait : « Tiens bon, ça va aller. » Chaque personne ici a son histoire avec Johnny, sa route et ses virages, son regard dans le rétro et ses fleurs dans le fossé.

— Avec tout ce monde qui est là pour le soutenir !

Oui, il va apparaître. Surgir de quelque part. Il a toujours été là pour nous, alors on va être là pour lui. On fait chauffer la machine et il va fendre la foule, comme au Parc. Encore une fois. Une dernière fois. On va le voir arriver de loin et il nous tendra la main.

— Je pense qu'aujourd'hui, ce sera l'entrée la plus simple qu'il va faire, sans un mot, sans un geste, confie le jeune. Mais ce que je crains le plus, c'est sa sortie, et là, je pense qu'on va tous s'effondrer en larmes.

On dirait que certains savent déjà, le regard baissé, les coudes sur les barrières. Mais on se tape dans le dos, on se passe une main sur l'épaule, on se prend dans les bras, on relève la tête, et nos poings s'enchaînent sur un refrain. Des fans ont grimpé aux lampadaires. D'autres ont pris place sur les statues. Il y a du perfecto et de la lunette noire, du bleu, blanc, rouge, avec « Johnny » en lettres d'or. Enfin, le peuple est sur écran géant. Tellement de gens pour qui rien n'a été facile. Ça se voit sur les visages, les vies de silence, les yeux qui ne sont pas habitués à ce qu'on les regarde. Souffrir sans rien dire, ne jamais se plaindre, et on fera toujours gaffe à ce que les petits ne manquent de rien. Ils sont là, toutes celles et tous ceux que d'ordinaire on ne voit pas ; ils chantent sans arriver à terminer les phrases, des sanglots dans la voix. On crie « Johnny », parce que, c'est comme pleurer, ça fait du bien quand on est pris à la gorge. Lui, au moins, il sait qui on est, il sait ce que l'on vit, il nous connaît. On aimerait faire plus, vivre rock'n'roll à fond et flanquer un grand coup de pied à ce foutu monde ; mais que c'est dur, de sortir la tête de l'eau, de reprendre son souffle, de respirer un peu, de vivre normalement. Alors, avec Johnny, on se sent plus fort et on met un blouson de cuir, même si on n'a pas les épaules.

Sur les écrans géants, un cortège de voitures sombres arrive près de l'Arc de triomphe, escorté par les clignotants bleus des motards de la police. Dans les haut-parleurs, la musique s'arrête et, tout doucement, le public se tait. Visages tristes, tête basse, on applaudit avec des larmes sur les joues. Il n'y a plus de chanson sur les lèvres, il n'y a que nos vies qui se serrent les unes contre les autres. Il n'y a plus de barrières, il n'y en a jamais eu, parce qu'il fait partie des nôtres. Sur l'immense portrait en noir et blanc, on dirait qu'il va nous faire un clin d'œil. On crie ton nom, Johnny, parce que, aujourd'hui, c'est juste ton dernier concert.

*

* *

Après le dernier virage, avant la dernière ligne droite.

Le corbillard s'arrête devant la grande roue, place de la Concorde ; c'est ici que l'on est, papa, Stéphanie, Olympe et moi. Il attend à une trentaine de mètres, faut se pencher et tourner la tête pour le voir. Heureusement, nous sommes au deuxième rang, grâce à Stéphanie. Je ne sais pas comment elle a senti les choses, mais elle m'a dit au téléphone que c'était là le meilleur endroit : place de la Concorde, entre les Champs-Élysées et la Madeleine. On a fait comme elle a dit, et on s'est retrouvés en famille. Tous les trois ont pris le train tôt ce matin pour être là de bonne heure. Dès que l'on s'est vus, quelque chose de spécial s'est glissé dans nos regards. On ne le savait pas encore, c'est la lumière dans nos yeux qui le disait tout bas, mais on allait voir pour la dernière fois quelqu'un que l'on aime. Olympe a couru vers moi, avec Stéphanie, on s'est fait plus de bises que d'habitude, et mon père m'a tapé sur l'épaule. On a attendu plus de trois heures dans le froid, les écharpes sur le nez et les oreilles sous le bonnet, à se tenir chaud avec les gens autour.

Devant nous, il y a deux dames, deux copines, la cinquantaine et chacune sa rose, une blanche et une rouge. Emmitouflées dans leur manteau, elles ont mis leurs lunettes teintées, disant que c'est pour se protéger du soleil. Elles sont gentilles, les deux copines, elles ont pris Olympe entre elles au premier rang, pour qu'elle puisse voir, debout sur les barreaux de fer. Elle est courageuse, la petite : il fait froid, elle s'est levée à l'aube pour attendre des heures durant avec son bonnet et son pompon rose. On n'a pas croisé tout le monde, mais c'est sûr, elle fait partie des plus jeunes. Est-ce qu'elle s'en souviendra ? Oui, vu comment elle ouvre les yeux, elle sait déjà qu'elle vit un moment qu'elle n'est pas près d'oublier. On a marché ensemble, tout à l'heure, pour se réchauffer les pieds, et on a aperçu un type en blouson de cuir, avec le masque de Jojo qui lui recouvrait le visage. On croyait le voir venir, alors on a fait comme si, et on a pris une photo avec lui. Le gars s'est accroupi pour être à la même hauteur qu'Olympe, Johnny et sa banane, la petite et son pompon rose, le sourire tous les deux. C'est vrai que c'était la fête, jusqu'à maintenant. Les bars passaient les chansons que l'on aime, nos têtes bougeaient en même temps, les amis de mes amis sont mes amis, et on a tous un ami en commun. Le corbillard avançait sur les Champs-Élysées et, à son passage, les visages changeaient. Dans le reflet des vitres teintées disparaissaient les sourires, et les gens se mettaient à pleurer. Quatre roues emportaient toute une histoire. On l'appelait, cette histoire, de nos mains qui se lèvent et qui lui disent de revenir, de nos cris qui ne veulent pas y croire : « Johnny ! Johnny ! » C'est comme s'il y avait un avant et un après à chaque mètre que le corbillard laissait derrière lui. Il était comme un curseur qui efface ce qui est écrit, sans jamais revenir en arrière. D'ailleurs, sur l'écran géant, on a vu la foule se déplacer et suivre le cortège, se mettre en marche pour la rattraper, cette histoire. On ne pouvait pas la regarder partir sans rien faire, avec tous nos souvenirs, nos premiers bals et nos premières amours, nos départs à l'armée et la nuit où l'on a couru à la maternité. Elle s'en allait, digne, solennelle, les yeux vers l'horizon, en ayant presque tout vu, presque tout vécu, alors que l'on pensait qu'il nous restait encore quelques années à passer ensemble. Elle ne pouvait pas nous faire ça, notre bonne vieille gueule, notre bonne vieille histoire, s'en aller sans rien dire, sans prévenir, en nous laissant sur le bord de la route.

Papa est derrière moi. Je lui ai dit plusieurs fois de passer devant, il ne veut pas, fidèle à ce qu'il est, toujours discret. J'espère qu'il arrive à voir quand même. Le corbillard est à l'arrêt, mais le moment venu, quand il passera devant nous, au moins, qu'il puisse apercevoir son copain à travers les vitres teintées, et qu'ils se disent quelque chose, sans un mot. Je me retourne, nos yeux ne se croisent pas. Même dans la foule, tout près l'un de l'autre, il y a une distance, une pudeur. Pourtant, Johnny nous a rapprochés. Tout ce que j'ai écrit et qu'il a lu, tout ce que l'on s'est dit au téléphone, tout ce qu'il n'y aura peut-être plus si Johnny s'en va. Papa ne laisse rien voir de sa tristesse, pourtant, c'est son histoire à lui aussi qui va passer dans quelques secondes, un dernier virage avant la dernière ligne droite.

Tout à l'heure, sur l'écran géant, les gyrophares bleus ouvraient la marche et les blousons noirs la fermaient. Sacré bonhomme, le Johnny ! Capable de faire rouler ensemble les flics et les voyous ! Il n'y a que lui pour faire ça. Et les gens qui le suivaient, qui l'escortaient, eux aussi, qui l'accompagnaient pour « le soutenir », comme disait le jeune de tout à l'heure ; parce qu'on ne laisse pas tomber son copain, jamais, oh non, tant qu'il est encore là, on se battra pour lui jusqu'à donner sa vie. Enfin, on pourrait. Les gens qui suivaient n'avaient pas trop les portables en l'air ; ce qui comptait, c'était de l'approcher, comme au Parc, l'apercevoir avant qu'il s'en aille, que reste le souvenir au plus profond de notre regard. L'ultime photo, elle se prend avec les yeux.

Il ne bouge pas, le corbillard. À l'arrêt, comme s'il ne voulait pas y aller. Olympe se penche au-dessus de la barrière, les deux copines, rose rouge et rose blanche, nous disent qu'elles ne savent pas, qu'il attend. Stéphanie, à côté de moi, me fait un sourire. Même dans les moments durs, son regard continue de briller, elle a toujours du soleil sur le visage. On se rapproche et elle me dit tout bas :

— Oh, Bobo, mon Bobo.

Elle sent venir ce qui va nous submerger. Elle sent qu'une partie de nos vies va changer. Il y aura encore nos repas du dimanche avec les chansons que l'on aime, nos discussions qui ne finissent jamais ; il y aura toi, Stéphanie, qui chante *Je te promets* en bout de table. Mais il manquera quelqu'un. Elle la sent venir, cette absence, elle voit ce qui arrive au loin, les grandes lumières, les grandes tempêtes ; et, comme beaucoup de femmes, elle sait combien l'amour est fragile, et combien il faut en prendre soin. Je me penche pour regarder, mais je ne vois rien. Je me retourne vers Stéphanie, de nouveau, nos regards se tiennent l'un à l'autre, tremblent encore plus fort que tout à l'heure. Elle me répète :

— Oh, Bobo, mon Bobo.

Une mauvaise nouvelle va arriver, et rien ne sera plus comme avant.

J'ai mis mon bras autour de ses épaules, et puis, le corbillard a démarré. Il est passé vite ; il y avait un cercueil blanc. J'ai levé la main et j'ai crié : « Johnny ! » Mais rien ne s'est passé. Alors, avec Stéphanie, on s'est serrés dans les bras et on a pleuré. Il ne nous restait que ça.

36.

Cette fois, c'est la fin.

Nous sommes dimanche soir, et cette triste semaine se termine à l'église Saint-Roch, où l'on donne une messe en hommage à Johnny. Il y a du monde et beaucoup de bougies. Hier, après les obsèques, j'ai accompagné papa, Stéphanie et Olympe à la gare. Ils étaient venus pour la journée, pour Johnny, et puis, pour être avec moi, aussi, c'est Stéphanie qui me l'a dit. Sur le quai, juste avant de monter dans le train, elle a fait à papa :

— Allez, serre-le dans tes bras, ton fiston, dis-lui que tu l'aimes.

C'est une fille, elle sait faire jaillir des arcs-en-ciel même dans lc gris dc Montparnasse.

— Bah oui, quand même, un peu, de temps en temps.

C'est moi qui ai dit ça. Une blague malhabile que je n'aurais pas dû lancer. J'ai vu que ça avait fait quelque chose à mon père.

— Oui, oui, bien sûr, il lui a répondu.

Il ne pouvait pas en dire plus. Les affaires de cœur, à la campagne, on les garde pour soi, on a autre chose à faire que de parler de sentiments. Papa ne m'a pas pris dans ses bras, il m'a tapé sur l'épaule. Moi non plus, je ne l'ai pas pris dans mes bras, je n'ai pas osé. Derrière la vitre teintée du wagon, je l'ai regardé chercher sa place, poser son sac et s'asseoir. Il ne m'a pas vu, tant mieux ; lui comme moi, on n'aurait pas su quoi faire, à part un signe de la main, et par gêne, on aurait espéré que le train démarrerait au plus vite.

Sur le banc de l'église, une dame s'est assise à côté de moi. Elle est bien habillée, son petit sac à main posé sur sa jupe, les genoux serrés, le buste droit, une courte veste au col bien boutonné. C'est elle qui engage la conversation avant que la messe ne commence.

— Vous l'aimiez bien, vous ?

— Ah oui, beaucoup.

— Il y a du monde qui l'aimait, n'est-ce pas ?

— Je crois que tout le monde l'aimait.

— Oui, c'est vrai. Peu importe le milieu d'où l'on vient, il avait une place.

— Oui, ça se voit quand on regarde l'église, d'ailleurs…

— Oui, il y a plein de gens différents.

La dame tourne son visage vers l'autel, et ses yeux tremblent avec la flamme des bougies. Elle enroule ses doigts dans la lanière de son sac à main, c'est comme s'ils cherchaient quelque chose.

— Vous savez, moi, Johnny, je le connaissais pas trop… Oh, il y a bien des chansons que j'aimais, comme tout le monde… Mais je me dis… Je me dis qu'il a dû souffrir. Il a eu une enfance si difficile. Son père qui l'abandonne, sa mère qu'il n'a pas connue… Alors, je suis venue prier pour lui…

Au fur et à mesure, la respiration de la dame se fait plus courte, et ses doigts viennent trouver du réconfort sur la croix qu'elle porte autour du cou.

— Après, on comprend qu'il ait eu tant d'excès. La drogue, l'alcool, tout ça… Pour oublier.

Dans ses yeux, je ne sais si ce sont encore les flammes des bougies qui scintillent.

— J'ai entendu qu'on l'écoutait beaucoup en prison à une époque, des hommes avec des tatouages, aussi… Bon, tout ça, ce n'est pas trop pour moi…

En même temps, elle fait non de toute sa main, comme pour éloigner les hommes avec des tatouages.

— Mais, on se dit… Ces gens-là n'ont sans doute pas eu de chance non plus, tout n'est pas leur faute… Johnny devait être comme un frère pour eux. Quelqu'un qui les connaissait, qui les comprenait ; au moins, il y avait une personne qui les aimait, qui pensait à eux… Vous avez encore vos parents, vous ?

— Oui.

— Les deux ?

— Oui, les deux.

En le disant, j'ai pensé à mon père qui ne me voyait pas derrière la vitre du train. Il rangeait son sac et j'attendais sans rien faire.

— Ah, c'est une chance. Moi aussi, j'ai de la chance, j'ai mes deux enfants près de moi et, Dieu merci, tout le monde va bien. Ils ont bien réussi leur vie…

La dame regarde ses doigts toujours sur la croix autour de son cou.

— Oh, même si ce n'est pas ça le plus important…

Puis, elle regarde l'autel avec la croix encore plus grande. Tout autour, les bancs de l'église sont comme des canots de sauvetage remplis de naufragés. Nous sommes tous un peu orphelins, un peu abandonnés, un peu perdus, serrés une dernière fois les uns contre les autres.

— Vous savez, le plus important… c'est…

Elle ne peut se retenir. Elle fouille dans son sac, et sort un mouchoir qu'elle colle sur ses lèvres, puis serre dans ses mains, comme si elle priait. Et, d'une voix douce qui tremble, elle murmure :

— Comme je les comprends, tous ces gens qui n'ont pas eu de chance.

⋆

⋆ ⋆

La dame est partie. La messe se termine et les voûtes de l'église pèsent sur nos épaules qui n'arrivent pas à se remettre. Nous sommes tous debout. Je suis comme un enfant qui a perdu ses parents et qui ne sait pas où aller. Alors, je reste là. Plusieurs fois dans la soirée, je me suis déplacé, car des musiciens ont joué du Johnny devant l'autel, et je me suis approché pour mieux voir. Il y avait tellement de monde que les places assises manquaient, et beaucoup de personnes ont passé la messe sous les vitraux ou près des cierges, certains se mettant à genoux sur la dalle au moment de prier.

Comme hier aux obsèques, pas mal de gens baissent la tête pour qu'on ne les voie pas pleurer, ou s'essuient rapidement les yeux, comme on se passe un doigt sous le nez pour chasser la goutte. De l'autre côté de l'allée, un monsieur serre très fort son visage dans ses mains, on dirait qu'il fait tout pour se cacher, jusqu'à écraser ses larmes contre ses joues. J'attends. Je ne veux pas partir. Je ne veux pas que ça s'arrête. Je ne veux pas que l'on rentre chez soi. Je veux que l'on reste ensemble.

— Je vous demande maintenant d'avoir pour votre voisin, pour celui ou celle qui est près de vous, un geste d'affection, afin de souhaiter, même à l'inconnu qui est à vos côtés… que Dieu l'accompagne, déclare le prêtre pour terminer.

Tout seul au bout de mon banc et tout au fond de l'église, je n'ai personne avec qui partager la bonne route. Dans la rangée de devant, les gens sont venus en famille et s'étreignent longuement. Je cherche du regard quelqu'un tout seul qui attendrait comme moi, et qui peut-être aurait du mal à faire le pas. Mais je n'ose pas quitter mon banc, prendre l'allée centrale et tendre la main à d'autres, comme si je venais mendier un peu de cœur. Pourtant, les gens le prendraient bien, c'est sûr, mais je ne bouge pas.

Et puis, j'aperçois une silhouette au bout de ma rangée. Immobile comme une bougie. Invisible comme une ombre. Je sens qu'elle me regarde, qu'elle est à l'arrêt, qu'elle m'attend. J'ai beau plisser les yeux, je ne vois rien – il fait sombre et la lumière de l'autel ne vient pas jusque-là. Alors, je me lève et je m'approche. Un pas, deux pas, trois pas, et ses contours me deviennent familiers. Je le reconnais. Dans son caban rassurant, une main dans la poche et l'autre sur son attaché-case : Christophe ! Il est venu, lui aussi, il avait besoin d'être parmi les siens ; parce que, aujourd'hui, même s'il sera toujours là, c'est le dernier jour de Johnny. On s'est souri, et je crois même que l'on a ri ; on s'est regardés et, sans réfléchir, on s'est pris dans les bras. Deux enfants perdus loin de leurs parents, mais qui peut-être, à cet instant, les étreignaient fort, si fort, comme pour oublier qu'ils ne l'avaient jamais fait.

37.

Samedi 8 décembre 2018
Église de la Madeleine, Paris
9 heures

L'album est sorti il y a un mois et demi, et on ne s'en remet toujours pas. Immense. Johnny en chef de gang qui parle aux siens. Un rockeur qui n'a jamais quitté la rue. Un évadé qui en veut encore. De la vie. De la liberté. De l'amour. Une dernière fois, il nous a parlé, il s'est confié, il a chanté ce que l'on était : des âmes sensibles qui ne se montrent pas. Il a mis toutes ses forces dans chaque titre, il a tout donné, tout ce qui faisait de lui un mec normal et exceptionnel. Sa voix est toujours d'orage, elle a quelque chose de dangereux, de puissant, mais sait se faire douce, aussi, lorsque les mots le sont. Une dernière fois, il a chanté pour nous et il a souffert en silence. Le panache de celui qui sait mais ne dira rien.

L'album est sorti il y a un mois et demi, et demain, on commémore les obsèques de Johnny. J'ai rendez-vous avec P'tit Loup, qui doit me filer une entrée qu'il a eue par le fan-club pour assister à la cérémonie. Aujourd'hui, il aide à la préparation de l'événement. On attend tous les deux devant l'église, mais les portes sont closes, et il n'y a personne de l'organisation.

— C'est à cause de la manif, ça. Y a pas mal de stations qui sont fermées, dit P'tit Loup, en regardant son téléphone pour avoir des nouvelles.

Les Gilets jaunes. Ils sont là.

Sur les trottoirs autour de nous, ça se chauffe la voix gentiment. Ils sont venus de partout, en car, en train, en voiture, sont arrivés aux portes de Paris, et ils remontent à présent à pied vers les Champs-Élysées. Je les regarde passer. C'est ma France qui défile. Les petites villes, les villages, les maisons qui se touchent, la banlieue, ses étages, les HLM qui se poussent. Je ne sais pas pourquoi, mais j'ai le pressentiment que P'tit Loup en est.

— Attends, j'appelle, il me dit.

Effectivement, l'organisateur au téléphone explique que les métros et RER sont bloqués, personne ne pourra nous rejoindre. P'tit Loup répond « OK, OK, pas grave » et raccroche.

— Bon. Qu'est-ce qu'on fait ? il me demande avec ses yeux qui brillent.

Des Gilets jaunes passent devant nous, drapeau tricolore sur les épaules.

— On y va ?

— J'allais te le dire, mon P'tit Loup.

On a suivi tout le monde.

Je reconnais les visages comme s'ils étaient de mon coin. Nos têtes de tous les jours, nos têtes normales, qui ne changent rien à ce qu'elles sont. Des balèzes habitués à bosser dur et des battantes qui ne comptent pas leurs heures. Ce sont nos vies sans bruit qui sont venues jusqu'ici. Des jeunes, des couples et des copains qui sont partis dans la nuit avec le thermos de café, les sandwichs dans l'alu, des masques de bricolage et des lunettes de piscine. Les plus âgés sont là aussi, nombreux, avec la couleur auburn bien faite ou les joues rasées de frais même si l'on est à la retraite. Des anciens porteurs d'espoir à petits pas, mais à la peau dure qui ne laisse rien passer. Oui, tous ces gens, je les reconnais.

— Tu étais là, toi, les autres samedis ? me demande P'tit Loup.

— Non, j'ai pas pu...

— Ah, tu as manqué quelque chose, hein.

— Oui, je sais. Toi, tu es là depuis le début ?

— Ouais, depuis le début.

Je remonte, un peu gêné, la fermeture de mon cuir. Je m'en veux de ne pas avoir été présent les samedis précédents. Mon blouson noir est avec moi, mais je n'ai pas de gilet jaune. P'tit Loup non plus n'a pas pris le sien, car c'est avec Johnny qu'il avait rendez-vous ; mais qu'importe, il a sa liberté à même la peau. Sur le boulevard, à peine quelques voitures, si peu de passants, seule une vive couleur avance, comme un grand soleil se lève. Des rues adjacentes, des petits groupes nous rejoignent et viennent grossir le cortège, accueillis dans la joie de se revoir après une semaine passée à la maison. Un bus klaxonne et le chauffeur lâche son volant pour lever le pouce en l'air ; un taxi ralentit et sort lui aussi son gilet par la fenêtre ouverte ; le personnel d'un hôtel applaudit pendant la pause-clope sur le trottoir. Je garde les mains dans les poches, et au bout de mes doigts, je sens mon carnet, mon stylo. Je pourrais les sortir, prendre un tas de notes sur ce que je vois, il y a tant d'images à saisir au vol, mais non. L'encre est là, sous mes yeux. Encore une fois – je le sais depuis longtemps, mais cette grande aventure me le confirme : la poésie est chez les gens, ce sont les miens qui ont les mots. Dans le dos des Gilets jaunes, au marqueur, parfois au feutre en repassant plusieurs fois, est tatoué ce que le ventre gardait pour lui depuis trop longtemps : « Nous voulons une vie humaine », en lettres attachées ; « On vaut mieux que ça », en presque tout petit ; « Nina, Hugo, maman se bat pour vous », sous la bretelle d'un sac à main. D'autres passent avec leurs numéros de départements, les pièces retrouvées d'un gigantesque puzzle, la carte du pays. Chacun est venu avec son bout de terre, un morceau de son histoire ; et comme s'ils regardaient le monde de la même fenêtre, le 9-4 et le 8-6 se tombent dans les bras. Avant, la ville et la campagne, la banlieue, le terroir, jamais ils n'auraient fait le pas. Mais aux ronds-points, les chemins se sont croisés, les souffrances et les espoirs, les deux côtés de la rocade. Il a suffi d'un pan de tissu pour que la lumière se fasse, et que, tous ensemble, nous soyons prêts à briller.

— Hé, P'tit Loup ! Tu as vu celui-là ?

— Où ça ?

— Là !

« Dites à l'avenir que nous arrivons. »

Ça ne nous ressemble pas de manifester, on s'était habitués à faire comme si tout allait bien. Alors, prendre la parole, donner son avis, jamais on n'aurait osé. Le terrain des mots, on nous a tellement laissé entendre que ce n'était pas le nôtre, on a cru que c'était vrai. Il y a des gens, rien qu'à leur manière de causer, on dirait qu'ils ont déjà raison ; ils parlent comme s'ils lisaient. On les voit à la télé, à la radio, s'exprimer comme s'ils marchaient sur un tapis rouge, lentement, sans jamais buter sur quoi que ce soit, d'une voix propre et bien repassée.

C'est vrai que nous, nos mots, on les dit tout bas ou on s'en débarrasse, comme s'ils nous faisaient un peu honte, des fois. Et pourtant. Ils ont un accent, ils ont de la mâche, ils ont de l'écho, ils font des images et ne cherchent pas à être plus beaux que le silence. Autour de la table de la cuisine ou à un coin de rue sur le trottoir, ils racontent nos vies, le souvenir de notre histoire, la parole qui ne se perd pas. Il y a des gens de chez nous, quand ils causent, ils ne le font pas exprès, mais ils parlent comme s'ils écrivaient.

Avec le temps, on s'est tus. On s'est rangés sans rien dire et on n'a plus fait de bruit. On est restés sur le côté, et pas en bout de table. Peut-être qu'il y a du Johnny chez les Gilets jaunes... Pareil, les mots nous manquent.

Il y a tout juste un an, on pleurait sur les Champs-Élysées un grand gars qui ne s'est jamais remis de son enfance. Aujourd'hui, on prend les mêmes et on recommence, nos yeux, nos cernes, nos rides et nos sourires, notre besoin de vivre, mais avec quelque chose en plus : « J'existe aussi », c'est marqué dans le pli d'un gilet, d'une ćcriturc qui osc à pcinc. Comme s'il fallait que ça sorte, et parce qu'on n'entend pas le cœur quand il crie qu'il n'en peut plus ; comme s'ils avaient besoin d'une suée, on est venus reprendre nos mots. « *Nous sommes magnifiques* », hurle un gros tag sur un mur en lettres majuscules. Demain, même seul, dès le réveil, les yeux bien d'aplomb devant la glace, on pourra se dire : j'y étais, je l'ai fait, au moins, j'ai essayé. Les uns avec les autres, comme sur les ronds-points, sous les cabanes en palettes, autour du brasier dans le bidon de fer, ou devant un hôtel à Lille. On est des rescapés, nous aussi, on vit à vif, et le monsieur en fauteuil roulant avec son mégaphone est aussi fort qu'un rockeur à genoux.

— On compte, on compte, on fait que ça. On fait gaffe, on fait attention, pour tout : les courses, les factures, tout ce qui s'achète.

P'tit Loup, lorsqu'il raconte, il ne se plaint pas. Ses yeux restent brillants et heureux. Ce n'est pas qu'il ait accepté la situation, non, c'est juste qu'il est fort ; et cette force, c'est sans doute Johnny qui lui donne. Comme lorsqu'il tentait toutes les ruses pour rentrer à l'œil à un concert, et qu'il dormait dehors en attendant le premier train. P'tit Loup, tous les jours il fait en sorte que demain soit un autre jour. Et souvent, il y arrive.

— De toute façon, on n'a pas le choix…

— Il faut que ça aille.

Au loin, le ciel bleu et froid est encore calme.

— Ils peuvent pas savoir ce qu'on ressent.

Des fois, il te sort des phrases, P'tit Loup, on n'imagine pas comme elles résonnent.

Épilogue

On roule sur la nationale toute droite, comme avant avec la Renault 11. C'était il y a trente ans. Aujourd'hui, la voiture a changé, mais à l'intérieur, rien n'a bougé : papa a ses deux mains sur le volant, moi, je suis assis sur le siège passager, et dans le poste, entre nous deux, il y a toujours Johnny. *Mon pays c'est l'amour*, le dernier album. CD oblige, je n'ai plus à tourner la cassette, mais j'attends le moment où papa va monter le volume sur sa préférée. Pour l'instant, le son n'est pas très fort et prête à la causerie, mais on ne se dit pas grand-chose ; c'est normal, des fois, entre un père et son fils.

— Et ton train, il arrive à quelle heure ?

— Vers midi, je crois.

Chacun son coin de parc-brise ; on regarde défiler le paysage avec les chansons. Nous sommes comme dans un film que l'on a déjà vu, car cette route, on la connaît par cœur, on l'a prise des dizaines de fois ensemble. Il y a les petites pancartes des lieux-dits qui mènent à de vieilles fermes, les rares murs de pierres qui résistent encore aux grandes agricultures, et, bientôt, au milieu de son champ, le chêne centenaire que nous attendons et qui nous fera tourner la tête. Le bleu immense du ciel et le vert de la campagne à perte de vue me rappellent le paysage par la fenêtre du train, lorsque j'écrivais ma première chanson pour Johnny. C'était dans le carnet que papa m'avait offert, l'horizon paraissait intouchable, j'avais le front contre la vitre.

— Tu aurais pu te faire des sandwichs.

— Ça va aller.

La route, ça aide à laisser derrière soi ce que l'on a sur le cœur. Mais les minutes passent avec les kilomètres, et nos yeux se réfugient dans les rétros.

Pourtant. Jamais de ma vie je n'ai eu le sentiment d'être si proche de mon père. Tout ce que nous avons partagé, au téléphone, à table... Il m'a raconté sa vie, papa, avec des fois les yeux qui brillent et qui font mal ; alors que moi, comme maintenant, je ne lui ai rien dit. J'aurais pu me confier aussi, faire un bout du pont et que l'on finisse la route ensemble ; mais je me suis tu, comme on se tait devant quelqu'un que l'on admire. Oui, j'ai écrit, c'est sûr, mais on écrit bien ce que l'on veut ; tandis que quand on se parle, on fait toujours comme on peut. Je n'ai pas trouvé les mots pour raconter mon histoire, ou je n'ai pas osé. Parce qu'il est difficile de parler à son père, de lui parler comme un homme.

— Ça, c'est le chemin de l'ogre ou celui de la sorcière ? me demande papa.

Lorsque la nationale commence à faire des virages, deux chemins de terre et de cailloux espacés de quelques kilomètres bifurquent dans les bois. Petits, avec ma sœur, nous avions décrété qu'ils menaient vers les demeures de créatures sorties de livres d'histoires ; je nous revois, le samedi après-midi, jour des courses au supermarché, montrer les sentiers du doigt, en nous retournant à genoux sur la banquette pour les voir disparaître par le pare-brise arrière.

— Je sais plus… Pourtant, il y en a un qui grimpe et l'autre qui est tout plat…

— Faudra demander à Olympe, elle le sait ! sourit mon père.

Ces souvenirs de notre enfance, Olympe les a faits siens, et elle ouvre de grands yeux rêveurs qui veulent y croire quand la voiture passe devant.

— Et il y a même celui de la fée et celui de la princesse ! poursuit papa.

— Quoi ?

Je me tourne vers lui, surpris.

— Ben, oui, il me dit en se tournant aussi.

— Ils n'existaient pas, ceux-là, avant ?

On reste là, à se regarder.

— Ah ça, je sais pas.

J'aimerais revoir ses yeux d'avant, à papa. Ses yeux sauvages. Ses yeux du temps des cerises. Des yeux qui parlent, mais qui ne disent pas tout. Verts comme le bleu de Johnny. Dans le poste, il nous chante ce qu'il est et je ne peux m'empêcher de penser à mon père. Tous les deux ont cette même fragilité, ces mêmes doutes d'enfant perdu, la force et le courage de celui qui s'est fait tout seul.

Je reste à ma place, celle du fiston qui tourne la cassette, sauf que je ne touche à rien. Je regarde le numéro des plages s'inscrire sur le poste. J'avoue, je suis un peu inquiet. Et si la magie s'en était allée ? L'album est sorti il y a un moment, maintenant. On l'a fêté comme il se doit – champagne en veux-tu en voilà, et des après-midi entiers à table –, mais j'ai peur qu'avec le temps, la joie ne soit plus qu'un lointain souvenir, et que les liens se soient défaits. Je pensais tellement que mon père allait comprendre mon mode de vie rock'n'roll, qu'il avait confiance en moi, en ce que je suis, car sous ma peau, c'est quand même un peu de lui qui bat. S'il savait, papa, que sans son soutien, jamais je n'y serais arrivé, jamais, même, je n'aurais essayé. Parce qu'un seul mot d'encouragement de sa part, ça vaut tous les applaudissements du monde. Ce n'est pas que pour Johnny que j'ai écrit, c'est pour mon père, aussi. Je voulais une place dans son regard, là où brillent l'étoile du Che et les médailles des marathons ; je voulais juste exister dans ses yeux.

Il est court, l'album, et on ne l'écoutera pas deux fois. Mais, juste après avoir passé le chêne centenaire, ce monument de la nature qui met tout le monde d'accord pour ne pas le couper, va savoir pourquoi, la 10 est arrivée. *Tomber encore*. Je tourne la tête vers papa, il tourne la tête aussi, et il dit :

— J'aime bien la batterie, là, au début, quand elle est toute seule.

Je regarde son index monter discrètement le volume. J'ai envie de baisser la vitre.

Papa s'est garé à l'arrêt minute.

Il a laissé tourner le moteur, allumé les warnings, et il a fait le tour de la voiture pour venir me dire au revoir. Plusieurs fois, nous avons pris le rond-point et longé le boulevard, mais nous n'avons pas réussi à trouver de place. Il y a du monde à cette heure-ci, les gens s'en vont travailler ; moi, je rentre à Paris. Papa m'a proposé d'aller au parking – la première demi-heure est gratuite –, mais je lui ai dit que ce n'était pas la peine. Les au revoir qui s'éternisent me mettent mal à l'aise, on ne sait jamais trop quoi se dire. Je suis déjà sur le trottoir, mon sac de voyage dans une main, un sac à dos plein de légumes du jardin dans l'autre. Il n'y a qu'un pas à faire pour trouver les derniers mots avant que chacun ne reparte de son côté ; mais parfois, c'est tellement dur, un pas, un seul. C'est tellement loin.

— Bon, fait papa.

— Oui.

Ce n'est pas notre fort, les départs, il faut se regarder dans les yeux ; on n'est pas habitués, nous, à ça.

— Bon, ben, c'était bien, je lui dis.

— Oui.

Papa ne sait pas trop sur quel pied danser, comme pris entre la pédale d'accélérateur et la pédale d'embrayage, s'il n'était pas descendu de voiture. J'ai mes sacs au bout de mes bras pour occuper mes mains, comme on les met dans les poches pour chercher quelque chose à dire.

C'est toujours gênant quand viennent les adieux, on aimerait bien laisser aller un geste tendre que l'on n'a jamais fait, avoir un mot gentil que l'on retient depuis longtemps. Et puis, on hésite. Et puis, on se ravise, parce que l'aiguille de l'horloge de la gare vient nous botter les fesses, ou qu'un klaxon de voiture nous fait bêtement sursauter. Ou bien, tout simplement, parce que c'est dur d'être tendre, ce n'est pas facile d'être gentil, avec quelqu'un que l'on aime. Dans mon dos, la petite musique d'arrivée des trains m'appelle ; en face, des clients sortent du tabac en accélérant le pas pour rejoindre leur voiture garée en double file. Je viens de passer trois jours chez mon père, et c'est à un arrêt minute, avant de prendre le train, que je voudrais lui dire les quelques mots qui changent la vie.

Je sais que dans une poignée de secondes on va se faire deux bises vite fait, comme si on allait se revoir demain, alors que je m'en vais si loin.

— Bon, ben, rentre bien, hein.

— Oui.

Pour une fois, nous sommes face à face. Nos sourires n'osent pas et nos yeux rebondissent sur les bâtiments autour. On entend les klaxons des voitures, les « ding dong » des bus, envoyés aux piétons. Comme prévu, on échange deux bises vite fait, et papa me tape sur l'épaule. Il ne me dit pas que je pique – il me fait la remarque seulement quand j'arrive, jamais quand je pars, comme si je redevenais alors son fils, avec mon sac de voyage dans une main, mon sac de légumes dans l'autre. Je devrais les poser.

— Allez, à la prochaine, hein !

— Oui, à la prochaine !

Papa s'en va. Mais soudain, il se retourne et s'approche. Il me tape encore sur l'épaule, je trouve qu'il tremble un peu, comme si je sentais battre son cœur. Et puis, parce que nous ne sommes pas à la même hauteur, et pour se rapprocher davantage, il met un pied sur le trottoir – il faut faire vite, la minute des adieux est passée –, et là, il rate la marche. N'empêche, il se reprend, et cette fois, sa main se pose sur mon épaule, elle s'y attarde en accolade. Et il me le dit :

— Je suis fier de toi.

J'ai mes sacs, je devrais les lâcher. Faire un geste, quelque chose, mais je ne fais rien, je ne dis rien. Je souris seulement, et pars dans un regard où ses yeux et les miens, enfin, se ressemblent. Papa remonte dans la voiture, il démarre, file sur le boulevard, où il y a maintenant moins de monde. Plusieurs fois, je me retourne, car je sais qu'il va tout le temps faire demi-tour au rond-point avant de prendre la direction de la maison. Chaque fois, il ralentit et me klaxonne pour un dernier au revoir. La voiture passe, papa a baissé la vitre pour me tendre la main. Je le regarde s'éloigner et disparaître. J'avais mes sacs, j'aurais dû les lâcher. La prochaine fois, oui, la prochaine fois, on y arrivera. Un jour, je prendrai mon père dans mes bras.

Pour écouter
Tomber encore,
la chanson de Johnny écrite
par Boris Lanneau